한국의 효문화

주영애 지음

신정

머리말

우리가 당면한 시대는 모든 분야에서 '속도전'을 앞세우고 있습니다. 빨라지는 속도감은 우리의 생활에 긍정적 · 부정적 영향을 동시에 미칩니다. 트렌드에 따라 각종 산업도 맞물려 더욱 빠르게 달라지고 있습니다. 물질의 풍요와 안락과 편안함을 추구하는 인간 본연의 욕구는 더욱 물질문화에 몰입하게 합니다. 이는 우리의 삶을 풍요롭게 만든 것은 분명하지만, 빠른 변화에 묻혀 안타깝게 잊어버리는 것도 많습니다.

속도의 시대에 '효(孝)'를 다시 생각하는 것은 시대와 역행하는 것이 아니냐고 물을 수 있습니다. 그러나 빠르게 변모하는 물질문화를 따라가는 것도 필요하지만 본질적인 사유와 진정한 삶의 가치를 찾는 것도 이 시대가 해소해야 할 과제라고 생각합니다. 그동안 우리는 정신문화를 물질로 대체하는 것에 익숙해졌기 때문입니다. 또한 혼돈과 혼란, 갈등, 반목이 삶의 가치 상실을 유도했기 때문입니다. 시대변화에 따라 우리의 생각과 가치관도 당연히 변화합니다. 가족 삶도 모든 환경도 변화하고 있습니다. 그러나 변화하지 않는 가치가 있는데, 그것은 함께 공존하는 삶의 가치라고 생각합니다. 저는 '효(孝)'를 중심으로 이 문제에 접근하였습니다. '효(孝)'는 한국의 생활문화를 만들어온 주축이며, 정신문화를 대표하는 삶의 가치입니다. 가족은 인간이 최초로 경험하는 사회 집단이고, 더 큰 사회로 나아가기 위한 첫걸음이 시작되는 공동체입니다. '효(孝)'는 가족공동체를 견인하는 정신문화로 개인과 가족의 규범이고 가치입니다.

'효(孝)'에 대한 연구는 교육학 윤리학, 사회학, 철학, 가정학, 사회복지학 등 다양한 분야에서 이루어지고 있습니다. 저는 가정학을 기초로 생활문화를 연구하는 관점에서 가족의 통합과 존속을 이끌어 온 '효'를 다시 생각해 보고 싶었습니다. 요즈음에는 시대가 바뀌어 과거와 같은 효 의식이나 효도를 요구하기 어렵습니다. 가정이 흔들리고 가족이 와해되어 가는 오늘날, 그렇다면 '효(孝)'도 사라질 것이 아닌가? 삶의 가치도 사라지는 것은 아닌가? 라는 우려가 컸습니다. 그래서 이 책에서는 그러한 '효(孝)'를 중심으로 어제와 오늘의 모습을 담아보고자 했습니다. 오늘날 한국의 효 문화는 어떠한 모습인가? 그 실상을 살펴보고, 앞으로 어떠한 모습으로 효 문화가 존재해야 하는가를 고민해야 한다는 생각에서 출발했습니다. 그런 의미에서 변화되고 있는 생활상을 재고하고, 효 의식과 효행에 대해 구성하고 기술하였습니다.

이 책은 총 7장으로 구성되었습니다. 1장에서는 '효(孝)'를 바라보는 관점을 서술하였습니다. 개인과 가족의 생활 윤리로 보는 관점, 인간의 본질적 가치로 보는 관점, 다스림의 원리로 보는 관점으로 나누어 기술하였습니다. 2장에서는 예로부터 이어져 온 가족 규범, 가정교육과 효에 대하여 3장에서는 고문헌과 속담을 통해 본 효를 살펴보았습니다. 고문헌과 속담은 오늘날 효 문화를 재고하는 기회가 되었습니다. 4장부터 7장까지는 오늘날 '효(孝)'의 현주소를 찾아보았습니다. 4장에서는 한국의 법에는 '효(孝)'에 대해 어떻게 명기하고 있는지를 보기 위해서 「인성교육진흥법」과 「효행장려 및 지원에 관한 법률」에 대해서 기술하였습니다. 5장에서는 우리의 일상에서 친근하게 접할 수 있는 문화예술에 담긴 효 내용으로 대중가요와 효, 동요와 효, 축제와 효에 대

하여 현 실태를 살펴보았습니다. 6장에서는 오늘날 변화하고 있는 가족을 중심으로 가족의 변화와 효, 세대에 따른 효, 라이프스타일과 효를 기술하였습니다. 마지막 7장에서는 우리 사회에서 당면하고 있는 생활문제인 부모 봉양과 효를 다루었습니다. 증가하고 있는 요양보호와 효의 문제, 부모 생신과 효, 부모 상·제례와 효 등으로 나누어 보았습니다.

앞으로도 우리의 효 문화는 변해갈 것입니다. 그리고 효는 가족 내에만 머물러서는 안 된다고 생각합니다. 가족, 지역공동체, 사회가 함께 공유하는 확산적 가치로서 효 의식과 효행의 실천이 '효(孝)' 문화의 계승에서 더 설득력이 있을 것입니다. 우리의 효 문화는 어떠한 형태로 지속될 것인가에 대한 물음은 계속되리라 봅니다. 다만 빠름보다는 느림의 소중함을 깨닫고, 물질보다는 정신문화의 가치를 지켜가려는 의지가 있을 때, '효(孝)' 문화는 우리의 문화로 이어질 수 있으리라 생각합니다. 이 글이 우리의 생활문화에 관심을 두고, '효(孝)' 문화를 재고해 보려는 분께 미약하나마 도움이 될 수 있기를 바랍니다.

코로나19로 인하여 사회적 국가적 어려움에 직면해 있는 환경에서도 '효(孝)' 문화의 확산에 대해 공감해 주시고 출판을 허락해 주신 최용구 대표님께 깊이 감사 말씀 올립니다. 거친 원고를 의미 있는 책으로 다듬고 출판을 도와주신 도서출판 신정 직원 여러분의 노고에도 진심으로 감사를 전합니다.

2020. 12. 운정캠퍼스에서

梅江 주 영 애

차례

chapter 
01

효를 바라보는 관점들

chapter 01

효를 바라보는 관점들

1. 개인과 가족의 생활윤리

효(孝)란 사전적 의미로 '어버이를 잘 섬기는 일'이다. 「일생의례사전」에 따르면 효는 부모에 대한 사랑이나 존경의 감정이라고 하였다. 또한 「민족문화대백과사전」에서는 부모에게 경애(敬愛)의 감정에 토대를 두고 행하는 행위를 가리키는 일반용어로 정의되어 있다. 한자로 효(孝)는 老(늙을 노)와 子(아들 자)의 합성어로, 아들이 노인을 잘 봉양(奉養)하는 뜻에서 부모나 조상을 잘 섬기는 것을 나타내는 회의문자다. 이 글자는 아들이 노인을 등에 업은 것과 같은 형상이다. 즉 효는 부모를 존경과 사랑으로 살피는 행위를 가리키는 일반적인 용어로 사용된다. 효도(孝道)라는 용어는 「표준국어대사전」에 따르면 부모를 잘 섬기는 도리, 부모를 정성껏 잘 섬기는 일이다. 효(孝)와 효도(孝道)는 모두 자신을 낳아 길러 주신 부모의 은공에 감사하며, 몸과 마음을 다하여 섬기는 것을 뜻한다.

효는 부모를 존경과 사랑으로 살피는 행위다.

우리 사회에서 바라보는 효는 기본적으로 개인과 가족의 생활윤리에 바탕을 두고 있다. 효(孝)의 근원은 자식에 대한 부모의 사랑처럼 인간의 자연스러운 감정에 기본을 두고 있는데, 이러한 감정이 구체적으로 발현되고 제도화되는 방식은 민족이나 시대, 사회에 따라 다르게 나타난다. 효행을 바라보는 관점과 이해도 다르다. 과거에 생각했던 효자의 개념과 오늘날 효자의 개념이 같지 않고, 효행의 방식이 다르다는 것도 마찬가지다.

오늘날까지도 효(孝)는 조선 시대를 이끌어온 유교 사상에 근거한 전유물이며 유습으로 여겨지는 경우가 많다. 그러나 '효'에 관한 근거는 문헌 기록 이전부터 존재해 왔다. 그 근거는 주대(周代)의 금석문을 비롯하여, 중국의 「논어」, 「예기」, 「중용」은 물론이고, 「성경」과 불교의 「지장경」, 「불설보살섬자경」이나 「부모은중경」을 비롯한 각종 설법을 통해서도 찾을 수 있다.

「예기」를 보면, 효의 중요한 조건으로 세 가지를 강조한다. 첫째, 부모를 존경하고, 둘째, 부모와 부모가 인도하는 가족을 욕되게 하지 않는 것이고, 셋째는 부모에게 좋은 음식과 의복 및 따뜻한 방을 제공해 드려 편안히 모시는 것이라고 하였다. 「성경」에는 '네 부모를 공경하라. 그리하면 너의 하나님 나 여호와가 네게 준 땅에서 네 생명이 길리

라'(출애굽기 20장 12절), '네 아버지와 어머니를 공경하라. 이것이 약속 있는 첫 계명이니 이는 네가 잘되고, 땅에서 장수하리라.'(에베소서 6장 2절 3절, '너 낳은 아비에게 순종하고 네 늙은 어미를 경히 여기지 말지니라.'(잠언 22장 23절)고 되어 있다. 그리고 「불설보살섬자경」[1]에는 효행으로 인한 선업이 부처가 될 기연이었음을 이야기하고 있다. '나로 하여금 빨리 위없는 정진(正眞)[2]의 도결(道訣)[3]을 이루게 한 것은 모두 나의 부모께서 가르치신 자비산 은혜이다. 죽음으로부터 살아나고, 하늘과 용과 귀신이 감동한 것은 부모의 은혜가 중하고 효도함으로 이룬 바이며, 이제 부처가 되고 아울러 나라 사람을 제도하는 것이 모두 효순한 덕으로 말미암은 것이다.'(불설보살섬자경, 권1)라고 되어 있다. 불교 경전에서는 효의 절대적인 가치가 나타나 있다. 이렇듯 효(孝)는 인간적인 삶을 살고자 하는 본성으로 유가(儒家)의 사상만이 아니라 동서고금을 구분하지 않고 존재하며, 어느 종교나 철학에서도 상통하는 통합적인 '가치'로 삼는다.

우리나라에서는 고려 시대 이전부터 효에 대한 인식이 있었다. 「삼국사기(三國史記)」에는 효는 집에서 하는 것이고 나아가서는 국가에 충성하는 것이며, 이것이 화랑도가 가져야 할 정신이라고 하였다. 고려 시대나 조선 시대에도 생활에서 지켜야 할 윤리로 효(孝)를 강조했다.

1) 「불설보살섬자경(佛說菩薩睒子經)」이란 역자는 미상이고 4세기 초에 번역되었다. 1권으로 된 이 경은 불도를 닦는 늙은 소경 부부를 잘 섬겼다는 부처의 전생 이야기를 하고 있다. (한 권으로 읽는 팔만대장경 참고)

2) 정진(正眞)이란 '석가모니'를 달리 이르는 말.

3) 도가(道家)에서 전하여지는 비법.

고려 시대의 「효행록」[4], 세종 시대의 「삼강행실효자도」[5]와 「효경」[6]은 물론이고, 아동들의 훈육서인 「소학」, 「명심보감」, 「동몽선습」, 「격몽요결」, 여성들을 위한 훈계서인 「내훈」, 남성 여성 아동을 아우르는 가르침을 담은 「사소절」 등에도 빠지지 않았던 핵심 내용이 되어왔다. 근대 계몽기의 수신교과서(김민재, 2019)에도 효의 의미가 나타나 있다. 효는 모든 덕행(德行)의 근본으로, 최고의 덕목이 되어 왔다.

효는 모든 덕행의 근본이며, 가족 규범이자 생활 윤리가 되다.

오늘날 한국 사회에서 효(孝)란 일상생활에서 가족 규범이며, 생활윤리가 되고 있다. 효도는 부모가 살아계신 동안에만 실천하는 것이 아니라, 부모가 돌아간 후에도 계속해야 하는 것으로, 시간과 공간을 초월한 삶의 가치이자 규범이다. 효는 자식이 부모를 향한 자연스러운 감정

4) 「효행록」은 고려 충목왕 때 권보와 그의 아들 권준이 효행에 관한 기록을 모아 엮은 책이다. 이 책은 효행 설화에 대한 최초의 집대성으로 아이들에게 노래로 불러 외우도록 하여 효도를 고취시키는 자료로 삼았다.

5) 「삼강행실효자도」는 조선 초기 효행에 관한 내용을 글과 그림으로 설명한 책으로 보물 제1717호에 해당한다. 1434년에 세종대왕의 명으로 설순(偰循) 등이 제작한 판본으로 추정되고 있다.

6) 「효경」은 전통사회에서 민간의 아동들로부터 군왕에 이르기까지 모든 사람의 필독서였으며, 전통사회의 중핵 사상으로 자리잡게 하였다. 13경의 하나로 효의 원칙과 규범을 수록한 유교 경전이다. 주희가 글의 틀린 곳을 바로 잡았고, 동정이 뜻을 풀이했다. 조선 시대에서는 역대로 여러 차례 간행하여 보급하였는데, 1589년(선조22)에 유성룡의 발문이 있는 후간본이 중심이 되어 있다. 일반에서는 필사로 책을 꾸며 익히는 경우가 많았다. 효는 사회문화적 일체감을 형성하는 가장 중요한 가치 덕목이기도 하였다. 효경은 한국 전통사회에 긍정적 영향을 주었음과 동시에 역기능적인 요인으로도 작용하였다. 남존여비사상이나 가부장적 권위주의, 엄격한 도덕적 지상주의, 명분 위주의 윤리관 등은 오늘날 효경이 보편적 윤리서로 자리잡기 위해서는 극복해야 할 한계이다.

에 바탕을 두지만, 그 발현은 제도화와 관련이 있다는 점에 주목해야 한다. 즉 우리 사회에서 효란 자식들이 지켜야 하는 의무로써 강요된 성격도 있다. 부모에 대한 효도는 부모가 자녀를 낳아 양육한 것처럼, 자녀는 결혼하여 자식을 출산하여 양육하면서 대를 잇고, 부모를 봉양하고, 돌아가신 후 제사 지내는 의무를 다해야만 했다. 그것이 인간의 도리이고, 자식으로서 당연히 해야 하는 것이었다. 인간관계가 호혜적인 원리로 이루어진다고 볼 때, 일반적으로 은혜를 받으면 반드시 갚아야 한다. 따라서 자녀가 결혼하고 출산하고 아이를 양육하는 것은 부모의 은혜에 보답하는 길이며, '효'를 실천하는 것으로 보았다. 한편 부모의 은혜는 무한한 것으로 인식된다. 자식 된 자가 부모의 은혜를 갚아야 하는 것은 호혜적 원리에서는 의무이기는 하지만, 그 의무는 끝이 없다. 부모의 은혜가 무한한 것처럼, 자식이 해야 하는 효도의 의무는 끝이 없다고 보는 것이다. 그렇지만 부모의 은혜와 자식의 효는 그 양과 질을 가늠하기 어렵고 상호교환적인 것으로만 보기도 어렵다.

세대 간에 다르게 인식하고 있는 효를 다시 생각해 보다.

현대에 이르러 세대 간 가치관의 충돌이 크게 나타나고 있다. '효' 개념에 대해 세대 간의 인식 차이가 존재한다. 오늘날 혼인과 자녀 출산 및 양육은 의무가 아니라 '선택'으로 받아들여지고 있다. 효를 부모의 은혜에 대한 의무로 해석하는 관점에서 보면, 위에서 살펴보았듯이 젊은 세대들이 결혼하지 않고 자녀도 출산하지 않으려는 오늘날의 라이

프 스타일이란 '불효'로 받아들여질 수도 있다. 보은(報恩)을 담은 '효'의 개념에서 볼 때는 수용하기 어려운 삶이기 때문이다. 그러나 젊은 세대들은 결혼하지 않는 것이 불효라고 인식하지 않는다.

2. 인간의 본질적 가치

효의 본질은 인간애(人間愛)를 바탕으로 한다. 모든 생명체는 배우지 않고 가르치지 않더라도 자기가 낳은 생명을 사랑하고 죽음으로써 지키려고 한다. 이것이 생명체와 자연의 본성이다. 생명의 근원을 아끼는 것은 지극히 자연스러운 것이다. 생물학적으로 볼 때 동물적 속성을 갖는 인간도 누구나 자기의 생명과 자손을 영구히 존속시키려는 본성을 갖고 있다. 미물도 자기 생명을 소중히 여기고, 종족 보존의 욕구가 있으니, 인간은 더욱 그러하다. 그런데 인간은 동물적인 생물적 육체적 종족 보존 본능뿐만 아니라 인간애(人間愛)를 바탕으로 생명 존중의 정신문화를 창조하고 계승해 가는 유일한 존재이다. 부모와 자식은 한 몸과 마음이 분신 되는 자연적이고 천성적인 관계이다. 인간이 생명에 대한 경외와 사랑, 그리고 문화적 가치를 계승해 나아가는 중심에는 '효'의 본질적인 가치와 정신문화가 함께 존재한다.

효의 본질, 생명에 대한 경외와 사랑, 정신문화를 담다.

효(孝)는 인간이 해야 하는 백행(百行)의 근본이라고 하는 것은 효(孝)의 중요성을 함축적으로 나타낸다. 인간으로서 반드시 지켜야 할 행실이라는 점을 말한다. '효'는 인간에게 주어진 선천성이며, 자기 생명에 대한 존중을 담는 순수한 내면의 본질이다. 세상이 변화해도 변하지 않아야 할 인간의 도리가 있다면, 그것이 바로 '효'이다. 효의 가치에 대해서 「중용」 제20장에는 다음과 같은 글이 있다. 전통사회에서는 이상적인 인간상을 '군자'[7]에 두었는데, 군자란 '효'의 가치를 지향하는 사람이라고 명시하였다.

> … 군자는 자신을 수양하지 않을 수 없습니다. 자신을 수양하고자 생각한다면 어버이를 섬기지 않으면 안 될 것입니다. 어버이를 섬기고자 생각한다면 사람에 대하여 알지 않으면 안 될 것입니다. 사람에 대하여 알고자 생각한다면 하늘을 알지 않으면 안 될 것입니다.
>
> 출처: 동양고전연구회 역주 (2016). 「중용」. p.37 인용

7) 군자(君子)란 덕(德)과 학식이 높은 사람을 말하며, 유교 사회에서는 덕성과 교양을 겸비한 도덕적으로 완성된 인격자를 칭했다. 누구나 노력에 의하여 도달하는 표준의 인물을 군자에 두었다. 본보기가 되는 사람, 유덕한 사람을 뜻한다.

인간으로서 하늘의 이치에 대해 깨달아야 하고, 사람에 대한 이해와 어버이 섬김, 자신의 수양이 같은 맥락에서 이루어지는 삶의 기준이 된다는 것을 말한다. 즉 인간적인 삶이란 '생명의 가치'를 깨닫는 것을 바탕으로 한다. 그래서 인간 생명의 존엄함을 지키는 것이 어떤 가치보다도 앞서야 한다. 이러한 인간 생명 존중의 원리를 따르기 위해서는 자신의 몸과 마음을 다스리고, 자신을 낳아준 부모에 대해 보은(報恩)하며, 함께 세상을 살아가는 모든 타인을 이해하고, 하늘의 이치를 아는 것을 기본으로 해야 한다. 이렇듯 부모에 대한 효는 생명의 근원에 대한 경외심과 인간으로서 삶의 질서를 이어가는 핵심이며, 인간이 지켜야 하는 윤리와 도덕의 기초이다. 인간은 삶과 죽음의 영속성을 이어주며, 생명의 근원이 되는 부모에 대한 사랑과 감사의 뜻을 갖고, 그에 보답하는 자세를 가져야 한다. 인간으로서 삶의 가치를 깨닫고 존재하기 위해서는 인간 생명과 행동의 근원이 되는 '효'의 본질적 가치를 깨달아야 하는 것이 무엇보다 앞서야 한다.

천하 어디서나 항상 통하는 도가 다섯인데, 그것을 행하게 하는 것은 셋입니다.
군신과 부자와 부부와 형제와 벗과의 교제, 이 다섯 가지는 천하 어디서나 항상 통할 수 있는 도리요,
지혜로움과 어짊과 용맹스러움 세 가지는 천하 어디서나 항상 통용될 수 있는 미덕입니다.
어떤 이는 태어나면서부터 그것을 알고, 어떤 이는 배워서 그것을 알게 되며, 어떤 이는 곤경에 처해야 배워서 그것을 알게 되나, 그

앎에 이르러서는 모두 똑같습니다. 어떤 이는 편안하여 그것을 행하고, 어떤 이는 이로워서 그것을 행하며, 어떤 이는 억지로 그것을 행하나, 그 공을 이룸에 있어서는 모두 똑같습니다.

… 배우기를 좋아하면 지혜로움에 가까워지고, 힘써 좋은 일을 실천하면 어짊에 가까워지며, 부끄러움을 알면 용맹스러움에 가까워진다. 이 세 가지를 알면 어떻게 자신을 수양해야 할지를 알게 된다.

출처: 동양고전연구회 역주 (2016). 「중용」. p.37 인용

「중용」에는 인간으로서 지켜야 할 다섯 가지 도리가 있고, 그 도리를 실천하기 위한 세 가지의 미덕에 대해 제시되어 있다. 그중 어버이의 관계에 대한 가르침을 주목하게 된다.

가화만사성(家和萬事成)이나, 수신제가치국평천하(修身齊家平天下)의 기본도 효(孝)에서 출발하는 것이고, 나라에 대한 충(忠) 역시 효(孝)를 근간으로 확장되는 개념임을 강조해왔다. 이렇듯 한국에서는 전통사회로부터 효(孝) 문화를 지켜왔고, 가족은 물론이고 사회의 기본 질서를 확립해 나아가는 데도 핵심적으로 적용되었다.

그러나 한국은 전통사회를 벗어나 한 세기를 거쳐 가면서 개화와 신문화의 보급, 일제의 침탈기, 광복 후 6.25 전란, 전란 극복기, 거듭되었던 군사 정권기, 이에 항거한 민주화 운동 등 사회정치적으로 급격한

변동을 겪었다. 이러한 변동을 거치면서 일상의 삶도 크게 변화되었다. 더욱이 사회의 개방적인 측면에서 보면, 한국 사회는 1989년에 이르러서야 해외여행이 자유화되고, 세계인들과의 교류가 확대되면서 정치·경제·문화의 성장이 크게 가속화되었다.

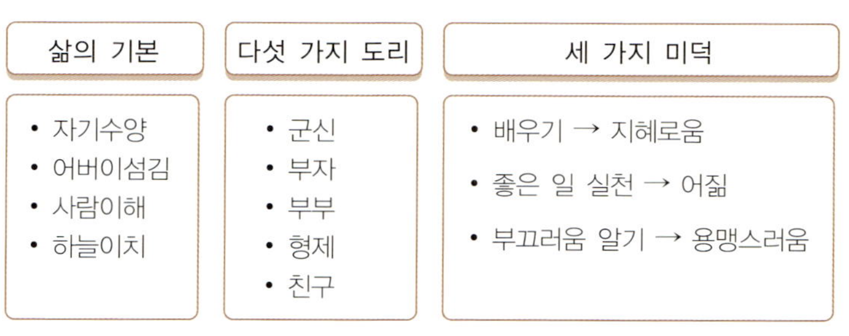

정치·경제·사회 변동에 따라 변화된 한국의 일상 생활문화에서 주목해야 할 것은 가족의 형태이다. 가족 형태는 전통사회와는 매우 대조적으로 변화해 가고 있다. 현재 이러한 현상은 국내뿐 아니라 전 세계에서도 유사하게 나타나고 있다. 전통사회에서는 대가족 생활이 삶의 중심이 되고 같은 성씨(姓氏)들이 모여 집성촌을 구성하여 살면서 부모님과 가까이 생활했다. 전형적인 대가족생활, 핵가족생활, 부모와 자녀로 구성되어있는 가족의 형태가 일반적이었다. 결혼하기 전까지는 성인이라 하더라도 독립해서 살아가는 경우가 많지 않았다. 그러나 오늘날에는 3세대 대가족이 함께 생활하는 가정은 드물게 되었고, 부모와 함께 거주하지도 가까운 곳에서 생활하지도 못하게 되었다. 이제는 성인이 되면 결혼을 하지 않더라도 각자의 독립된 삶을 위해서, 또한 경제활동을 위해서 제각기 거처를 다르게 하여 살아간다. 2018년 통계청에

서 발표한 인구 총 조사 자료에 따르면, 한국의 1인 가구 비율은 29.3%이며, 1인 가구 수는 584만 8,594가구에 이르고 있다. 한국인들의 1/3 정도는 혼자 사는 가구인 셈이다. 이 외에도 다문화 가정, 한 부모 가정, 무자녀가족 등이 이제는 낯선 가족이 아니라 보편화되고 있는 가정이 되었다.

이러한 변화들이 자연스럽게 생활에 스며들면서 한국인들이 지향하는 가치와 삶의 양식도 변화되었고, 오랜 세월 지켜왔던 충(忠)과 효(孝)의 개념도 달라졌으며, 효(孝) 의식과 실천 방법도 크게 변화했다. 그러나 오랜 세월 동안 한국인들이 지켜온 정신문화의 근간인 '효'의식은 지금까지도 한국인의 삶에 영향을 미치고 있다.

즉 21세기를 살아가는 오늘날 현대인들에게 과거 조상들이 지켜온 효 의식과 효행을 요구하는 것은 어렵다. 오히려 무의미하게 받아들여질 수 있다. 사람들이 그러한 현실 속에서 중요하게 여기는 것은 무엇인가? 끊임없는 질문을 자신에게 또 주변 사람들에게 한다. 그 와중에 사람들은 가치의 혼란과 갈등을 겪으며, 충돌을 경험한다. 그럼에도 불구하고 '효를 유지해야 한다.'는 기본 생각에는 이견을 제기할 수 없다. 실제로 가족을 중심으로 한국인의 생활문화를 만들어온 대표적인 정신문화를 말한다면 효(孝)의 정신문화를 꼽는다. 이는 부모에 대한 감사와 보은을 바탕으로 인간이 가장 인간다울 수 있는 최소한의 개인 생활윤리로 지켜가야 하는 것이 '효'이며, 이를 저버리는 것은 인간의 도리를 잊는 것으로 지탄받기 때문이다.

한국인들은 효의 정신문화를 이어가야 한다는 의식은 갖고 있다. 그러나 효를 실천하는 방법에는 의견 차이가 있다. 혹자는 '효'를 운운하는 것이 구태의연하다고 말하고, 또 다른 이들은 전통적인 '효'는 반드시 지켜나가야 한다고 한다. 효 의식이 중요한 가치이며 소중한 정신문화라는 것에는 동의하지만, 그 실천 방법에 대해서는 서로 다르게 생각하기 때문이다. 특히 이러한 의식은 세대 간에도 남녀 간에도 격차가 존재하고, 그 모습도 매우 다르게 나타나고 있다.

효의 가치는 시대적 요구이며, 가족 공동체 의식의 기반이다.

이렇게 효를 바라보는 관점이 차이가 있음에도 불구하고 오늘날 효의 가치를 재고해야 하는 이유가 있다. 첫째, 효의 가치는 더 나은 관계와 삶을 위한 시대적 요구이기 때문이다. 둘째, 효란 내일로 미룰 수 없는 인성 덕목으로 건강한 가족 관계를 유지할 수 있는 요건이기 때문이다. 셋째, 효란 한국인의 고유한 정서 속에 짙게 내재되어 있는 사상으로 가족공동체의 단결심을 주는 강한 공동체 의식의 기반이 되었기 때문(이현용, 2012)이다.

이러한 효 의식이 앞으로 우리의 일상생활에서 시대에 맞는 효행으로 발현되고 실천되기 위해서는 그 방법을 고민해야만 하고, 어려서부터 성장 과정에서 함께 체화될 수 있도록 해야 한다. 관념으로서의 효(孝)와 행동의 원동력으로서의 효(孝)가 일치하는 삶으로 전개되어야

한다. 그리고 오늘날의 실정에 맞는 효에 대한 탐색을 위해 한국인들의 삶의 배경이 되어왔던 정신문화와 사상 등을 되돌아보는 시간을 가져야 한다. 그러한 과정을 통해서 효에 대한 규범과 실행이 일치될 때 비로소 효(孝) 의식의 차이로 오는 현실의 혼란이나 갈등, 부적응의 문제를 해결해 나아갈 수 있으며, 효의 정신문화를 후세대로 이어나갈 수 있기 때문이다.

3. 다스림의 원리

효는 '다스림의 원리'로 적용되어 국가와 백성을 지켜냈던 개념이었다. 즉 효치(孝治), 효(孝)와 충(忠)의 관점으로 보는 것을 의미한다. 부모에 대한 효의 개념이 연장되고 확산될 때 충(忠)으로 이어진다는 것이다. 효에 대한 정의에 있어서 협의의 효와 광의의 효를 나누어 제시한 내용(김종두 · 최성규, 2018)에 따르면 협의의 효는 가족 사랑과 가정 윤리의 관점에서 보는 것이며, 광의의 효는 가족 사랑과 가정 윤리를 기초로 타인과 이웃, 사회와 국가, 인류와 자연으로 확대하는 의미의 효를 말한다고 하였다. 즉 다스림의 원리라고 하는 관점은 확대된 효의 광의적 의미에 초점을 둔다.

효는 다스림의 원리로 적용되어 국가와 백성을 지켜내다.

「효경(孝經)」에는 효란 덕(德)의 근본이며 '천지자연의 법칙'이요, '인간의 행동 준칙'이라고 한 바를 가정에서부터 국가로 이어지는 윤리로 확대했고, 이는 고려시대와 조선시대에도 이어졌다(김민재, 2019). 이는 「조선왕조실록」에서 찾아볼 수 있다. 임금의 교서와 신하들의 상소문을 근거로 보면, 나라에서는 충효를 지키는 자를 등용하여 나랏일을 맡도록 하였고, 나아가 백성들을 교화하기 위한 방도로 '효'를 실천하도록 하였다. 그리고 위정자들이 나라를 다스리기 위해 충신(忠臣)을 두려면, 위정자부터 먼저 효(孝)를 실천해야 한다는 것을 강조했다.

위정자들이 필독서로 읽어 왔던 「논어」와 「중용」을 보면, 효치(孝治)의 내용을 볼 수 있다. 「논어(論語)」의 위정편(爲政篇)에는 다음과 같은 글이 있다. 계강자가 공자에게 묻기를 "백성들로 하여금 위정자를 존경하고 충성하게 하면서 서로 선(善)을 권장하게 하려면 어떻게 해야 합니까?"라고 물었다. 이에 공자는 "백성에게 임하는 데 위엄이 있으면 존경할 것이며, 효도하고 인자하면 충성할 것이며, 선(善)한 사람을 등용하여 불선한 사람을 가르치면 서로 선을 권장하게 될 것이다."라는 기록이다. 「중용」에서도 효를 실천한 이들을 언급하면서 "순임금은 효도를 지극히 다하신 분"으로, "무왕과 주공은 누구나 인정하는 지극한 효를 실천하는 분"이라 하였다. 그리고 "효는 선조의 좋은 뜻을 잘 계승하고 선조의 사업을 잘 잇는 것"이라고 하였다. 즉 위정자가 스스로 위엄 있고, 효도하며 선(善)을 알고 그것을 실천하는 사람을 곁에 두면 아랫사람들이 자연스럽게 그 위정자를 존경하고 충성을 다하며, 그를 통해서 선(善)함이 널리 펼쳐진다는 것을 말한다.

「소학」의 〈명륜〉에는 「효경」의 내용을 인용하여 천자의 효와 백성의 효에 대해 다음과 같은 글이 담겨 있다. 이는 위정자로서 효를 행하는 내용과 더불어, 위정자가 실천하는 효를 보면서 백성들은 감화를 받게 되고 삶에서 본보기가 된다는 것이다.

… 부모에게서 물려받은 몸을 훼손하지 않는 것이 효의 시작이고, 몸을 세워 도를 행하고 후세에 자신의 이름을 떨쳐 세상에 부모를 드러나게 하는 것이 효의 마지막이다. 효는 부모를 섬기는 데서 시작해서 임금을 섬기는 것이 중간이 되고 자신이 훌륭한 인물이 되는 데서 끝을 맺는다.

… 부모를 사랑하는 자는 감히 남을 미워하지 않고, 부모를 공경하는 자는 감히 나에게 함부로 대하지 않는다. 사랑과 공경으로 부모를 극진하게 섬기면 백성들이 그 덕에 감화될 것이므로 천하의 본보기가 된다. 이것이 천자가 행하는 효이다.

… 윗자리에 있으면서도 아랫사람에게 교만하지 않으면 높은 자리에 있어도 위태롭게 되지 않으며, 스스로 예절을 지키고 법도를 따른다면 가득 차도 넘치지 않는다. 그런 뒤에 나라의 사직을 보존하고 백성들을 화평하게 할 수 있다. 이것이 제후의 효이다.

… 하늘의 법칙과 땅이 주는 혜택을 이용하고, 몸을 조심하고 씀씀이를 절약해 부모를 봉양하는 것은 일반 백성의 효이다. 그러므로 천자부터 일반 백성들까지 효에는 끝이 없지만 재앙이 미치지 않는 사람은 없다.

출처: 「小學」〈明倫〉明父子之親

이 내용은 율곡의 「성학집요」에도 그대로 인용되어 있다. 즉 '부모를 섬기는 데에 사랑하고 공경함을 다하면 덕(德)과 교화(教化)가 백성에게 펼쳐지고 온 누리의 모범이 되니, 이것이 천자(天子)가 하는 효도이다.'라고 하였다. 나아가 '제왕의 효도는 보통 사람의 효와는 차이가 있으며, 선왕의 뜻과 과업을 물려받아 발전시켜야 하므로 더욱 정성을 다하여야 할 것'이라고 하였다. 일반인들도 부모가 자손들에게 재산을 물려주면 잘 간직하려고 하는데, 백 년의 사직과 영토를 물려준 선왕의 뜻을 이어가는 것을 소홀히 할 수는 없다는 것을 강조하였다. 위정자로서 효도하는 생각에 결함이 생기지 않도록 하고, 선왕의 뜻을 훼손하지 않도록 노력해야 한다고 하였다.

「조선왕조실록」에 나타난 효도와 경향에 대한 연구(지봉환, 2013)에는 '효'란 조선왕조실록에서 제시한 삶의 방식이라고 하였으며, 인간관계의 갈등과 분쟁을 예방한다고 보았다. 효도하지 않는 자에 대해서는 엄한 처벌[8]을 내리기도 하고, 여러 가지 사회적 문제를 예방하기 위한

8) 「대명률직해」 제1권 명례율에는 2조 십악(十惡)에 대해 제시되어 있다. ① 모반(謀反)-사직위 위태롭게 하려고 꾀하는 것, ② 모대역(謀大逆)-종묘, 산릉, 궁궐 등을 훼손하기 위하여 꾀하는 것 ③ 모반(謀叛)-본국을 배반하고 다른 나라와 몰래 통하여 반란을 꾀하는 것 ④ 악역(惡逆)-조부모나 부모, 남편의 조부모나 부모를 때리거나 죽이려고 꾀하는 것, 아버지의 형제인 백숙부나 백숙모, 고모, 형, 외조부모, 남편을 죽이는 것을 말한다. ⑤ 부도(不道)-한 집안의 사죄(死罪)를 짓지 않은 세 사람을 죽이는 것, 타인의 사지를 해체하는 것, 생기를 채취하는 것, 독극물을 만드는 것, 염매에 가탁하여 저주하는 것이다. ⑥ 대불경(大不敬)-태묘 및 능묘에서 신에게 바치는 물건과 임금에게 올리는 수레, 가마, 입고 쓰는 물건 등을 훔치거나, 임금의 도장을 훔치거나 위조하거나, 임금에게 올리는 약을 착오로 본방에 따르지 않거나, 약봉지의 이름을 잘못 쓰거나, 임금에게 올리는 음식을 착오로 식금을 범하거나, 임금이 몸소 타는 배를 착오로 견실하게 만들지 않는 것이다. ⑦ 불효(不孝)-조부모나 부모나 남편의 조부모나 부모를 고소하거나, 악담으로 욕하거나, 조부모나 부모가 살아 있는데도 호(戶)를 나누어 따로 살며 재산을 나누어 가지거나, 봉

도구로도 활용되었다. 조선의 전 시대에 걸쳐 우리나라 형법으로서 적용되어 왔던 「대명률직해」에 나타나 있는 십악(十惡)은 명분과 교화를 현저하게 위배한다고 판단되는 죄를 10개 범주로 묶어서 유교 윤리의 심각한 위반이라는 것을 표현하였다. 이 중에 4악의 악역(惡逆), 7악의 불효(不孝), 8악의 불목(不睦)은 분명하게 효의 실천에 어긋나는 것이었고, 처벌의 대상이 되었다. '효'를 가정을 유지시키고 사회와 국가의 질서를 확립할 수 있는 윤리이며, 근거로 이해한 것이다.

조선의 왕들은 효를 권장하고 충(忠)과 효(孝)를 같은 개념으로 보다.

조선시대 왕들이 「조선왕조실록」에서 언급한 '효'에 대한 몇 가지의 예시를 살펴보면 다음과 같다. 조선의 태조 이성계는 즉위 교서(태조1년 임신(1392) 7월 28일(정미))에서 대소신료와 한량(閑良), 기로(耆老),

---

양하지 않거나, 부모의 상중에 있으면서 혼인하거나 혹은 잔치를 벌여 음악을 연주하거나 혹은 상복을 벗고 길복을 입거나, 조부모나 부모의 부음을 듣고도 숨기고 거애하지 않거나, 생존해 있는 조부모나 부모를 돌아가신 것처럼 거짓으로 칭하는 것이다. ⑧ 불목(不睦)-시마친인 동성 팔촌 이상 친속을 살해하려고 꾀하거나 팔아 버리거나, 자기의 남편 및 대공친인 동성 사촌 이상 손윗사람, 소공친인 동성 오촌이나 육촌 손윗사람 등을 때려 상해하거나 고소하는 것이다. ⑨ 불의(不義)-관할 지역 내의 인민(人民)이 자신을 관할하는 관원을 살해하거나, 군사가 자신을 관할하는 병마사·부사·천호·백호 등을 살해하거나, 아전이나 군졸 등이 자신이 소속된 지역의 5품 이상 관원을 살해하거나, 훈도를 받은 스승을 살해하거나, 자신의 남편의 부음을 듣고도 숨기고 거애하지 않거나 잔치를 벌여 음악을 연주하거나 상복을 벗고 길복을 입거나 다른 남자에게 개가하는 것이다. ⑩ 내란(內亂)-소공 이상의 친속이나 아버지·할아버지의 첩 등과 간음을 범하거나, 화간하는 것이다. / 「대명률직해」는 고려 말 1373년에 도입된 「대명률」을 조선의 실정에 맞추어 고서경, 김지가 직해한 뒤 정도전과 당성의 윤색을 받아 초고를 확정했고, 1395년 2월 100여본을 간행하였다. 이는 후대에 「대명률직해」로 불리고 있다.

군민(軍民)들에게 건국 초 풍속을 바로 잡기 위한 내용을 발표했다. 관혼상제(冠婚喪祭)가 나라의 큰 법이라고 선언하고, 고금(古今)을 참작하여 법령을 정해서 인륜(人倫)을 후하게 하고 풍속을 바로잡도록 했다. 덧붙여서 충신(忠臣), 효자(孝子), 의부(義夫), 절부(節婦)는 풍속에 관계되므로 권장(勸獎)하고, 이러한 이들을 우대해서 발탁 등용하도록 했다. 이외에도 〈효행록〉을 간행하여 백성들로 하여금 깨우치게 하여 효를 실천하도록 했고, 효(孝), 효자(孝子), 충효(忠孝), 효치(孝治) 등을 강조하는 뜻을 펼치면서, 백성을 교화해 왔다. 임금과 어버이는 일체이므로 충(忠)과 효(孝)는 같은 개념으로 보았다.

임금이 황희(黃喜)에게 이르기를

늙고 덕이 높아 명예와 영달을 구하지 아니하는 자와 충효절의(忠孝節義)가 세상에 드러난 자, 정치하는 대체(大體)를 밝게 통달하여 이사(吏事)를 맡길 만한 자, 병법(兵法)에 지모(智謀)가 깊어서 장수가 될 만한 자, 그리고 활쏘기와 말 타기에 능하여 적의 칼날을 꺾어 함몰시킬 만한 자를 백관들은 각각 아는 대로 천거하되…

출처: 조선왕조실록 태종9년 기축(1409) 6월 27일(무진)

임금이 직제학(直提學) 설순(偰循)에게 이르기를

이제 세상 풍속이 박악(薄惡)[9]하여 심지어는 자식이 자식 노릇을 하지 않는 자도 있으니, 〈효행록〉을 간행하여 이로써 어리석은 백성

들을 깨우쳐 주려고 생각한다. 이것은 비록 폐단을 구제하는 급무가 아니지만, 그러나 실로 교화하는 데 가장 먼저해야 할 것이니, 전에 편찬한 24인의 효행에다가 또 20여 인의 효행을 더 넣고 전조(前朝)와 삼국시대의 사람으로 효행이 특이한 자 또한 수집하여 한 책을 편찬해 이루도록 하되, 집현전에서 이를 주관하라.

출처: 조선왕조실록 세종10년 무신(1428) 10월 3일(신사)

우부승지 노진(盧禛)이 상소를 올리기를,

삼가 생각하건데, 임금과 어버이는 일체(一體)이므로 충효(忠孝)는 같은 것입니다. 집에서는 은례를 주로 하고 나라에서는 의리를 주로 하는데 경중의 차이는 없습니다. 그러나 만일 효도에 미진함이 있으면 충성은 뒷날에 할 수도 있는 법이니, 어버이를 섬길 날은 적고 임금에게 충성할 날은 많을 경우에는 옛 사람도 반드시 이에 의거해서 처신을 할 줄 알았습니다.
전하께서 신의 심정을 굽어 살피시어 귀양(歸養)을 허락하여 주심으로써 효도하고 싶은 소원을 이루어 주신다면 신의 모자에게 매우 다행한 일임은 물론 국가의 효치(孝治)에도 매우 다행한 일일 것입니다.

출처: 조선왕조실록 명종16년 신유(1561) 3월 19일(기묘)

정조, 효를 상징하는 왕이 되다.

9) ① 됨됨이가 변변하지 못하고 아주 고약하다. ② 각박하고 모질다. (표준국어대사전)

조선 후기 22대 왕이었던 정조(1752~1800)는 사도세자와 혜경궁 홍씨 사이에서 태어났고, 당쟁(黨爭)의 어려움 속에서도 효행을 몸소 실천한 왕으로도 유명하다. 정조는 효를 상징하는 왕이다. 정조는 노인을 봉양하는 문제와 농사에 힘써야 한다는 내용을 담은 「소학」과 「오륜행실도」 등을 출판하여 배포하면서 효치(孝治)를 실현하는 데에 힘썼다. 정조는 어버이를 사랑하는 자는 남을 미워하지 못하고 어버이를 공경하는 자는 남을 업신여기지 못한다고 하면서 이는 공경을 넓혀 근본을 따르기 때문이라고 보았다. 즉 인간에게 주어진 보편적인 본질에 대한 인식을 바르게 하는 것에 뜻을 두었다.

정조의 시문이 담겨 있는 「홍제전서(弘齊全書)」[10]에는 다음과 같은 내용이 실려 있다.

> 효가 천경(天經)이요, 지의(地義)이며, 인간에 있어서는 모든 일의 뿌리가 되고 있음은 두말할 나위 없거니와, 임금이 백성들을 가르쳐 좋은 풍속을 구현하는 데도 효(孝)보다 더한 것이 없다. 따라서 위정자치고 효심을 흥기시키는 것을 급선무로 여기지 않은 자가 없었던 것이다.

10) 「홍제전서(弘齊全書)」는 정조대왕의 시문(詩文)을 규장각에서 편찬하고 간행한 책이다. 정조가 세손으로 있던 1765년에 지은 시에서부터 시작하여 그가 사망한 1800년까지 남겼던 시문을 글의 종류에 따라 분류 편집한 것으로 〈정조실록〉과 〈일성록〉의 기록에 의하면 1799년(정조23 12월에 1차 정리되었고, 1801년(순조1) 12월에 2차 정리되었으며, 1814년에 184권 100책의 활자본으로 간행되었다.

전례를 도타이[11] 하고 인륜을 밝히며 덕 있는 이를 존경하고 선한 자를 포양[12]하면서 자식으로서의 직분을 다한 자가 있으면 반드시 그가 사는 마을까지 정표(旌表)[13]하여 권장을 해도 그래도 따르지 않는 백성이 있고, 악하고 못된 자를 벌주고 징계하는 법령을 만들어 부모를 봉양하지 않는 자가 있으면 반드시 법에 걸리도록 단속을 해도 백성들 중에는 호응을 하지 않는 자가 있기 마련이다.

그렇다면 그 형상(刑賞)[14]에 앞서서 그들을 장려하고 교도하는 등 순리적인 방법으로 지도하는 일에 최선을 다하는 것이 무엇보다 중요한 일이다.

출처: 「弘齋全書」, 제8권 序引 敎孝錄序

정조의 효치와 사회복지 구현에 관한 연구(김해영, 2017)에서는 정조는 민생안정책으로 유민(流民) 안집(安集), 빈민지원, 이재민 구휼에 만전을 기했고, 자휼전칙(字恤典則)[15]과 경로정책을 펼치는 등 효치(孝治)의 진수를 보여주었다고 분석하였다. 나이 많은 노인을 우대하고, 특별히 과거에 급제시켜 주기도 했으며, 부모를 잘 봉양할 수 있도록 병역이나 부역을 면제[16]해 주는 제도를 시행했고, 양로연도 베풀었다.

---

11) 서로의 관계에 사랑이나 인정이 많고 깊게 함.

12) 칭찬하여 장려함.

13) 착한 행실을 세상에 드러내어 널리 알림.

14) 형벌과 상여를 아울러 이르는 말.

15) 「자휼전칙(字恤典則)」은 1783년에 제작된 조선시대 법령집으로 당시 흉년을 당해 걸식하거나 버려진 아이들을 구하는 방법을 규정한 것이다.

16) 연로한 부모봉양을 위한 병역과 부역면제 제도는 고려 태조 때, 80세 이상의 기로(耆老)에게

가장 두드러진 효행은 정조가 어머니 혜경궁 홍씨의 회갑을 맞아 진찬례[17]를 올린 것이다. 이는 「원행을묘정리의궤」[18]를 통해서 잘 볼 수 있다. 이와 더불어 노인들을 위해 베푼 양로연은 「홍제전서」를 통해 확인할 수 있다. 조선시대의 양로연이 처음 이루어진 것은 1432년(세종 14)으로, 세종대왕과 왕비가 참석한 가운데 근정전과 사정전 두 곳에서 열렸었다. 그런데 정조 때의 양로연은 회례연에 상응하는 규모와 격식을 갖춘 연향이었으며, 신분과 귀천에 상관없이 누구나 80세 이상의 노인이 되면 매해 중추월[19]에 중앙의 궁궐이나 지방의 관아에서 행하던 양로연에 참석할 수 있었던 특징이 있다. 정조가 「서경」의 말을 인용하면서 '백발의 노인에게 물으면 잘못되는 바가 없을 것'이라 하였고, '천하에서 나이를 귀하게 여기는 것은 어버이를 섬기는 것에 버금가기 때문이다.'라고 한 기록도 주목해 보아야 한다. 정조는 '효'를 가족윤리에 머무는 것이 아니라, 인간의 본분이며 의무이면서, 어르신들을 모시는 도리로 궁극적인 사회 질서 체계를 이루는 것으로 보았으며, 백성을 다스리는 가치지향적인 정치의 근간으로 삼았다고 할 수 있다.

시정을 지급한 것이 효시이며, 이후 확대되어 조선 세종 때 공노비의 시정법을 정하여 90세 이상인 사람의 소생은 모두 시정으로 주고, 80세 이상은 시정 1명을 주었다. 이는 정조 시기까지도 이어졌다. (김해영, 2017 연구 참고)

17) 궁중의 잔치를 말한다. 국가의 큰 경사를 맞이하여 거행되는 궁중연이다.

18) 「원행을묘정리의궤(園幸乙卯整理儀軌)」는 1797년(정조21)에 혜경궁 홍씨의 회갑연을 기록한 의궤이다. 회갑연은 1795년(정조19) 윤2월9일부터 16일까지 화성(지금의 수원 성곽)에서 열렸다. 이 내용을 기록한 것으로 권수 1권, 본편(本編) 5권, 부편(附編) 4권이고 모두 8책으로 나누어져 있다.

19) 음력 팔월의 맑고 밝은 달.

오늘날 해야 할 효 실천 방법을 고민하다.

효 사상은 동서고금을 막론하고 인류가 추구해야 하는 가치 중 하나임에는 분명하지만, 효를 바라보는 관점은 위에서 언급되었듯이 환경과 역사, 시대에 따라 다르므로 우리 사회의 역사적 사회적 맥락을 이해해야 한다. 앞으로 관념으로서의 효가 우리의 일상생활에서 공감할 수 있는 실천적인 행동의 원동력인 효행으로 발현되고, 실천되기 위해서는 그 방법을 고민해야만 한다. 그러기 위해서는 첫째, 효 의식에 대한 가정교육과 부모의 모범이 필요하다. 둘째, 가족생활 중에 성장 과정에서부터 효(孝)가 체화될 수 있도록 해야 한다. 셋째, 한국인들의 삶의 배경이 되어왔던 한국인들의 정신문화와 사상 등을 되돌아보는 시간을 가져야 한다. 그러한 과정을 통해서 일상생활에서 자연스럽게 효 실천으로 이어져 가족 간의 갈등이나 부적응, 혼란 등을 해결해 나가야 할 것으로 본다. 이러한 효의 정신문화가 후세대로 이어 나갈 수 있는 기저가 되어야 한다.

chapter 02

가족 규범과 효

chapter 02

가족 규범과 효

1. 가족 규범

1) 가족 규범과 효

가족은 인류를 구성해 온 가장 최소 규모의 사회집단이다. 가족은 혈연과 사랑으로 맺어진 원초적인 인간관계를 경험하게 한다. 그리고 어떻게 살아갈 것인지를 깨닫게 하는 교육과 훈련으로 성장하게 하며, 각자에게 주어진 관계적 위치에서 서로의 삶을 지지하는 구성원들이 바로 가족이다.

가족은 혈연으로 맺어진 공동체로 가장 연대성이 강한 동질적 요소를 갖고 있다. 그러나 혈연이라는 동질적 요소 이외에 생태적인 생물학적 성(性)과 연령, 그리고 역할과 관계적 위치가 서로 다른 이질적 특성이 있다. 예를 들면 아버지와 어머니, 형제자매, 할머니 할아버지는 가

족 서열과 성별, 나이 등이 모두 다르다. 같은 형제라도 성과 나이가 다르고, 형제 순위가 다르므로, 동질적 요소를 지닌 집단이라고 말할 때는 혈연 이외의 다른 요소를 말하기는 어렵다. 혈연이라는 동질적 요소가 가족 구성의 핵심이지만, 가족과 관계적 특성을 이해하기 위해서는 부부를 중심으로 파생되는 확산적 관계 맺음의 특성을 중요하게 보아야 한다. 사람들은 가족이라는 이름으로 모두 이해받고, 용서해야 하고, 같은 뜻과 지향성을 갖고 살아야 한다는 무언의 분위기를 경험한다.

가족 규범은 가족 가치관이며 가족 윤리이다.

그렇지만 동질적이면서도 이질적 특성을 동시에 지닌 가족들 사이에서는 인간의 기본적인 관계성을 처음으로 경험한다는 점이 중요하다. 그래서 가족 관계에 따른 질서 유지가 사회구성의 기틀이 되는 것이다. 가족이 서로 존중하는 규범으로 작동되는 것을 알아야 하는 이유는 함께 살아가는 사회를 만드는 기본이 되기 때문이다.

그렇다면 규범이란 무엇인가? 사전적 의미로 규범(規範)이란 인간이 사회생활을 할 때, 구속(拘束)되고, 준거(準據)하도록 강요되는 일정한 행동양식을 말한다. 그러나 규범이 강제적인 구속만을 지니는 것은 아니다. 전통이나 도덕 제도 등과 관계된 규범은 개인의 내부에 내재화(內在化)되어 가는 것이며, 행동양식을 이끄는 매개체이기도 하다. 이는 구속력을 가진다기보다 사회생활을 원활하게 이끄는 긍정적인 기능

을 갖는다. 따라서 규범은 사회의 문화나 종교, 이념 등에 따라 차이가 나타난다. 새로운 이념이나 가치 의식이 도입되면, 규범도 일부 변화하게 된다. 시대의 변화, 가치관의 변화, 생활환경의 변화에 따라 규범도 진화되어 간다.

그렇다면 가족 규범이란 무엇인가? 가족 규범은 가족의 화합과 공동체로서의 단결을 이루게 하는 규범을 말한다. 한국 가족의 규범을 구성하는 요소와 가치는 여러 가지가 있다. 그중에 한국인의 정신문화에 바탕을 둔 가족 규범의 근간은 효(孝)가 중심을 이룬다. 가족 규범은 가족 가치관, 가족 윤리 등으로 표현되기도 한다.

'효'는 협의로는 가족을 중심으로 인간으로서 본성을 지켜 나아가도록 하고 가족 질서를 이루도록 하는 가족 규범이지만, 광의로는 가족 이외의 사회생활과 대인관계에서 삶의 질서를 유지하도록 하는 근간이 되는 사회 규범이다. '효'는 오래전부터 지금까지도 한국인의 정신문화를 대표하고 있고, 가족 규범이며 사회 규범의 성격을 갖고 있다. 한편 효를 확대 개념으로 주장하는 바(김종두 · 최성규, 2018)에 따르면 효는 가족 사랑과 가정 윤리를 기초로 타인과 이웃, 사회와 국가, 인류와 자연으로 확대하는 의미를 강조한다. 즉 수신과 자신에게 성실한 '자기적 효', 가족 간에 하모니를 이루는 '가정적 효', 사회복지의 기초로 작동되어야 하는 '사회적 효', 치국과 평천하에 관계되는 '국가적 효'를 뜻한다.

2) 천륜(天倫) 관계와 효(孝)

부모와 자녀는 하늘이 내려준 천륜(天倫)의 관계이다. 이 세상에서 누구도 그 관계를 끊을 수 없다. 반면 부부의 관계는 사람이 맺어준 관계로 인륜의 관계라고 한다. 예로부터 결혼을 인륜지대사(人倫之大事)라고 했던 것은 사람이 맺어주는 관계에서 가장 크고 중요하다는 것을 의미한다. 그래서도 가족 관계를 다음과 같이 비유한다.

> 하늘이 내려준 부모, 자신의 머리와 같은 존재, 생명과도 같다.

'부모는 자신의 머리와 같고, 형제자매는 자신의 수족과 같으며, 배우자는 자신의 의복과 같다.' 손발[手足]이 없으면 생명에는 지장이 없다. 그렇지만 살면서 여러 상황에서 불편함과 어려움을 겪을 수 있다. 형제자매는 함께 성장하면서 기쁨과 슬픔을 나누며, 어려움에도 의지할 수 있는 존재다. 형제자매가 없다면, 외롭고, 힘겨울 것임을 뜻한다. 한편 배우자는 의복으로 비유되고 있다. 옷은 입고 벗을 수 있다. 여러 번 갈아입을 수 있으며, 더러워졌다면 깨끗이 빨아 입고, 낡은 옷이라면 수선해서 입을 수도 있다. 배우자를 의복으로 비유한 것은 여러 가지 의미로 해석해 볼 수 있다. 그러나 무엇보다 중요한 관계는 부모와 자녀 관계이다. 부모는 자신의 '머리'와 같은 존재로 생명과도 같다. 인간이란 머리가 없으면 생명 자체가 존재할 수 없기 때문이다. 아버지와 어머니가 사랑의 결합을 통해서 신비로운 생명으로 탄생시킨 존재가

자식이다. 이렇듯 부모와 자녀는 하늘이 내려준 천륜의 관계로 사회 환경이 변화하고, 가치관이 변화하더라도, 머리와 몸체가 분리될 수 없는 것처럼 분리해서 생각할 수 없으며, 변화할 수도 없는 관계이다.

「대승본생심지관경(大乘本生心地觀經)」[1]에는 네 가지의 은혜[사은(四恩)]의 하나로 부모은(父母恩)에 대해 표현되어 있다. 그 은혜는 1겁[2] 동안 머무르면서 말한다고 해도 다 하지 못할 정도의 어마어마한 것이라고 하였다. 겁(劫)이란 무한함을 의미하며, 즉 끝이 없는 것이 부모의 은혜이다.

> 세간과 출세간의 은혜에는 네 가지가 있으니,
> 첫째는 부모의 은혜요,
> 둘째는 중생의 은혜요,
> 셋째는 나라의 왕의 은혜요,
> 넷째는 3보(寶)의 은혜다.
> 이러한 네 가지 은혜는 일체의 중생들이 평등하게 짊어진 것이다.
>
> 부모의 은혜라 함은 아버지에게는 자애한 은혜가 있고,
> 어머니에게는 자비한 은혜가 있는 것이니,

---

1) 「대승본생심지관경」은 당나라 반야(般若)가 한역한 경전으로 본생심지관경 또는 심지관경이라고 한다. 대승불교의 기초가 되는 경으로 유심적 유식적 세계관을 설하고 있다. 심지관경은 예부터 사은(四恩)을 설하는 경으로 유명하다. (불광미디어, 경전의 세계 참고)

2) 겁(劫)이란 인도에서 말하는 가장 큰 시간 단위를 말한다. 가로세로 높이가 각각 약 8km인 성 안에 가득한 겨자씨를 100년에 한 알씩 집어내어 겨자씨가 다 없어진다고 해도 1겁이 끝나지 않는다. (시공불교사전 참고)

> 만일 내가 이 세상에서 1겁 동안 머무르면서 말한다 하더라도 능히 다하지 못할 것이다.
>
> 출처: 「大乘本生心地觀經」 卷2

부모와 자녀, 배우자의 관계성을 그림으로 나타내 본다면, 다음과 같은 윤리적 가치로 맺어져 있다. 가족 관계를 이루는 가치를 단편적으로 나타낼 수만은 없지만, 다양한 가치와 덕목에서도 대표적인 가치를 중심으로 효(孝), 자(慈), 애정(愛情), 화목(和睦)으로 관계를 나타내었다. 부모는 자녀에게 자(慈)로, 자녀는 부모에게 효(孝)로, 형제자매는 화목(和睦)으로, 배우자는 애정(愛情)으로 연결된다. '효'의 개념을 아랫사람이 윗사람에게 무조건 일방적으로 지켜야 하는 의무라고 해석하는 것

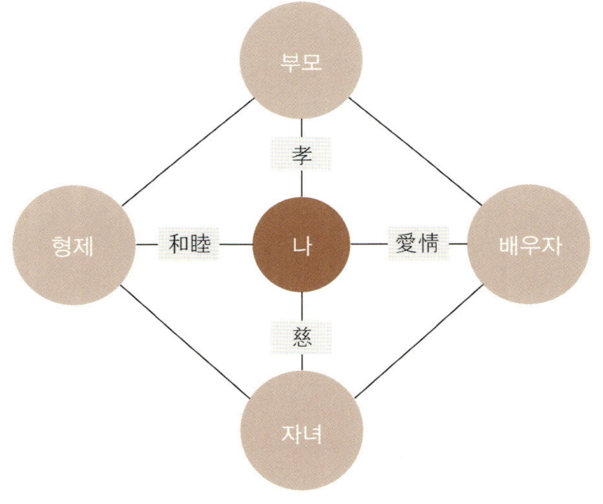

은 오늘날 가족 관계의 가치를 논함에 있어서 합당하지 않으며, 오히려 그 가치를 왜곡하게 만든다.

「효경」(孝經)에는 '효(孝)는 덕(德)의 근본이다(孝德之本也)라고 하고 사람의 행실이 효보다 큰 것이 없다(人之行 莫大於孝)'라고 하였다. 이 의미는 '나'를 중심으로 확대 된 가족 관계는 '효'를 토대로 이루어지는 것을 말한다.

심리학적 관점에서 보면, 한국 사회에서 바라보는 부모와 자녀 관계는 서구사회에서 바라보는 부모 자녀 관계와는 문화적 차이가 있다. 서구에서는 자녀의 독립성과 개별성, 자율성을 중요하게 생각하지만, 한국에는 부모와 자녀를 일심동체와 같이 동일체로 바라보는 의식이 뿌리 깊게 존재한다. 따라서 한국에서는 자녀에게 미치는 부모의 영향력이 매우 크다. 부모가 자식의 성공을 자신의 성공으로 느끼는 것은 서구의 개인주의적 관점에서 보면, 대리만족이라고 할 수 있다. 그러나 한국에서 부모가 자녀와 동일체 의식을 갖는다는 관점에서 보면, 자녀의 성공은 곧 부모의 성공이라고 인식하게 된다. 따라서 자녀를 위한 부모의 희생은 당연하다고 여긴다. 자식 때문에 이혼하지 않는다는 의식, 자녀가 빚을 지면 부모가 해결해 주어야 한다고 여기는 것, 재산을 팔아서라도 자녀교육을 뒷바라지 하는 모습 등은 한국 사회의 문화적 특성을 반영한 부모의 자식 사랑 방법이다.

아낌없이 주는 부모 앞에, 자식은 불초자였다.

불초자(不肖子)라는 말이 있다. 여기서 초(肖)는 '닮다'는 말이다. 즉 부모를 닮지 못한 자신을 부모 앞에서 낮추어 표현할 때 쓰는 말이다. 부모가 한없이 베풀고 아낌없이 주는 사랑 앞에서는 자식은 언제나 불초자일 수밖에 없다. 그러므로 부모의 사랑에 보은하는 것은 당연하며 중요한 것이다.

과거에 부모는 노후 삶을 대비하기보다 자녀를 가르치고 키우는 것에 집중했다. 부모의 노후는 자녀들이 알아서 돌보아 줄 것이라고 믿었다. 그러나 오늘날 한국 부모의 의식도 점차 변화하고 있다. 한국 부모들은 자녀의 학업과 성장을 위해 많은 금전을 투자하고 노력을 기울이지만, 과거와는 다르게 자녀에게 노후에 의존하는 것은 원하지 않는다. 오히려 부모들은 자신의 미래와 노후 삶에 대한 대비를 위해 노력한다. 자녀를 위해 조건 없이 사랑과 나눔을 베풀고, 부모 자신은 독립적으로 삶을 살아가기를 희망한다.

부모를 존경하고 공경하며 은혜에 보답하다.

아낌없이 주고 가는 부모를 위해 어떻게 해야 할 것인가? 부모를 존경하고 부모를 공경하는 것은 부모를 섬기는 일 중에서도 가장 중요한

도덕적인 의무였다. 부모에 대해 존경하는 마음이 가장 소중하므로 예의를 지켜 극진히 부모를 모셔야 하는 것을 말한다. 예컨대 부모에 대한 언어 표현이나 태도, 행동을 모두 예의 바르게 함으로써 가정의 질서를 유지하고, 더 나아가 밖에서도 웃어른을 섬기는 경로효친(敬老孝親) 사상으로 실천해 나가야 한다고 보았다.

부모가 낳아주신 은혜에 보답하는 효행은 부모로부터 받은 자신의 신체를 건강하게 보전하고 처신을 잘해야 하며, 건강한 신체와 건강한 정신을 가진 한 인격체로서 성장하여 떳떳한 사회의 일원이 되어 맡은 책임과 의무를 충실히 하는 성인으로 살아가는 것이다. 이것이 부모를 기쁘게 하는 것이며, 효를 다하는 것이다. 또한 부모가 살면서 자녀들에게 항상 강조하시던 말씀을 잊지 않고, 어짐[德]과 선(善)함을 실천하는 것 또한 중요한 효행이다. 가정에서는 가훈(家訓)을 통해서 부모가 남겨 준 뜻인 유지[遺志]를 받드는 실천적인 삶을 살도록 가르친다.

3) 효의 실천

가족 규범으로서 강조했던 효는 부모가 살아계셨을 때 하는 생전(生前)의 효와 돌아가신 후에 지키는 사후(死後)의 효로 나눌 수 있다. 생전의 효는 부모 존경의 효, 부모 봉양의 효, 부모 시봉의 효, 순종의 효, 형제 친척 간 돈목의 효, 보신의 효, 입신행도의 효 등이다. 부모가 돌아가신 사후의 효는 양지의 효나 상·제례의 효가 있다. 시대 변화에 따라 실천 방법은 차이가 있지만, 그 의미는 여전히 존재하므로, 구체

적인 효 실천의 의미를 살펴보도록 한다.

(1) 존경(尊敬)의 효

효는 부모에 대한 사랑이나 존경의 감정을 말한다. 부모 존경의 효는 어떻게 실천해야 하는가? 이는 부모를 대하는 언어와 태도, 행동을 예의 바르게 함으로써 자기 자신은 물론 가정 내의 질서를 유지하고 밖에서도 웃어른을 섬기는 경로효친(敬老孝親) 사상을 실천하는 것을 말한다. 일반적으로 존경한다고 하면, 지위나 명성이 있는 위대한 인물을 떠올린다. 그러나 부모 존경의 효에서 어떠한 조건도 필요 없다. 부모가 가진 부귀와 지위, 배움 등이 부모 존경의 조건이 되는 것은 아니다. 부모는 존재 자체로 존경의 대상이기 때문이다. 가장 중요한 것은 존경하는 마음을 갖는 것이 우선되어야 하는 점이다. 이러한 마음을 예의를 지켜 나타내며, 실천해야 한다.

자신의 부모를 '존경하는 대상'으로 여기는 것은 매우 중요하다. 부모를 공경은 하지만, 존경하지는 않는다는 사람들도 많다. 존경할 수 있는 대상은 보고 배우는 가르침을 주는 존재로 자신뿐 아니라 사회적으로도 존경받을 수 있는 인물이어야 '존경받을 수 있다.'고 생각하기 때문이다. 그러나 부모는 존재 자체만으로도 자녀가 존경하는 대상이 되어야 한다.

예로부터 그 어버이를 사랑하지 않고서는 다른 사람을 사랑하는 것은 그릇된 덕[悖德]이라 했고, 어버이를 공경하지 않으면서 다른 사람을

사랑하는 것은 그릇된 예[悖禮]라고 하였다. 율곡 이이의 「격몽요결」에는 '아버지와 자식은 흔히 사랑하는 마음이 공경하는 마음보다 지나치기 쉽다. 그런즉 …지극히 존중하여야 한다.'고 하였다. 자신의 부모를 존경하지 않고 다른 사람을 존경하는 것은 바른 이치가 되지 못한다는 것이다.

(2) 봉양(奉養)의 효

봉양(奉養)은 부모를 받들어 모신다는 말이다. 부모가 생활하시는 데 필요한 물질이 궁핍하지 않도록 의식주를 보살펴 드리며, 안정과 편안함을 느끼시도록 정성을 다해서 모시는 것을 말한다. 요즈음에는 부모를 '부양(扶養)'한다는 표현을 사용한다. 그러나 부양의 사전적 의미는 '혼자 살아갈 능력이 없는 사람의 생활을 돌보는 것'이라는 뜻이다. 부모를 부양한다는 표현보다 부모를 봉양한다는 말이 부모를 존중하는 의미가 포함되어 있으므로 더 적합하다.

「동몽선습」에는 '어버이와 자식은 타고난 성품이 친하다. 어버이는 낳아서 기르고 사랑하고 가르치며, 자식은 받들면서 뒤를 잇고 효도하며 봉양한다… 불효하는 자는 …그 사지를 게을리하여 부모의 봉양을 돌보지 아니하며…'라고 하여 효를 다하기 위해서는 정성껏 부지런히 해야 한다고 기록되어 있다.

「퇴계집」[3] 언행록 2 유편에 보면, '어려서 아버지를 여의고 어머니를 봉양하기를 매우 조심스럽게 하여, 얼굴빛을 부드럽게 하고 뜻에 순종

해서 거스르는 일이 없었다… 선생은 아버지를 여의고 어머니와 궁하게 살았는데, 선생이 과거를 본 것도 사실은 그 어머니를 봉양하려고 한 생각에서였다… 선생은 생일날 아침을 만날 때면 자제들이 술잔 올리는 것을 못하게 하면서 이르기를, "내가 어머님이 살아 계실 때에 이렇게 하지 못했는데, 어떻게 차마 이것을 받겠느냐."고 기록되어 있다. 부모 봉양에 대한 퇴계 이황의 뜻을 볼 수 있는 내용이다.

(3) 시봉(侍奉)의 효

시봉(侍奉)의 효란 부모 건강에 관심을 보이고, 곁에서 일상생활을 돌보아드리는 것을 말한다. 부모가 나이가 드시면서 기거동작이 불편해지고, 건강에도 문제가 생기기 시작한다. 아침부터 저녁때까지 부모가 자리에서 일어나시고, 활동하고, 잠자리에 드실 때까지 살펴드려야 하는 경우가 생기기 마련이다. 세수, 식사, 몸을 움직이시는 것이 불편하지 않도록 해 드리고, 잠자리에 드실 때 자리를 살펴드리며 병 구환하는 것까지 해 드려야 한다. 모든 일을 상의드리고, 연로하시어 병환중에 계셔도 부모의 의견을 존중하면서 가까이에서 잘 살피는 것을 뜻한다.

「격몽요결」에는 '부모가 병환이 나시면 마음속으로 조심하고 얼굴빛을 면하여 다른 일들은 모두 내 버려두고 오직 의원에게 묻고 약을 지어다가 쓰는 것으로 일을 삼는다.'라고 하였다.

---

3) 「퇴계집」은 1598년(선조31)에 간행된 조선 전기 퇴계이황의 문집이다. 원집(原集) 49권, 별집(別集) 1권, 외집(外集) 1권, 속집(續集) 8권, 연보(年譜) 3권, 언행록(言行錄) 6권으로 되어 있다.

오늘날 시봉의 효를 실행하기가 쉽지 않다. 부모의 일거수일투족을 살펴드리며, 모시다 보면, 요즈음과 같이 바쁜 경쟁사회 구조 속에서 개인이 해야 하는 과업은 뒤로 밀리게 된다. 그렇다면 부모는 자식이 그러한 시봉의 효를 하면서 모셔주기를 원하고 있을까? 부모들은 시봉의 효를 얼마나 기대할까? 환경변화에 맞추어 적합한 효 실천 방법을 찾아야 한다. 곁에서 모시지 못하더라도 자주 연락하여 안부를 여쭙는 것도 시봉의 효이다. 글로벌 환경에서 살아가는 현대인들에게는 거주 장소가 효 실천에 걸림돌이 되지는 않는다. 외국에 있는 자녀가 아침저녁으로 한국에 있는 부모의 안부를 온라인으로 여쭙거나, 반대로 외국에 있는 부모에게 한국에 있는 자녀가 안부 인사를 하는 경우도 많다. 자신이 당면하고 있는 환경에서 현명하게 시봉의 효도를 할 수 있어야 한다. 부모는 자녀가 시봉의 효를 실천하려는 마음을 갖고 노력하는 것만 보아도 기쁘게 생각한다.

(4) 순종(順從)의 효

순종의 효는 부모의 말씀에 순종하고, 부모의 뜻을 따르는 것이다. 모든 일은 혼자 결정해서 하는 것이 아니라 부모와 상의하고 허락을 받은 후에 하라는 것을 말한다. 오늘날 자녀들은 부모의 말씀에 순종하지 않을 뿐만 아니라 귀 기울여 듣지 않고, 오히려 부모의 말씀을 무시하기도 한다. 더욱이 자아의식이 싹트고, 부모보다 친구 관계에 더 큰 의미를 부여하는 청소년기에는 부모와의 대화마저 꺼리기도 한다. 부모의 말씀에 순종한다는 것은 불가능한 이야기가 되는 경우가 많다.

그렇다고 순종의 효란 부모의 말씀을 일방적으로 따르라는 것을 의미하지는 않는다. 부모의 뜻이 옳지 않았을 경우도 있다. 부모가 알고 있는 지식이나 정보가 제한적일 수도 있고, 오늘날 현실과는 차이가 있을 수도 있다. 전통사회에서도 자녀들이 모두 부모의 말씀에 순종했던 것은 아니다. 순종하기 어려울 때는 간언(諫言)하여, 부모를 설득하고, 이해하시도록 했다.

순종의 효에 대해 「격몽요결」에는 다음과 같은 글이 있다. '부모의 뜻이 만일 도리에 해로운 것이 아니면 마땅히 먼저 뜻을 이어받아서 순순히 행하고 조금이라도 어기지 말아야 한다. 만일, 부모의 뜻이 도리에 해로우면 화평한 기운과 즐거운 안색, 부드러운 목소리로 간(諫)해서 여러 가지로 사유를 말씀드려 기어이 부모가 이를 듣도록 한다.'라고 하였다.

(5) 형제 · 친척 간의 돈목(敦睦)의 효

한국 문화에서 추구하는 기본적인 인성(人性)은 개인주의적이기보다는 관계 지향적이다. 이런 맥락에서 부모와 자녀의 의존관계를 인성 발달의 이상적인 조건으로 보고 있다(성규탁, 2016). '효'는 부모를 중심으로 관계 형성에 기여하고, 가족의 화합을 이룬다는 것에 큰 의미를 두었다. 가족이 친밀하고 지지적인 관계를 조화롭게 유지하는 것은 부모에게 기쁨이 되는 것이며, 자손들이 지켜가야 하는 것으로 여겼다. 즉 부모를 잘 섬기고 마음을 편안하게 해 드리기 위해서는 같은 부모에게서 태어난 형제와 자매가 서로 우애가 있어야 하며, 나아가 같은 조

상에게서 태어난 친척과도 화목해야만 한다. 우애 있게 지내는 형제자매, 화목한 친인척 관계는 부모가 희망하는 것이며, 이는 부모를 위한 효행이다.

「명심보감(明心寶鑑)」 치가편(治家篇)에는 '아들이 효성스러우면 부모가 즐겁고, 집안이 화목하면 모든 일이 이루어진다.(子孝雙親樂 家和萬事成)'라고 하였다. 한 집안의 행복은 부모가 자녀를 사랑하고 자녀가 부모에게 효도하며, 집안이 모두 사랑하고 존경하여 화목한 것에 기초한다. 그 후에야 모든 일이 이루어지기 마련이다.

'사촌이 땅을 사면 배가 아프다.'라는 속담이 있다. 가깝지만 경쟁하는 사람이 형제와 친척이라는 것을 상징적으로 뜻한다. 이들이 화목한 관계를 잘 유지하기란 쉽지 않다. 성장하고 결혼을 하게 되면 화목했던 형제자매 관계도 서먹해지고, 각기 배우자의 영향으로 갈등 관계가 되기도 한다. 형제와 친척이 풍요롭게 사는 것을 시기하고, 가난한 것을 업신여기게 되면, 이웃보다 더 큰 원수가 되고 갈등과 불화가 이어진다.

「격몽요결」에는 '형제같이 부모에게서 몸뚱이를 물려받은 터이니 둘은 모두 한 몸뚱이와 같은 것이다. 그러니 마땅히 저와 나라는 간격이 있게 보아서는 안 된다…. 아우는 춥고 형만이 따뜻하게 있다고 한다면 이것은 마치 한 몸뚱이 안에 있는 사지 중에서 어느 한 편은 병들고 다른 한쪽은 튼튼한 것이나 마찬가지니… 형제끼리 서로 사랑하지 않는 것은 모두 자기들의 부모를 사랑하지 않기 때문이다.'라고 하였다. 형

제 관계를 신체의 팔과 다리와 같은 존재라고 상징적으로 표현하면서 혈연관계로 맺어진 형제간에 돈목하지 않으면 곧 불효라고 하였다. 「동몽선습」에서도 '…형제는 같은 기운을 타고난 사람이고, 뼈와 살을 나눈 지극히 가까운 친족이니 더욱 마땅히 우애하여야 하며, 노여움을 마음속에 두고 원망하는 뜻을 품어서 천도를 무너뜨려서는 안 된다.'고 하였다.

이렇듯 부모는 자손들이 화합하는 것을 간절히 소망한다. 그리고 가족과 자녀들로부터 정서적 지지를 받기를 원하기 때문에, 형제간에 우애하고 돈독함을 보이는 것이 부모에게 '효'를 실천하는 길이다.

(6) 보신(保身)의 효

「효경(孝經)」의 〈개종명의장(開宗明義章)〉에는 신체발부(身體髮膚)는 수지부모(受之父母)라고 하였다. 우리의 몸과 피부 머리카락 하나도 부모가 주신 것이므로 소중히 해야 한다. 「격몽요결」에도 '천하의 모든 물건은 내 몸보다 더 소중한 것이 없다. …부모는 나에게 이 몸을 주셨으니 천하에 있는 모든 물건을 다 준다 해도 이 몸과 바꿀 수는 없는 것이다.'라고 하였다. 부모로부터 받은 신체를 훼상하지 않는 것이 효도의 시작이라고 보았다. 상명지통(喪明之痛)[4]이라는 말이 있다. 이는 자식을 먼저 잃은 어버이의 슬픔을 비유하는 말이다. 눈이 멀 정도의 슬픔을 뜻한다. 불효 중의 가장 큰 불효는 부모보다 먼저 생명을 잃는

4) 옛날 중국의 자하(子夏)가 아들을 잃고 슬피 운 끝에 눈이 멀었다는 데서 유래한다.

것이다. 그러므로 자신의 신체를 잘 보존하는 것은 효를 실천하는 가장 기본이고 으뜸이다.

자신의 신체를 보호하고 건강을 유지하여, 손상하지 않고 바르게 성장하는 것이 부모님께 걱정을 끼치지 않는 길이 되므로 효에 해당한다고 생각했던 선조들은 단발령에 항거하기도 했다. 조선 시대 말 단발령[5]은 유교의 가르침을 따르던 선비들에게 강한 저항을 받게 되었다. 즉 부모가 주신 머리카락 하나도 함부로 자르거나 버려서는 안 된다는 생각 때문이었다. 살아 있는 동안 머리를 빗으면서 떨어지는 머리카락과 손톱 발톱도 버리지 않고 모아두었다. 죽음을 맞이하게 되면 이렇게 모아두었던 머리카락이나 양손의 손톱과 양발의 발톱을 다섯 가지 주머니인 오랑(五囊)에 담아, 관에 넣어 장례를 지냈다. 이 역시 보신의 효를 상징적으로 보여준다.

자식의 안위(安危)를 염려하는 부모의 마음을 안심시켜 드리기 위해서 자식은 집 밖에 나가고 들어오는 출입(出入)에 대해 말씀을 드리는 것도 보신의 효에 해당한다. 청소년기의 자녀들은 물론 대학생 자녀들도 연락이 안 되거나 늦게 귀가하게 되면 부모들은 많은 걱정을 한다. 자녀들은 걱정하지 말라고 해도 부모는 자녀를 걱정하고 집으로 안전하게 돌아올 때까지 기다린다. 자녀의 안전을 염려하는 부모의 마음을

5) 단발령(斷髮令)은 1895년(고종32)에 을미사변 후 김홍집 내각이 성년 남자들의 상투를 자르도록 내린 명령이다. 유교윤리가 생활에 뿌리깊이 자리매김하고 있던 때라 반감이 컸다. 단발령 선포 후 고종은 태자와 함께 당일로 단발을 하였다. 백성들에게 먼저 모범을 보이기 위함이었다.

편안하게 해 드리는 것이 보신의 효를 실천하는 것이다.

(7) 입신행도(立身行道)의 효

'입신행도의 효'란 자녀가 건전한 정신과 신체를 가진 인격체로 성장하여 떳떳한 사회의 일원으로 자신의 책임과 의무를 성실하게 수행하여 부모를 기쁘게 해 드리는 것을 말한다. 이를 과거에는 입신양명(立身揚名), 입신출세(立身出世), 등용문(登龍門), 부귀공명(富貴功名)이라고도 했다. 사회적으로 인정받고 출세하여 세상에 이름을 알려, 부모를 영광되게 해 드리는 것이다.

「효경(孝經)」의 〈개종명의장(開宗明義章)〉에서는 신체발부수지부모(身體髮膚 受之父母)가 효도의 시작이라고 보았고, 입신양명(立身揚名)이 효의 끝이 된다고 하였다.

자식이 되어 부모의 마음을 아프지 않게 하는 것만 아니라 타인들이 알아줄 만큼 사회적으로 지위와 명성을 높여 인정받는 자랑스러운 자식이 되는 것이 '효'의 끝이라는 것이다. 이 또한 부모를 기쁘게 해 드리는 것이고, 자식 키운 보람을 느끼시게 하는 것이기 때문이다. 자식이 사회적으로 성공하고 이름을 알리는 것을 싫어할 부모는 없다. 부모 자신의 성장과 성공도 중요하지만, 자식이 잘 성장해서 사회와 국가에 도움이 되는 인재가 된다면, 부모에게는 더 없는 큰 기쁨이 된다.

(8) 양지(養志)의 효

부모는 자녀를 양육하면서 삶에 도움이 되는 여러 가지 훈계의 가르침을 자녀들에게 남긴다. 그렇지만 부모의 말을 모두 지키며 성장하는 자녀는 흔치 않다. 그래서 부모가 돌아가신 후에는 생전에 하셨던 말씀을 지키지 못한 것을 후회하는 사람이 많다.

'양지의 효'는 부모가 남겨준 삶의 지침이 되는 말씀을 잊지 않고, 그 뜻을 지키고 실천하여 그 유지(遺志)를 이어가는 것을 말한다. 부모가 돌아가시기 전에 공경하고 봉양하는 것만으로 효를 다했다고 할 수는 없다. 부모의 은혜에 보답하기 위한 효도란 끝이 없지만, 부모가 이 세상에 살면서 함께 지내는 시간에는 한계가 있다.

오늘날 각 가정에서는 가훈(家訓)을 중심으로 집안 대대로 이어갈 가르침을 주며, 부모의 뜻을 이어가도록 한다. 가훈은 가족의 윤리와 규범이 담겨 있는 교훈이다. 학교에 교훈이 있고, 학급에 급훈이 있는 것과 같다. 가훈은 가계(家戒), 가규(家規), 가헌(家憲), 가법(家法)이라고도 한다. 왕가에서도 가훈이 있었는데, 왕가의 가훈에는 군주의 수신론, 왕실의 제가론, 국가의 통치론에 이르기까지 군주들의 각종 결정과 행위 등이 집약(문재윤, 2014)되어 있다. 이름 있는 가문에서는 가훈이 없는 집안이 거의 없을 정도로 보편화되어 있었다. 김유신 집안의 '충효', 회재 이언적의 '근검과 절약', 이이의 '화목과 우애' 등은 오랫동안 그 집안의 생활신조로 이어졌던 대표적인 가훈들이다(주영애, 2018). 이렇게 부모가 돌아가신 후에도 부모가 살아생전에 주셨던 말씀이나

뜻을 받들고 지켜나가는 것이 효의 하나이다.

(9) 상 · 제례(喪 · 祭禮)의 효

상 · 제례의 효란 부모가 돌아가셨을 때 장례를 잘 모시고, 돌아가신 날 제사를 극진히 모시는 것을 말한다. 부모가 돌아가시면 자신을 낳고 키워주신 은혜에 보답하고 효를 실천한다는 의미에서 과거에는 삼 년 동안 상례를 지냈다. 장사(葬事)를 마친 후에도 부모님이 살아계신 것과 같이 상청[6] 영좌(靈座)에 부모의 신주(神主: 돌아가신 분의 위패)를 모시고, 아침 식사를 올려드린다. 이러한 내용을 '3년상(三年喪)을 입는다.'라고 하였다.

그렇다면 왜 3년 동안 그러한 과정을 지냈을까? 상례를 지내는 기간, 즉 상기(喪期)는 시대와 환경에 따라 변화되었다. 오늘날은 부모가 돌아가신 경우에는 일반 직장에서 1주일간의 휴가를 준다. 그동안 돌아가신 부모의 상례를 잘 모시고, 직장으로 복귀하라는 것이다. 빠르게 변모하고 있는 환경변화에 따라 상례 기간도 짧아지고 있다. 그렇지만 3년상(三年喪)을 지내도록 했던 의미는 부모의 사랑과 보살핌의 노고가 가장 많은 시기가 아기가 태어난 후 3년이라는 기간과 연결된다. 부모는 미숙한 존재로 태어난 자녀의 생명을 소중히 여기며, 생활환경에 익

6) 상청(喪廳)이란 상중(喪中)에 죽은 이의 혼백(魂帛) 또는 신주를 모셔두는 곳을 말한다. 상청은 궤연(几筵)이라고도 한다. 시신을 묘소에 안장 한 뒤에 혼백과 신주를 모시고 돌아와 상청에 모시며, 돌아가신 분이 평소에 사용하던 물건들을 궤연에 놓는다. 상청을 차리는 장소는 지방에 따라 다른데, 보통 대청마루나 조용한 방에 병풍을 치고 교의(交椅: 제사를 모실 때 신주를 올려놓는 다리가 긴 의자) 위에 혼백과 신주를 모신다. (일생의례사전 참고)

숙하도록 온갖 정성을 다해 보살핀다. 성장 과정에서 병 치레가 가장 많은 기간도 생후 3년이다. '진자리 마른자리 갈아 뉘시며 손발이 다 닳도록 고생하신다.'는 말처럼 자녀 출산과 육아에 가장 많은 힘이 드는 시간이다. 자녀의 입장에서 보면, 부모의 슬하(膝下)[7]에서 사랑과 모든 보살핌을 받으며 성장하는 기간이다.

「논어」에는 '자식은 나서 3년이 되어야만 부모의 품[懷]에서 벗어나는 것이니, 3년상을 지내는 것은 세상에 공통되는 상례(喪禮)이다.'라고 하였다. 부모가 어린 자녀를 키우며 고생했던 그 은혜와 공로를 잊지 말라는 의미가 3년상(三年喪)에 담겨 있다.

제례는 돌아가신 조상을 모시며 기억하는 의례적 행위이다. 제례는 '인간은 죽어도 영혼은 불멸하다.'라는 믿음, 즉 생물학적 신체는 없어져도 또 다른 세계에 있으면서 살아 있는 사람과 관계를 갖는다는 생각에 바탕으로 두고 있다. 제례에서는 보본반시(報本反始), 즉 근본에 보답하고 시초로 돌아간다는 뜻으로 자신의 뿌리를 되돌아보고 조상에게 감사하는 마음을 중요하게 여긴다. 조상은 살아 있는 자손과 상호작용을 하면서 자손에게도 덕이나 해를 줄 수 있다고 믿는다. 돌아가신 부모의 기일(忌日)이 되면, 일가친척이 모여서 제사를 올리며, 음복(飮福)[8]을 한다. 그 시간에 돌아가신 부모의 살아생전 모습과 뜻을 기억하

---

7) 슬하(膝下)란 무릎 아래를 의미하며, 부모의 보호 아래 있다는 것을 뜻한다.

8) 음복(飮福)이란 제사를 마치고 나서 참석한 사람들이 신에게 올렸던 술이나 제물을 나누어 먹는 일이다. 신이 내리는 복을 받는다는 뜻을 가지고 있어서 음복이라 한다.

면서, 자손들은 서로의 안녕과 화목을 확인하고, 부모의 유지를 이어가는 자리를 갖는다.

한국에서의 제례 형식은 그리스도교의 도입에 따라 전통적인 효의 개념과 혼돈 내지 충돌되었던 때도 있었다. 개화 시기에 신앙과 도덕의 통합을 찾지 못한 이유로 보인다. 그러나 오늘날 한국은 각기 종교의 자유를 인정하고 존중하고 있으므로 종교에 따라 돌아가신 부모의 제례(추도예배, 미사 등)를 모신다. 부모의 기일에 자손들이 모여서 돌아가신 부모를 모신 묘지나 납골묘, 추모공원들을 찾아뵙거나, 유교식 불교식의 제사를 모시는 경우가 있지만, 그 외에 기독교식으로는 추도예배를, 천주교식으로는 연미사를 올리며, 돌아가신 부모를 모시는 제례를 진행한다.

2. 가정교육과 효

1) 가정교육의 원리

예악(禮樂)사상에 기초를 둔 문치주의[9]를 표방했던 유가(儒家) 중심

9) 문치주의란 문치주의정치 또는 문치정치라고도 한다. 제왕이 제정한 예(禮)와 악(樂)에 의하여 민심을 교화하고 제왕의 덕(德)에 귀복(歸服)시키자는 이상주의적 입장에 입각한 치세(治世)방법이다. 고려 광종(958년)때 당나라 제도를 모방하여 과거제도를 채택한 것이 문치정치의 제도적 도입이라 할 수 있으며, 문과의 대과(大科)가 중시되었는데, 그러한 숭문정책은 양반사회에서도 무

의 전통사회는 학문과 교육을 매우 중요하게 생각했다. 학문과 교육이란 단순한 지식을 습득하는 것만이 아니라 인간다움을 실현하기 위한 것으로 여겼기 때문이다. 따라서 학문과 교육은 바른 인성을 함양하는 수기치인(修己治人)을 근본으로 삼았다. 자녀를 양육할 때 스스로 몸과 마음을 다스릴 줄 알고, 대인관계를 원만히 할 수 있는 성인으로 성장시키는 것을 우선으로 생각했다. 부모들은 자녀가 사회에서 인정받도록 올바르고 떳떳하게 키워내기 위해 많은 정성과 노력을 기울였다. 자녀의 교육은 정규 교육기관에서 이루어지는 제도적 교육과 가정에서 이루어지는 비제도적 교육이 병행되었다. 비제도적 교육이란 부모들이 집에서 했던 생활교육이며, 보고 배우는 가정교육이다.

(1) 모방

'모방(模倣)'은 사회집단의 구성원들 사이에서 나타나는 의식적 무의식적 반복 행위들이 강화되어 학습되는 것을 말한다. 관찰된 타인의 행동을 재연하려는 것이다. 특히 어린 시기에 모방은 발달과정에서 중요하게 영향을 미친다. 어린 시기는 모든 발달과 형성의 초기 단계로 부모나 성인의 언행을 모방하려는 성향이 강하다.

전통사회에서 자녀교육을 할 때는 부모로서의 언행과 스승을 선택하는 일, 벗과의 우정을 나누는 일, 교육적인 환경을 조성하는 일 등을 중요하게 생각했다. 부전자전(父傳子傳), 모전여전(母傳女傳)이라는 말

반(武班)에 비하여 문반(文班)을 월등한 우위에 올려놓았다.

이 있다. 이는 '그 아버지에 그 아들', '그 어머니에 그 딸'이라는 말이다. 자식들은 자기도 모르게 부모가 일상에서 사용하는 언어나 행동, 태도 등을 자연스럽게 모방하면서 배운다. 자녀가 만나는 최초의 스승이 부모다. 그래서 부모가 된 사람들은 언행과 몸가짐을 주의해야 함을 의미하는 말이기도 하다. 옛말에 '애들 앞에서는 찬물도 못 마신다.'라는 말도 있다. 이러한 말도 아이들이 모방하여 보고 배울까 봐 모든 행동과 말을 주의해야 한다는 뜻이다. 부모들은 자녀가 좋은 것, 올바른 것, 배울만한 것 등을 익히도록 환경을 만들어 주어야 한다고 믿었다.

「사소절」에 나타난 부모 인성 덕목에 대해 현대적 관점에서 분석한 연구(주영애, 2018)에 따르면 '아내나 자식에게 비록 자기 뜻에 맞지 않는 일이 있더라도 빠른 소리로 욕하거나 꾸짖어서는 안 되고…'라고 하여 아버지로서 자녀에 대한 이해 없이 체벌과 꾸짖는 행동을 하는 것은 옳지 않으며, 오히려 아버지로서 남편으로서 부족함을 스스로 깨우쳐야 한다고 했다. 자녀에 대한 존중과 배려의 뜻이 담겨 있다. 그리고 '가정을 잘 살피는 것이 벼슬을 구하는 것보다 낫다.'라는 말도 하여 아버지로서 사회활동을 하는 것도 중요하지만, 우선 가장으로서 올바른 인성을 갖추고 가정에서 자녀 양육의 소임을 다하는 것이 앞서야 한다는 것을 제시하였다. 자녀가 부모의 모습을 모방하게 된다는 것을 생각하여 부모는 언어와 행동을 주의해야 한다는 것을 강조하였다.

자녀 양육을 위한 가르침으로 맹모삼천지교(孟母三遷之教)[10]가 널리 알려져 있다. 이 내용은 교육환경과 스승의 역할이 자녀의 성장에 얼마

나 중요한지 말해준다. 「사소절」에도 어린아이에게 모범이 되지 못하는 행동을 주의하라고 되어 있다.

> … 어른이 아이들과 부담 없이 어울려서 익살부리기를 좋아하면, 아이들은 두려워하고 꺼리는 점이 없어 날로 어리석게 되어 버릴 것이다.

모방은 일상적인 사회생활에서 타인의 모습을 반복하여 관찰하며 얻어지는 결과로 이루어지기 때문에 관찰학습 또는 사회학습이라고도 한다. 건강한 신생아는 생후 42분 만에 이미 모방 행동을 하는 것으로 판명되었는데(박상희·주영애, 2001), 전통사회에서 모방의 중요성을 강조한 것을 보면, 현대와 같은 과학적 증명은 하지 못했더라도 자녀교육의 원리를 깨닫고 실천한 선인들의 지혜를 볼 수 있다.

(2) 조기교육

'세 살 적 버릇 여든까지 간다'는 속담이 있다. 이는 인성이 형성되는 어린 시기부터 도덕적으로 조기교육이 필요함을 말한 내용이다. 나쁜

10) 맹자의 어머니가 자식을 위해서 세 번 이사했다는 것을 말하는 것으로, 인간의 성장에 있어서 환경의 중요성을 강조한 것이다. 맹자가 어머니와 처음 살았던 곳은 공동묘지 근처였는데, 맹자는 늘 장사 지내는 놀이를 하며 놓았다. 이것을 본 맹자의 어머니는 안 되겠다고 생각하여 이사를 했는데, 시장근처로 갔다. 그곳에서는 시장에서 물건 사고파는 장사꾼들의 흉내를 내면서 노는 것이었다. 이곳도 아이와 함께 살 곳이 아니라고 생각하여 글방 근처로 이사를 했다. 그랬더니 맹자가 예법에 관한 놀이를 하는 것이었다. 그것을 보고 어머니는 이제 살만한 곳이구나 하고 그곳에 머물렀다는 내용이다.

습관이 형성되기 전부터 예방 차원에서 일찍 가르침을 시작해야 한다는 것을 말한다. 그러나 현대에서 말하는 조기교육은 인지교육에 초점을 두어 일찍 학습을 시켜 지식을 습득하게 하고 예능적 소질을 키우는 것에 관심을 두는 경우가 많다. 그러나 전통사회에서는 인성교육을 우선으로 여겼다. 올곧은 인성을 갖춘 사람이 되는 것을 먼저 생각해야 한다는 것이다. 조기교육이 이루어지지 않으면 습관이 굳어져서 그릇된 버릇이 생길까를 염려했기 때문이다. 「사소절」에는 자녀 가르침에 대해서 말을 기르고 소나무를 기르는 것에 비유하여 다음과 같이 표현되어 있다.

> … 갓난 망아지는 착실하고 엄격하게 길들여 좋은 기술을 익히게 하지 않으면 좋은 천리마를 만들지 못하고, 어린 소나무 모종을 잘 북돋아 기르지 않으면 훌륭한 재목을 만들지 못한다. 그러므로 잘 가르치지 않으면 이는 오히려 버리는 것과 같다.

조기교육에서 강조한 것은 올바른 예의범절과 질서를 지키는 바른 인성을 함양한다는 것에 있었다.

(3) 지행일치

지행일치(知行一致)라고 하는 것은 알고 실행하는 것이 일치되어야 한다는 말이다. 이는 '지행합일(知行合一)'과도 같은 의미이다. 알고도 행하지 않으면 진실로 알고 있다고 보기 어렵다. 또는 '알고도 하

지 않으면 더 나쁘다.'라는 말도 지행일치의 원리를 뜻한다. 율곡 이이의 「성학집요」와 「격몽요결」에는 다음과 같은 기록이 있다.

> … 자기를 수양하는 공부에는 앎의 측면과 행함의 측면이 있습니다. 앎으로써 선(善)을 밝히고 행함으로써 몸을 성실히 하려는 것입니다.
>
> 출처: 「聖學輯要」, 修己 總論
>
> … 자기 몸을 바르게 해서 속과 겉이 한결같아 어두운 곳에 처해서도 밝은 곳에 있는 것 같고, 혼자 있어도 여러 사람이 앉아 있는 것같이 한다.
>
> 출처: 「擊蒙要訣」, 持身章

이는 모두 일상에서 배움과 행동이 일치되어야 한다는 것을 뜻한다. 배우고 터득하여 알고 있는 것을 '아는 것'으로만 그치는 것이 아니라, 실제로 실천하고 생활에 적용하는 배움이 되어야 한다는 것을 강조한다.

(4) 생활교육

자녀교육은 가정에서 부모나 조부모가 일상에서 실용적인 가르침을 필요할 때마다 가르쳐서 터득하게 했던 생활교육이었다. 일상생활에서 지켜야 하는 기본적인 기거동작과 예법에서부터 옷차림, 음식 먹는 법, 말하는 법, 인사하는 방법, 어른을 모시는 법, 손님을 맞이하는 법, 물건을 사용하는 태도, 금전 사용 방법에 이르기까지 가르쳐 왔다. 바른 몸가짐과 마음가짐을 갖도록 아홉 가지의 바른 마음가짐[구사(九思)],

아홉 가지의 바른 몸가짐[구용(九容)]을 지키도록 하였다.

특히 어렸을 때 '밥상머리교육'은 자녀교육에서 생활교육으로써 중요한 위치를 차지하였는데, 이는 자녀들이 예의 바른 행동을 갖추도록 하는 데에 많은 영향을 끼쳤다. 전통사회의 유아교육에서 밥상머리교육은 다음과 같이 이루어졌다.

> 수저를 사용하는 것도 조모의 소관으로 훈련받았는데, 음식을 흘트리거나 흘리는 것도 너그럽게 허용되면서 서서히 배워나갔다. 대개 3~4세경에는 숟가락만 사용하도록 요구되다가, 이 시기가 지나면 젓가락도 사용하도록 허용되는데, 6~7세경에는 능숙하게 젓가락을 사용하는 기능을 습득하였다. 이 시기는 성인들과 같은 상에서 음식 먹는 훈련을 받는데, 반찬투정이나 끝까지 제 몫을 남기지 않고 다 먹어야 훗날에 잘 살고 특히 마지막 밥숟가락을 먹어야 명(命)이 길다고 하여 엄격한 식탁훈련을 거치게 되었다. 음식을 입에 넣고 울거나 말하는 것은 이때도 허용되지 않지만 보다 본격적인 식탁예절은 5~6세경에 철저하게 훈련되었다.
>
> 출처: 유안진 (1986). 한국전통사회의 유아교육. 인용

나이에 맞게 적합한 생활교육을 상세하게 가르쳐 왔다는 내용이다. 한편 「동몽수지」에는 "웃어른 앞에서 음식을 먹을 때는 반드시 가볍게 먹고 천천히 삼켜서 먹는 소리를 내지 말아야 한다. 음식을 먹는 예절은 많고 적은 것과 좋고 나쁨을 비교하여 다투지 말아야 한다."라고 하

였다. 조심하는 태도와 음식을 탓하지 말아야 하는 것도 가르쳤다. 「성학집요」와 「격몽요결」에는 몸가짐과 언어에 대한 주의를 기울이도록 하라는 내용도 있다.

> 말을 삼가서 덕을 기르고, 음식을 절제하여 몸을 기른다. 지극히 일상적이지만 지극히 큰 결과를 낳는 것으로 말과 음식만한 것이 없다.
>
> 출처: 「聖學輯要」 修己, 養氣
>
> 아무 할 일이 없더라도 마땅히 단정히 손을 맞잡을 것이요, 손을 놀리거나 물건을 어루만져서는 안 된다.
>
> 출처: 「擊蒙要訣」
>
> 말을 많이 하고 생각을 많이 하는 것이 가장 마음에 해로운 일이다. 그러므로 일이 없을 때에는 조용히 앉아 자기의 올바른 마음을 간직하도록 하고, 사람과 대할 때에는 자기가 하는 말을 가려서 간단하게 말을 하며, 또 자기가 말할 때가 된 뒤에라야 말을 한다.
>
> 출처: 「擊蒙要訣」, 持身章

자녀교육에서 음식이나 언행을 지도하여 자기절제와 더불어 공동체 삶과 나눔, 배려와 소통의 가치를 생활교육으로 강조한 것을 알 수 있다.

(5) 인성 함양과 습관화

인성이란 무엇인가? 인성은 품성, 덕성 등과 상당히 겹쳐 있다. 인성이란 습관화를 통해 바람직한 행동으로 강화되는 과정이 필요하다. 인

성은 저절로 형성되는 것이 아니기 때문이다. 성장 동안에 선악시비(善惡是非)를 판단하고, 사회에서 요구하는 가치 덕목을 내면화하면서 체득 과정을 통해서 이루어진다. 인성은 바람직한 공동체 삶을 지향하도록 '함께 살아가는 품성'을 기르는 것을 말한다(주영애, 2018c).

사람이 바른 인성을 갖춘다는 것은 무엇으로 가능하겠는가? 이는 첫 인간관계의 장(場)이 되는 가정에서부터 부모와 자녀의 관계가 시작되는 것에서 비롯된다. 자녀 양육에서 부모의 역할과 맡은 책임이 매우 중요하다. 앞서 언급했던 「사소절」에 나타난 부모인성덕목에 대한 연구(주영애, 2018c)에 따르면, 아버지는 '안정과 온화한 성정', '신뢰와 절제', '이해와 배려'의 인성 덕목을, 어머니는 '공순과 화순', '책임', '이해와 배려'의 덕목을 중요하게 여겼다고 분석하였다. 자녀는 부모의 가르침 속에서 올곧은 인성을 함양할 수 있도록 보고 배우며, 형이상학적인 가치 규범으로 내재화하며 일상에서 습관화와 실천을 통해서 성장했다.

훌륭한 품성은 정직함과 순박함, 성실함, 자기 스스로 항상 한결같은 마음가짐을 지니는 것으로 보았다. 바른 몸가짐을 어려서부터 익숙하게 익혀두어야 했고, 마음가짐을 바르게 하여 수양을 하도록 했다. 이는 「격몽요결」과 「사소절」 등에서 볼 수 있다.

어린아이에게 반드시 돈후, 신중, 공경, 근심하는 몸가짐을 가르친 연후에야 자라서 능히 스승과 벗을 공경스럽게 대할 줄 알게 되고, 비록 재주와 기예가 능할지라도 감히 남에게 교만하게 굴지 않게 된다.

출처: 「士小節」, 童規

마땅히 심신을 바르게 해서 겉과 속이 하나같이 하여 아무리 깊숙한 곳에 있어서도 드러난 곳에 있는 것같이 하고, 혼자 있더라도 여럿이 있는 것같이 해서, 내 마음이 명백하여 조금도 은폐하거나 의혹하는 것이 없어서 남들이 나를 볼 수 있도록 할 것이다.

출처: 「擊蒙要訣」, 持身章

「동몽선습」에는 가정에서의 질서는 가족생활에서 우선으로 지키도록 하여, 형과 동생, 일가친척과의 관계에서도 연장자와 연소자의 관계를 잘 살펴서 서열을 지키라고 나와 있다. 이러한 질서가 잡혀야만 그들 관계에서 지켜야 하는 올바른 태도와 언행이 이루어지고, 그 안에서 인성이 함양되어 간다고 여겼다. 질서의 근본 가치는 가족 간의 윤리로 훈육의 기준이 되어 왔다.

나이가 나보다 갑절이나 많으면 어버이로 섬기고, 10년이 많으면 형으로 섬기며, 5년이 많으면 어깨를 나란히 하여 따라간다. 어른은 아이를 사랑하고, 아이는 어른을 공경한 연후에야 어린이를 업신여기고 어른을 능멸하는 폐단이 없어서 사람의 도리 바르게 된다.

출처: 「童蒙先習」

2) 가정교육에서의 효 규범

우리나라에서 '효' 사상에 기반을 둔 교육은 인격의 완성을 목표로 하였다. 아들에게는 성인군자로 성장시키기 위한 삼강오륜(三綱五倫)[11]을, 여아에게는 현모양처가 되도록 하는 부덕교육(婦德教育)[12]을 중요하게 여겼다. 남녀가 차별을 받도록 교육했다는 점에 대해 문제를 제기하고 있지만, 남아는 가르치고, 여아는 가르치지 않았다는 것은 아니다. 조선 시대에 여성의 활동이 가정 내에 머물게 되고, 중기에는 더욱 강화되는 현상을 보였다. 그러나 조선 후기 실학사상이 등장하면서 남녀의 역할에 대한 변화가 있었음을 볼 수 있다. 「사소절」에는 다음과 같은 내용이 담겨 있다. '남아와 여아의 교육에 차등을 두어서는 안 된다.'고 하였다. 남아를 가르치지 않으면, 자기 집을 망하게 하는 것이요, 여아를 가르치지 않는 것은 남의 집을 망하게 하는 것이라고 하여, 남녀를 구분하지 않고 모두 잘 가르쳐야 한다고 보았다. 물론 여성이 시집을 가서, 자녀 양육을 한다는 시대적 요구사항이 바탕을 이룬 것이기는 하나, 여아 교육이 없던 것은 아니었다. 특히 바른 인성과 인격을 함양하도록 노력하는 것은 남아와 여아를 구분해서는 안 된다.

11) 삼강오륜(三綱五倫)이란 유교의 도덕 사상에서 기본이 되는 3가지의 강령(綱領)과 5가지의 인륜(人倫)을 말한다. 삼강(三綱)은 군위신강(君爲臣綱), 부위자강(父爲子綱), 부위부강(夫爲婦綱)으로 임금과 신하관계, 어버이와 자식관계, 남편과 아내관계에서 마땅히 지켜야 할 도리이다. 오륜(五倫)은 부자유친(父子有親), 군신유의(君臣有義), 부부유별(夫婦有別), 장유유서(長幼有序), 붕우유신(朋友有信)을 말한다.

12) 부덕교육으로는 여성으로 갖춰야 할 4가지의 덕을 강조했는데, 이는 부덕(婦德), 부언(婦言), 부용(婦容), 부공(婦功)을 말한다. 즉 덕성스런 마음가짐과 언어, 바른 용모를 갖추고, 음식만들기와 바느질하기 등을 배우도록 하였다.

자녀교육에서 '효' 규범을 강조한 것은 개인의 삶보다 가족의 삶을 중요하게 여겼던 배경에서 찾을 수 있다. 가족을 이루는 근본 의미, 즉 결혼하여 인륜의 관계를 맺는 의미는 서로 다른 배경에서 성장한 남녀가 만나 조상을 섬기고 자녀를 출산하여 가계를 계승하는 것에 뜻이 있었다. 따라서 자녀로서 성장하여, 결혼하고 자녀를 낳아 기르는 것이 자신을 낳아준 부모에게 효를 다하는 것으로 여겼고, 이 세상에 존재하는 의미라고 생각했다. 성인이 되어 결혼하는 것은 누구나 해야 할 의무와 같았다. 그리고 다산(多産)을 다복(多福)으로 여겼기 때문에 결혼한 부부가 자녀를 낳지 않는 것을 매우 우려했다. 부모들은 결혼한 자녀들이 하루빨리 손자를 낳아 안겨주기를 기대했다. 자녀도 결혼하고 나면, 아이를 낳는 것은 당연한 것으로 생각했다. 결혼하고 가정을 이루어 가족 관계를 형성한다는 것은 '개인의 행복'을 추구하는 의미도 있지만 '부모 은혜에 대한 보답'과 '효의 실천', '가계의 계승'의 연장선에서 이해되었다.

'효'는 생활 규범으로 하루의 시작부터 구체적이고 반복적으로 지도되었다. 즉 부모가 아침에 잠자리에서 일어나시면서 일상생활을 시작할 때부터 잠자리에 드실 때까지 해야 하는 효행의 구체적인 내용을 가르치도록 했고, 부모가 자신의 부모 모시는 모습을 자녀들이 보고 배울 수 있도록 효행의 본을 보여주었다. 효는 생각과 머리로만 하는 것이 아니라 실제로 몸을 움직여서 하는 것이므로 몸과 마음을 다하여 부모를 모셔야 한다는 것을 깨닫고, 행동할 수 있도록 가르쳤다. 부모들은 자녀가 어릴 때부터 일상생활 속에서 아는 것과 행하는 것이 일치되도

록 보고 배우는 인성 함양에 초점을 두고 교육했다. 모든 언행이 습관화되고 체득될 수 있도록 가르쳤다.

부모는 자녀를 가르칠 때, '은혜를 받은 사람에 대해서 보답하는 것'은 '사람이라면 반드시 해야 하는 것'임을 가르친다. 남에게 받은 은혜를 잊어버리는 사람을 배은망덕(背恩忘德)한 사람이라고 한다. 사회적으로 받은 은혜를 갚지 못한 사람은 도덕적으로 비난 받을만한 사람으로 생각한다. '효'는 부모로부터 받은 은혜에 대한 보답이다. 즉 보은(報恩)이다. 부모가 낳아서 사랑으로 길러 오늘의 모습으로 키워준 것에 대해 당연히 해야 할 행동이다. 그래서 예로부터 부모의 은혜를 잊어버린다는 것은 가족은 물론 사회에서도 지탄받는다는 사실을 자녀들은 듣고 보고 배우며 성장하게 되었다.

자녀교육에서 '효'에 대한 교육은 정신적인 면을 중요하게 받아들이고, 행동으로 옮겨졌을 때만이 덕을 쌓을 수 있는 것이라고 보았다. 따라서 효는 개인과 가정을 정착시키고 나아가 사회와 국가로 확대하여 인간 사회의 결속과 질서를 확립하는 것이라고 믿었다. 부모를 모시는 다섯 가지의 자세와 다섯 가지의 불효, 부모를 욕되게 하는 불효의 내용을 규범서를 통해서 볼 수 있다.

부모를 모시는 다섯 가지는 부모공경과 봉양, 병환 모시기, 상례와 제례를 잘 모시는 것이다. 불효는 봉양을 게을리하는 것과 자신의 욕망에만 관심을 두고, 폭력, 음주 등으로 부모를 걱정시키는 것이다. 나아

가 부모를 욕되게 하는 불효로는 평소의 몸가짐을 제대로 갖지 않는 것은 물론이고, 불충과 맡은 관직에 충실하지 않는 것, 벗과 믿음을 지키지 않는 것 등이다. 이는 부모가 자녀를 양육할 때 올바른 성정으로 키우지 못한 결과이므로 비난받을 만한 것이라 여겼다.

• 부모를 모시는 다섯 가지 자세

효자는 부모를 다음과 같이 모신다.

① 평소에는 극진하게 공경하며,
② 음식을 봉양할 때는 부모가 즐겁게 먹을 수 있도록 최선을 다하며,
③ 부모가 병이 들면 근심과 걱정으로 마음이 편한 날이 없다.
④ 그리고 돌아가시면 비통한 마음으로 슬퍼하고,
⑤ 제사를 지낼 때는 공경하고 엄숙한 마음으로 부모를 생각한다.

이 다섯 가지를 다한 뒤에야 부모를 섬긴다고 말할 수 있다.
(「小學」〈明倫〉 明父子之親/「효경」에서 인용됨.)

• 다섯 가지의 불효

세상에서 '불효'라고 말하는 것에는 다섯 가지가 있다.

① 일을 게을리 해서 부모를 봉양하지 않는 것이며
② 바둑이나 장기를 탐닉하고 술을 좋아해 부모를 봉양하지 않는 것이며,
③ 재물을 좋아하고 자신의 아내와 자식만을 사랑해 부모를 봉양하지 않는 것이며,

④ 감각적인 욕망을 추구해 부모를 수치스럽게 하는 것이며,

⑤ 힘을 믿고 싸움을 일삼아 부모를 위태롭게 하는 것이다.

이 다섯 가지를 다한 뒤에야 부모를 섬긴다고 말할 수 있다.

(「小學」〈明倫〉 明父子之親/「맹자」에서 인용됨.)

• 부모를 욕되게 하는 불효

몸은 부모가 남겨준 것이다.

부모가 남겨 준 몸을 받들면서 감히 신중하지 않을 수 있겠는가?

① 평소의 몸가짐을 장중하게 가지지 않는 것이 불효다.

② 임금을 충성스럽게 섬기지 않는 것도 불효다.

③ 관직생활을 경건하게 하지 않는 것도 불효다.

④ 벗과 믿음을 가지고 사귀지 않는 것도 불효다.

⑤ 전쟁터에서 용감하게 싸우지 않는 것도 불효다.

이 다섯 가지를 지키지 않으면 부모에게 재앙이 미칠 것이기에 신중하지 않을 수 없다.

(「小學」〈明倫〉 明父子之親/「예기」에서 인용됨)

chapter 

고문헌과 속담을 통해 본 효

chapter 03

고문헌과 속담을 통해 본 효

1. 고문헌과 효

각종 고문헌에는 효 의식 함양과 효 실천을 독려하는 내용이 있다. 자식으로서 부모를 모시기 위한 여러 가지 행동 규범이다. 이 글은 좋은 가르침을 담고 있지만, 현대 관점으로 보면 수용하기 어려운 내용도 많다. 예를 들면 부모를 모시기 위해 자신의 몸을 아끼지 않고 신체를 훼손해서라도 모시는 예시나 목숨을 희생하는 모습, 진심으로 효행을 하게 되면 상식적으로는 불가능한 일도 일어날 수 있다는 것, 그리고 부모의 상례를 3년간 모시는 행동 등이다.

그러나 이 내용을 살펴보는 것은 전통사회에서 효 의식을 강화하기 위한 계도와 효 효행의 내용을 찾아보고, 그 의미를 재고해 봄으로써 오늘에 맞는 효 의식과 실천을 위한 교육적 단서를 얻기 위해서이다.

고찰한 문헌

서명	저자	발행도(연대)	개괄적 특징
소학	주희, 유청지	1187년	예기, 논어, 맹자, 효경 등의 책에서 발췌하여 편찬한 동몽교재
부모 은중경	불교경전	중국 수나라 말 ~당나라 초	조선 전기부터 삽화를 넣은 판본이 발행되어 전해짐
명심보감	추적	고려 말 ~조선 초	중국 고전에 나온 선현들의 금언과 명구들을 편집하여 만들어진 아동들의 기본서
내훈	소혜왕후	1475년	여성의 몸가짐과 마음가짐을 가르치기 위해 편찬한 책
성학집요	율곡 이이	1575년	공장 맹자 주자 등 성현들의 학문을 모아 요약, 학문하려는 사람들에게 의미 있는 저술. 개인의 수양과 학문이 국가의 바탕이 되어야 함을 강조함
격몽요결	율곡 이이	1577년	유학을 시작하는 초학자들을 위해 집필한 유교적 수신서
사소절	아정 이덕무	1775년	남성, 여성, 아동을 위한 규범서
오륜 행실도	이병모 등	1797년	정조의 명으로 간행한 수양서. 삼강행실도와 이륜행실도를 합하여 그림을 넣어 만들어짐

1) 「소학」에서의 효

「소학」의 저자에 대해서는 여러 의견이 있으나, 주희(朱熹, 1130~1200)와 유청지(1139~1195)가 1187년에 예기, 논어, 맹자, 효경 등의 책에서 발췌하여 편찬한(유호창, 1999) 동몽교재라고 보고 있다. 주희와 유청지가 어떤 과정으로 소학을 편찬했는지는 확실하지 않지만, 주

희가 유청지에게 보낸 편지를 보면, 주희가 편제의 방향, 내용의 난이도, 참고할 경전이나 전적, 수록할 선현들의 언행 내지 고사에 대한 지침, 편찬 독촉, 내용에 대해 수정을 요구하거나 직접 수정함으로써 이뤄졌다고 한다(「주자대전」 권 35 답유자징). 「소학」은 내외 2편 총 386장으로 구성되어 있고, 내편은 입교, 명륜, 경신, 계고의 4권으로 214장으로, 외편은 가언, 선행의 2권 172장으로 이루어져 있다.

조선 시대 역대 왕들은 국가적인 차원에서 적극적으로 「소학」 교육을 통해서 백성들이 교화될 수 있도록 하였다. 태조 이후 철종에 이르기까지 역대 왕들이 이 책을 장려했다는 내용은 조선왕조실록에서 찾아보면 734건이나 된다.

「소학」에서 다루어진 '효'의 내용은 내편(內篇) 명륜(明倫)의 명부자지친(明父子之親)에 수록되어 있다. 이 내용은 39가지의 내용을 담고 있다. 구체적으로는 부모에 대한 존경과 공경, 시봉과 순종, 보신, 형제간 우애, 유지를 받듦과 제사에 대한 것으로 분류해 볼 수 있다. 효의 실천은 곁에서 의식주와 건강을 살펴드리고, 말씀에 순종하는 것, 돌아가신 후 제사를 받드는 것이 가장 많이 언급되어 있다.

▌「소학」에 나타난 효 내용에 대한 재분류

존경과 공경	시봉과 순종	보신	형제간 우애	유지 받듦과 제사
6, 16, 28, 34, 35, 36, 37, 38, 39	1, 2, 3, 4, 5, 11, 13, 14, 15, 17, 18, 21, 22, 24, 25	7, 8, 9, 10	19, 20	12, 23, 26, 27, 29, 30, 31, 32, 33

「小學」 內篇 明倫 明父子之親의 내용

1. 아침문안인사	2. 이른 아침에 해야 할 일	3. 잠자리와 식사 봉양법
4. 부모 앞에서의 금기	5. 밖에서 돌아오면 얼굴을 보여라.	6. 사랑하는 마음은 절로 난다.
7. 높은 산과 깊은 물에 가지 말라.	8. 부모가 모르는 곳에 가지 말라.	9. 목숨을 건 일은 하지 말라.
10. 몸은 부모의 유산	11. 부모의 말이 최우선	12. 모든 것은 부모의 재산
13. 부를 때는 지체 없이 대답하라.	14. 시선은 얼굴 위로 올라가지 않는다.	15. 부모가 부르면 밥도 뱉고 간다.
16. 부모가 사랑하는 이를 사랑하라.	17. 부모가 싫어하면 내보내라.	18. 늙은 부모를 모시는 방법
19. 맏며느리와 작은며느리	20. 종갓집에 부귀를 자랑하지 말라.	21. 간할 수는 있지만 거스를 수는 없다.
22. 부모의 잘못	23. 부모의 뜻	24. 부모의 병환 모시기
25. 자신이 먼저 약을 맛본다.	26. 삼년 동안 바꾸지 않는다.	27. 부모의 영예로운 이름
28. 가을에 슬퍼지는 까닭	29. 부부가 함께 지내는 제사	30. 제사의 원칙과 방편
31. 치재와 산재 그리고 제삿날	32. 제기는 팔지 않는다.	33. 제기는 빌리지 않는다.
34. 천자의 효와 백성의 효	35. 패덕과 패례	36. 부모를 모시는 다섯 가지 자세
37. 다섯 가지 불효	38. 부모를 욕되게 하는 불효	39. 삼천 가지 형벌

이 중에 몇 가지를 살펴보면 다음과 같다. 부모를 사랑하는 마음가짐과 정성스러운 섬기는 자세를 설명하고 있다. 부모 사랑은 인위적으로 만들어지는 감정이 아니라는 것이며, 효자는 따뜻하고 유순한 용모를 갖고, 정성스럽고 조심스러운 태도를 지녀야 한다고 말한다. 그리고 외

출할 때, 집 밖으로 나가고 돌아오는 일에 대해 부모에게 알려서 부모가 걱정하지 않도록 하는 시봉의 효를 실천하라고 한다. 부모가 세상을 떠나신 후에 부모에 대한 그리움은 계절이 변화할 때마다 밀려오는데, 그것은 당연한 이치라는 점을 일깨운다.

사랑하는 마음은 절로 드러난다.

부모를 깊이 사랑하는 효자는 반드시 온화한 기운이 있다. 온화한 기운이 있는 사람은 반드시 즐거워하는 기색이 있으며, 즐거운 기색이 있는 사람은 반드시 유순한 용모를 가진다.

효자는 귀중한 옥을 잡은 듯이, 가득 찬 그릇을 받드는 듯이 정성스럽고 조심스런 태도를 가지며, 그것들을 감당하지 못할 것 같은, 떨어뜨려 잃어버릴 것 같은 자세로 부모를 섬긴다. 엄숙하고 위엄이 있으며, 의젓하고 씩씩한 태도는 부모를 섬기는 모습이 아니다.

출처: 「小學」〈明倫〉明父子之親/「예기」 제의에서 인용됨.

밖에서 돌아오면 얼굴을 보여라.

대체로 자식으로서의 예법은 부모를 겨울에는 따뜻하게 하고 여름에는 시원하게 하며, 저녁에는 이부자리를 펴 주고 아침에는 안부를 살펴야 한다.

밖에 외출할 때는 반드시 말을 하고 나가며 돌아와서는 반드시 부모를 뵈어야 한다. 밖에 다닌 곳은 반드시 일정한 곳이 있어야 하고, 배우는 것은 반드시 일정한 학업이 있어야 하고, 평상시에 자신이 늙었다는 말을 해서는 안 된다.

출처: 「小學」〈明倫〉 明父子之親/ 「예기」 곡례에서 인용됨.

부모가 모르는 곳에 가지 말라.

부모가 살아 계실 때는 먼 곳에 가지 않으며, 부득이하게 가야 될 경우에는 반드시 가는 곳을 말해 걱정하지 않도록 해야 한다.

출처: 「小學」〈明倫〉 明父子之親/ 「논어」 이인에서 인용됨.

가을에 슬퍼지는 까닭

가을날, 서리와 이슬이 내린 다음에 군자가 그것을 밟으면 반드시 서글픈 마음이 생긴다. 그것은 날씨가 추워졌기 때문에 그런 것이 아니라, 돌아가신 부모를 그리워하는 마음이 일어나기 때문이다.

봄날, 비와 이슬이 대지를 적신 뒤 군자가 그것을 밟았을 때에 슬프고 놀라는 마음이 생기는 것은 부모의 모습을 금방 볼 듯하기 때문이다.

출처: 「小學」〈明倫〉 明父子之親/ 「예기」 제의에서 인용됨.

2) 「부모은중경」에서의 효

「부모은중경」[1]은 헤아릴 수 없이 크고 깊은 부모의 은혜에 보답할 것을 가르친 불교 경전으로 중국 수나라 말기에서 당나라 초기에 간행된 것이다. 이 경전은 '불설대보부모은중경(佛說大報父母恩重經)'이라고도 한다. 우리나라에는 조선 시대에 삽화를 넣은 내용이 널리 알려졌고, 이는 한국인들의 효 사상에 지대한 영향을 주었다.

「부모은중경」에는 부모의 은혜를 10가지로 나누어 말하고 있다. 태교와 출산, 양육하는 가운데에 베풀어 주신 은혜를 일깨우는 내용이다. 어머니가 아이를 잉태하여 10달간의 어려운 시기를 거치고 출산할 때 3말 8되의 응혈(凝血)을 흘리고 8섬 4말의 혈유(血乳)를 먹인다고 하였다. 그러므로 부모의 은덕을 생각하면 자식은 아버지를 왼쪽 어깨에, 어머니를 오른쪽 어깨에 지고, 수미산(須彌山)[2]을 백 천번 돌더라도 그 은혜를 다 갚을 수 없는 것이라 하였다. 아이를 낳을 때의 그 큰 고통도 잊어버리고, 기르는 동안에는 먹이고 살피며 온 정성을 다해서 사랑으로 키운다. 자식을 위해서라면 어려운 일도 거부하지 않고 하며, 자

---

1) 우리나라에서는 조선 전기부터 삽화를 넣은 「부모은중경」 판본이 간행되었고, 중기 이후에는 언해본도 간행되었다. 현재 최고의 판본은 1378년(우왕4년)에 간행된 고려본이며, 삽화본 중에는 정조가 부모의 은혜를 기리는 뜻에서 김홍도에게 삽화를 그리게 하여 개판한 용주사본(龍珠寺本)이 있다. 1796년 정조의 명으로 제작된 목판 42매, 1802년 순조가 하사한 동판 7매와 석판 24매가 전해진다고 한다. 1981년에 삼층석탑을 세우고 1층 탑신에 부모은중경의 그림과 내용을 넣어 오늘까지 전해지고 있다.

2) 수미산(須彌山)이란 불교의 우주관에서 나온 세계의 중심에 있다고 하는 상상의 산을 말한다. 산꼭대기에 제석천(帝釋天)이, 중턱에는 사천왕(四天王)이 살며, 그 높이가 물 위로 8만 유순(由旬), 물속으로 8만 유순이며, 가로의 길이도 이와 같다고 한다.

식의 아픔과 어려움을 대신 겪겠다는 마음을 가지면서 항상 자식이 잘 되기를 바란다. 그리고 세상을 떠나는 순간에도 성인이 된 자식마저도 걱정하는 분이 어버이다. 구구절절 부모의 자식 사랑에 대한 표현은 자식 된 이들에게 깊은 감명을 주며 읽혀졌다.

「부모은중경(父母恩重經)」과 효

• **아이를 배어 지키고 보호해 준 은혜**

여러 겁 인연이 중하여 금생에 다시 와서 어미 태에 의탁했도다. 한 달이 지나가니 오장이 생겨나고 칠칠이에 여섯 정이 열리도다. 몸뚱이는 태산같이 무거웁고 행동거지 할 때마다 몹쓸 질병 겁내도다. 화려한 비단옷은 도무지 안 입으니 단장하던 거울에는 티끌이 묻었도다.

• **해산함에 임하여 고통 받으신 은혜**

아이 밴 지 열 달이 지나가니 어려운 해산날이 닥쳐오도다. 날이면 날마다 중한 병에 걸린 듯이 정신이 혼미하도다. 두려웁고 무서운 심정 어찌 다 헤아릴까 근심으로 흘린 눈물 옷자락을 다 적시도다. 슬픔을 머금은 채 친족에게 아뢰옵되 이러다가 죽지 않을까 겁날 분이외다.

• **자식을 낳고서야 근심 잊으신 은혜**

자비하신 어머님 그대 낳은 날엔 오장육부 도려내는 심한 고통 겪었으니 마음은 혼미하고 육체는 기절하며 짐승을 잡은 듯이 낭자히 피흘렸도다. 갓난 아이 충실하단 말을 들으시고 무던히 기뻐하시언만 기쁨이 가신 뒤에 슬픔이 밀려오니 고통스런 그 심정 가슴을 저미도다.

• **쓴 건 삼키고 단 건 뱉어 먹여 준 은혜**

깊고도 무거울 사 부모님 은혜려니 사랑하고 귀여워하심 한시도 변함없도다. 자식 사랑 깊은 정에 맛 좋은 음식일랑 잡숫지 아니하고 쓴 것을 삼키어도 찡그리지 아니하며 자식의 배부름이 자기 배부른 듯이 굶주림 사양 아니 하시니 자비의 크신 정 애처롭게 깊어만 가도다.

• 진자리 마른자리 갈아 누이신 은혜
어머니 당신 몸은 젖은 데 누우시고 애기는 마른자리 갈아 누이며 포근한 두 젖은 기갈을 채워주고 고운 옷자락은 바람 막고 추위 막아 주도다. 사랑의 정성으로 잠조차 설치시고 아기의 재롱으로 무척이나 기뻐하도다. 어린애기 편케 할 뿐 자신의 편안함은 구하지 않도다.

• 젖먹이고 사랑으로 길러주신 은혜
어머니 은덕 대지와 같고 아버지 은혜 하늘과 같도다. 만물을 실어 길러 주는 대지와 덮어 성장시키는 하늘의 공 능히 같도다. 부모님 은혜 또한 서로 같도다. 눈이 없거나 손발이 불구라 해도 밉게 여기거나 싫어하지 아니 하고 자기 자식 아끼고 사랑하는 마음속에 세월 가도다.

• 목욕세탁 더러움을 씻어주신 은혜
생각건대 옛날의 아름답던 그 얼굴 아리따운 그 모습은 몹시도 고왔도다. 버들 입두 눈썹에 불그레한 두 뺨이 연꽃인 양 하였는데 깊은 정 쏟다보니 옥같이 곱던 얼굴 잔주름 늘어가고 세탁함에 손발이 다 닳도다. 애틋한 사랑 속에 자비하신 어머님은 얼굴마저 변하셨도다.

• 멀리 떠나가면 근심 걱정하신 은혜
죽어 이별 진실로 잊기 어렵고 살아 이별 또한 가슴 아프도다. 자식이 외출하여 먼 곳에 나아가면 어버이의 그 마음도 타향 땅에 함께 있도다. 밤이나 낮이나 자식 향한 마음으로 흘린 눈물 천만줄기. 나비새끼사랑에 애처러이 울부짖듯 행여나 염려하여 애간장이 끊기도다.

• 자식을 위해서는 모진일 하신 은혜
어버이 크신 은혜 산처럼 바다 같이 깊고 또 높으거니 진실로 보답키 어렵도다. 자식의 괴로움을 대신 받기 원하시고 아이의 수고함에 어미 마음 편치 낳도다. 먼 여행 길 떠나가면 그동안에 무사한가 잠자리마저 걱정하도다. 자녀의 잠시 괴로움도 어미마음 긴 시간 아프도다.

• 임종 때도 자식 위해 근심하신 은혜
아버지 어머니의 깊고도 지극한 은정 언제나 사랑으로 넘쳐흐르도다. 앉거나 서거

나 마음은 그림자처럼 멀리 또 가까이서 항상 서로 따르도다. 백 살 된 고령의 어머니가 팔십 먹은 자식 걱정하고 계시니 이러한 깊은 정 어느 땐들 그치리까. 목숨이 다한 날에 비로소 떠날거나.

이러한 「부모은중경」에 표현된 어머니의 자식 사랑은 한국 근대사회에서 '어머니의 마음'이라는 가곡으로 새롭게 탄생하였고, 한국인들은 이 곡을 부르면서 어머니에 대한 '효'를 마음 깊이 새기게 되었다. '어머니의 마음'은 양주동(1903~1977) 작사, 이흥렬(1909~1970) 작곡의 가곡으로 「부모은중경」의 내용을 고스란히 담고 있다. 어머니 마음의 악보는 1938년 조선방송협회 발행의 「가정가요」 1집에 선보인 것으로 알려져 있다(문화콘텐츠닷컴). 자식을 낳고 기르는 어머니의 마음을 잘 표현하고 있으며, 멜로디는 많은 사람에게 '효'를 실천해야 한다는 마음을 갖도록 심금을 울리며, 오늘날까지 불리는 곡이다.

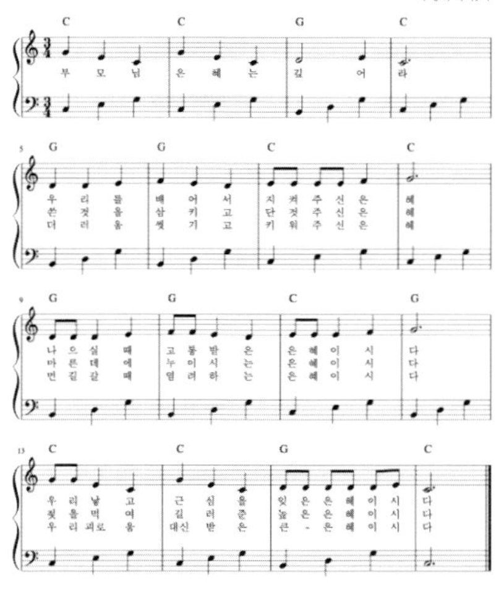

필자는 2009년부터 어린이 예절교육을 위해 예절동요를 지어왔는데, '부모은중경'이라는 동요를 만들어 보급했다. 이 동요의 가사는 「부모은중경」에 나타나 있는 내용을 인용했다.

3) 「명심보감」에서의 효

「명심보감」은 고려 말 조선 초기 이후 가정과 서당 등에서 아동들의 기본서로 널리 읽혔고, 우리 민족의 정신적 가치관 형성에 많은 영향을 미쳐왔던 책이다. 이 책은 고려 충렬왕 때에 문신 추적(秋適)이 중국 고전에 나온 선현들의 금언(金言)과 명구(名句)들을 편집해서 만들어졌다. '명심'이라는 것은 명륜(明倫), 명도(明道)와 같이 마음을 밝게 한다는 뜻이고, '보감'이라는 것은 보물과 같은 거울로서의 교본이 된다는 것을 말한다. 즉 "마음을 밝혀 주는 보배로운 거울"이라는 말이다. 인간으로서의 인격을 수양하고, 올바른 도리에 맞게 살아가는 방법을 갈고 닦아야 한다는 것을 뜻하고 있다.

「명심보감」은 계선편(繼善篇), 천명편(天命篇), 순명편(順命篇), 효행편(孝行篇) 등 20편으로 구성되어 있고, 훗날 증보편(增補篇), 효행 속

편(孝行 續篇), 염의편(廉義篇), 권학편(勸學篇), 팔반가(八反歌) 등이 증보된 내용이 있다. 「명심보감」의 구성은 다음과 같다.

■ 「명심보감」의 구성

장	편명	내용
1	계선편 (繼善篇)	꾸준히 착한 일을 행하라는 의미로 착한 이에게는 복이 오지만 악한 자에게는 재앙이 온다는 것을 깨닫게 하는 글이다.
2	천명편 (天命篇)	하늘이 준 운명에 순종하라는 의미로 하늘에 순종하는 사람은 살고, 하늘에 거역하는 사람은 망한다고 하였다.
3	순명편 (順命篇)	타고난 운명에 순종하라는 의미로 생사가 하늘에 달려 있으니 분수에 맞게 살라고 하였다.
4	효행편 (孝行篇)	부모님을 극진한 효성으로 섬기라는 의미로 효도하는 법을 나타내었다.
5	정기편 (正己篇)	우선 자신의 인격부터 바로잡으라는 것을 의미하는 것으로 남의 잘잘못을 보고 나의 착함과 악함을 찾으라고 하였다.
6	안분편 (安分篇)	자신의 분수에 만족하여 편히 살라는 의미로 족할 줄 알면 즐겁지만 탐욕에 힘쓰면 근심이 생긴다고 하였다.
7	존심편 (存心篇)	양심을 지니도록 노력하라는 의미로 남을 꾸짖는 마음으로 자신을 꾸짖고, 자기를 용서하는 마음으로 남을 용서하라고 하였다.
8	계성편 (戒性篇)	타고난 성품을 지키어 성내지 말라는 의미로 분노를 참고 인정을 베풀도록 하라는 것이다.
9	근학편 (勤學篇)	부지런히 배우도록 힘쓰라는 의미로 사람은 배우지 않으면 옳음을 알지 못한다고 하였다.
10	훈자편 (訓子篇)	자녀는 어릴 때부터 가정교육을 철저히 하라는 내용으로 엄격한 아버지는 효자를 낳고 엄격한 어머니는 효녀를 낳는다고 하였다.
11	성심편 상 (省心篇 上)	항상 마음을 반성하도록 힘쓰라는 의미에서 충효를 중시할 것과 세상의 일들은 흥망성쇠가 순환하므로 절제하고 감사하는 마음을 가질 것을 강조하였다.
12	성심편 하 (省心篇 下)	

13	입교편 (立教篇)	욕심을 버리고 도덕과 질서를 준수하라 하였으며, 충효를 다할 것을 언급하였다.
14	치정편 (治政篇)	관리가 정치와 행정을 다스리는 내용으로 청렴과 신중함, 근면함을 강조하였다.
15	치가편 (治家篇)	집안을 잘 다스리려면 부부 화목과 부자간의 의리를 돈독히 해야 한다고 하였다.
16	안의편 (安義篇)	부부, 부자와 형제가 인륜에서 가장 중요하므로 돈독히 해야 한다고 하였다.
17	준례편 (遵禮篇)	예절을 준수하는 사람이 되어야 함을 강조하였다. 가족 친척 조정에서의 예의와 나아가 전쟁에서도 예의가 있어야 하며, 예의가 곧 사회 유지의 근본이라고 하였다.
18	언어편 (言語篇)	언어는 마음의 표현이므로 항상 조심해야 한다는 것을 강조하였다. 책임성이 있어야 하고, 삼가야 한다고 하였다.
19	교우편 (交友篇)	친구는 반드시 가려서 사귀어야 한다고 하며, 의리 없는 벗은 사귀어서는 안 된다고 하였다.
20	부행편 (婦行篇)	어진 아내가 되어야 하는 것을 말하고 있으며, 부인이 갖춰야 할 사덕(四德), 언어조심, 아내의 역할 등을 강조하였다.
21	증보편 (增補篇)	착한 마음을 갖춰 나가야 하며, 이는 꾸준히 쌓아나가야 할 것을 강조하였다.
22	팔반가 (八反歌)	부모를 효도로 섬기는 법과 늙어가는 부모를 공경하여 받들라고 하였다.
23	효행 속편 (孝行 續篇)	효도를 행한 사람들의 이야기를 소개하고 있다.
24	염의편 (廉義篇)	청렴결백하고 의리를 아는 사람이 되어야 한다는 것을 말하고 있다.
25	권학편 (勸學篇)	젊은 시절에 배움에 힘쓰라고 하며, 오늘 배우자 않고 내일이 있다고 말하지 말고, 금년에 배우지 않고 내년이 있다고 말하지 말라고 하였다.

출처: 박일봉 편저 (2011). 명심보감 참고.

「명심보감」 제13장 입교편에는 공자의 말을 인용하여, “입신(立身)함에 의로움이 있으니 효도가 그 근본이 되고, 상사와 제사에 예도가 있으니 슬퍼함이 그 근본이 되고…(立身有義而孝爲本 喪祀有禮而哀爲本)”라고 하였다. 인생의 앞길을 어찌 살 것인가에 대해 뜻을 세울 때, 가장 기본이 되는 것이 효도와 예의범절이라는 점을 강조한 것이다. 즉 인간으로서의 바른 도리를 세워가는 것이 무엇보다 중요하고, 그것은 부모에 대한 효도와 올곧은 예의범절을 지켜가는 것임을 말한다.

「명심보감」 제4장 효행편에 나타난 효

「시경」에 이렇게 말하고 있다. “아버지 나를 낳으시고 어머니 나를 기르셨으니 아아, 슬프다. 부모님이여, 나를 낳아 기르시느라고 애쓰고 수고하셨도다. 그 은혜를 갚고자 하면 저 넓은 하늘과 같이 끝이 없도다.”

공자께서 이렇게 말씀하셨다. “효자가 부모를 섬김에 있어서 기거하심에는 그 공경함을 다하고, 봉양함에는 그 즐거움을 다하고, 병드시면 그 근심을 다하고, 돌아가시면 그 슬픔을 다하고, 제사 지냄에는 그 엄숙함을 다한다.”

공자께서 말씀하셨다. “부모가 살아 계시면 멀리 나가 놀지 않으며, 놀되 반드시 가는 곳이 있어야 한다.”, “아버지께서 명하여 부르시거든 머뭇거리지 말고 곧 ‘예!’ 하고 대답하되, 밥이 입 안에 있으면 토해야 한다.”

태공(太公)이 이렇게 말했다. “내가 부모에게 효도하면 자식 또한 나에게 효도하나니, 내가 먼저 효도하지 않는다면 자식이 어찌 효도하리오!”

효순(孝順)하는 사람은 다시 효순하는 아들을 낳고, 오역(忤逆)하는 사람은 다시 오역하는 아들을 낳는다. 이 말이 믿어지지 않거든 다만 저 추녀 끝의 낙숫물을 보라. 방울방울 떨어져 조금도 어긋남이 없다.

출처: 박일봉 편저 (2011). 명심보감. pp.48-56 인용.

「명심보감」 효행 속편에는 효도하는 사람의 이야기가 있다. 손순(孫順)이 가난했으나 아내와 함께 품팔이해서 어머니를 봉양했던 예를 소

개하고, 상덕(尙德)이 어머니의 병환을 살폈던 일과, 도씨(都氏)가 했던 효행이 실려 있다.

이들 효행 이야기는 모두 부모를 향한 마음과 정성이 지극하면 하늘도 감동한다는 이야기들이다. 즉 효심이 지성(至誠)이면 감천(感天)이라는 예를 보여준다. 다소 황당하기도 하고, 현실에서 과연 그러한 이들이 일어날 수 있을 것인가 의구심이 드는 내용도 많다. 그렇지만 효행이 쉬운 것은 아니지만 사례를 중심으로 소개하면서 효 의식을 함양하는 데에 뜻을 두었던 것으로 보인다.

▌「명심보감」 제23장 효행 속편에 나타난 효

> 도씨(都氏)는 집은 가난했지만 효성이 지극하였다. 숯을 팔아 고기를 사서 어머니의 반찬을 빠뜨리는 일이 없었다. 하루는 저자에서 늦어 바쁘게 돌아오는데 솔개가 갑자기 고기를 채어가거늘 도씨가 슬피 울면서 집에 이르니 솔개가 이미 고기를 뜰에 던져 놓고 갔다.
>
> 하루는 어머니가 병환이 들어 때 아닌 홍시를 찾으시거늘 도씨가 감나무 숲속을 방황하여 날이 저무는 것을 깨닫지 못하다가 호랑이가 있어 앞길을 여러 번 가로막고 타라는 뜻을 나타내는지라, 도씨가 타고 백여 리나 떨어진 산마을에 이르러 인가를 찾아 투숙하였더니 이윽고 주인이 제삿밥을 차려 내오는데 홍시가 있었다. 도씨가 기뻐서 감의 내력을 묻고 자기의 뜻을 말하니 주인이 대답하여 말하기를, "돌아가신 아버지께서 감을 좋아하셨으므로 해마다 가을이면 감 이백 개를 골라 굴 속에 저장하여 이 5월에 이르면 완전한 것이 7,8개에 불과하더니, 이번에는 오십 개의 완전한 것을 얻어 마음에 이상하게 생각하였더니 이는 하늘이 그대의 효성에 감동하신 것이다." 하고 이십 개를 내어 주거늘 도씨가 사례하고 문밖에 나오니 호랑이가 아직도 엎드려 기다리는지라, 타고 집에 이르니 새벽닭이 꼬끼오 하고 울었다. 나중에 어머니가 천명으로 돌아가시자 도씨가 피눈물을 흘렸다.

출처: 박일봉 편저 (2011). 명심보감. pp.444-448 인용.

한편「명심보감」제14장 치정편에서는 부모를 모시는 태도에 대해 자세히 설명하고 있다.

"임금 섬김을 부모 섬기듯 하며, 상관 섬기기를 형 섬기듯 하며, 동료 대하기를 집안 식구 대하듯 하며, 부하 대접하기를 내 집 노복같이 하며, 백성 사랑하기를 내 처자같이 하며, 관청 일 처리하기를 내 집안일같이 한 뒤에라야 능히 내 마음을 다했다 할 수 있나니, 털끝만치라도 이르지 못한 것이 있으면 이는 다 내 마음에 다하지 못한 바가 있기 때문"이라고 하였다.

즉 관직에 있는 사람이 취해야 할 태도를 말하면서, 임금을 섬기는 것도 자신의 부모를 섬기듯 하라고 했으며, 부모와 가족, 집안일을 대할 때의 마음처럼 관직에서의 역할도 충실하게 하면 된다는 것이다. 한편 팔반가(八反歌)에서도 부모 섬기는 방법에 대해 구체적으로 소개하고 있다.

"부모를 봉양함에는 단지 두 분이 감계실 뿐인데도 항상 형제간에 서로 다투고, 자식을 기름에는 비록 열 명이라도 그대가 다 혼자 맡아 기른다. 아이들의 배부르고 따뜻함을 부모는 항상 물으시되 부모가 굶주리기로 추워에 떠는 것은 마음에 있지 않다. 그대에게 권하노니, 부모 봉양하기에 모름지기 힘을 다하라. 당초에 입으실 것과 잡수실 것을 그대에게 빼앗기셨다." 하였다.

그리고 "부모는 한껏 그대를 사랑하시는 마음이 있으나 그대는 그 은혜를 생각하지 아니하고, 자식이 조금이라도 효도함이 있으면 그대는 곧 그 이름을 드날리려 한다. 부모 대접하는 데는 어둡고 자식 대접하는 데는 밝으니, 누가 부모의 자식 기르는 마음을 알 것인가!"라 하였다.

성인이 되어 가정을 이루게 되고 자녀를 낳게 되면, 그때 비로소 자신을 낳아 길러주신 부모를 봉양해야 한다는 것은 깨닫게 된다는 것을 일깨우는 내용이다. 보통 역지사지(易地思之)를 말한다. 입장을 반대로 생각해 보는 것인데, 자식이 부모처럼 입장 바꿔서 생각해 보려 해도 쉽지 않다. 자식이 부모의 위치가 되어야만 부모 심정을 알게 되는 것이다. 부모로부터 무한한 사랑을 받으며 정성으로 키워진 존재가 자신이라는 것을 미처 깨닫지 못하는 것이 안타깝다는 것이니, 부모 섬김을 게을리 하지 말 것을 뜻한다.

4) 「내훈」에서의 효

「내훈」은 1475년(성종6년)에 소혜왕후(昭惠王后)가 여성의 몸가짐과 마음가짐을 가르치기 위해 편찬한 책이다. 이 책은 조선 시대 성종의 어머니이며 덕종의 비(妃)인 소혜왕후가 당시의 여성들이 쉽게 읽을 수 있는 훈육서가 없음을 안타깝게 여겨서 「소학」, 「열녀」, 「여교」, 「명감」 등에서 여성 교육에 가장 중요하다고 생각한 내용을 중심으로 7장으로 나누고 앞에 서문과 뒤에 발문을 붙여 엮은 규범서이다. 각 장은 언행장(言行章), 효친장(孝親章), 혼례장(婚禮章), 부부장(夫婦章), 모의장(母

儀章), 돈목장(敦睦章), 염검장(廉儉章)으로 나뉘어 있다. 이 책은 옛 여성들에게 생활규범을 익히는 데 필요한 교훈이 되었다.

효 내용은 「내훈」 효친장(孝親章)에서 볼 수 있는데, 다음과 같다. 어버이를 섬기는 마음가짐으로 사랑과 정성을 다해야 한다는 점과 어버이를 공경하는 자세가 무엇보다 앞서야 한다는 점, 효성스러운 자식이 어버이를 섬기는 방법, 며느리로서 시부모의 뜻을 따르고 섬기는 방법, 부모의 병환 중에 모시는 방법 등을 상세하게 나타내고 있다.

■ 「내훈」 제2장 효친장에 나타난 효

… 공자는 다음과 같이 말씀하셨다. "무왕과 주공은 그 지극한 효도자로다. 무릇 효도라 하는 것은 어버이의 뜻을 이어받으며 어버이 일을 이어받음이라. 그 자리에 올라 예를 행하며 그 음악을 연주하며, 그 받들던 바를 공경하며, 그 가까이 하시던 바를 사랑하며, 죽은 이를 섬기되 산이 섬김같이 하며, 없는 이를 섬기되 있는 이같이 하시니 효도의 지극하심이라."

… 증자는 다음과 같이 말하였다. "효자가 늙은 어버이를 모실 때에는 그 마음을 즐겁게 해드리고 그 뜻을 어기지 않으며, 그 듣고 보심을 즐겁게 해 드리며, 그 주무시는 곳을 편안케 해 드리며, 음식으로 정성껏 모셔야 하니, 그러므로 부모의 사랑하시는 바를 또한 사랑하며, 부모의 공경하는 바를 또한 공경해야 하니, 개나 말에 이르기까지도 다 그러해야 하거늘, 하물며 사람에게 있어서랴."

… 공자 이르시되, "부모가 나를 낳으시니 혈통을 이음이 이만큼 큰 것이 없으며, 임금과 어버이 이에 임하시니 그 은혜 두텁기 이보다 귀함이 없도다. 이런 까닭으로 그 어버이를 사랑하지 않고 다른 사람을 사랑하는 이를 일러 패덕(悖德)이라 하고 그 어버이를 공경치 아니하고 다른 사람을 공경하는 이를 일러 패례(悖禮)라 한다."

"효성스러운 자식의 어버이 섬기기는, 계실 때는 공경을 한껏 하며, 봉양하기는 한

껏 즐겁게 해드리고, 편치 않으실 때에는 지극히 근심하며, 상제되었을 때는 슬픔을 지극히 하며, 제시지낼 때에는 가장 엄숙하게 하여야 한다." 이 다섯 가지를 갖춘 뒤에야 능히 어버이를 섬길 수 있다. 어버이 섬기는 사람은 높은 벼슬에 있어도 교만치 말며 낮은 자리에 있게 되어도 어지럽게 굴지 말며, 여럿이 있는 데서 다투지 말아야 하니, 높은 자리에 있어 교만하면 패망하고, 아랫사람이 되어서 어지럽게 굴면 형벌 받고, 여럿이 있는 데서 다투면 무기를 쓰게 되니, 이 셋을 제거하지 않으면 비록 날마다 소・양・돼지 이 세 가지 고기로 봉양을 한다 하더라도 오히려 불효니라.

며느리 되는 사람은 새벽 일찍 또한 밤늦도록 공경하며, 조심하여 오직 한 터럭 끝만큼이라도 그 뜻을 어길세라 저어해야 한다.

… 어른께서 편안하시거든 효성스런 봉양을 다하여 그 배 혹시 곯으시지나 않을까 저어하고, 편치 않으시거든 걱정을 지극히 하여 옷과 허리띠를 벗거나 풀지 마라. 뒷사람이 본받아 또 네가 하듯 할 것이니, 몸으로 가르치면 따라 할 것이니 조심하고 조심해야 하느니라.

… 부모나 시부모가 계신 곳에 있을 때 명(命)이 있거든 응하여 바로 '네.' 하고 공경스럽게 대답하며…

아들과 며느리가 효도하고 공경하는 것이란 부모나 시부모의 명령을 거스르거나 게을리 하지 말아야 하는 것이다.

… 부모나 시부모가 편치 않으시거든, 아들이나 며느리는 아무 연고 없거든 곁을 떠나지 말며, 손수 약을 달이거나 물에 타거나 하여 맛보고 받들어 잡수시게 하며, 즐거운 표정을 짓지 말며. 다른 일을 제쳐 두고 의사를 청해다가 약 짓기를 힘써야 하니…

부모가 비록 돌아가신 뒤에라도 앞으로 착한 일을 할 적에는 부모께 좋은 이름을 끼칠 것을 생각하여 반드시 과단성 있게 행하며, 장차 착하지 못한 일을 할 적에는 부모께 부끄러우며 욕된 일을 끼칠 것을 생각하여, 반드시 덜컥 저지르지 말아야 한다.

출처: 소혜왕후 지음, 정양완 역주 (1989). 내훈. pp.28-39 인용.

5) 「성학집요」에서의 효

「성학집요」는 율곡 이이가 공자 맹자 주자 등 성현들의 학문을 모아 요약한 것으로, 1575년 조선조 24대 임금인 선조(8년)를 위해 저술한 것으로 알려져 있다. 서문에서도 밝혔듯이 학문을 하고자 하는 사람은 누구에게든지 의미 있는 책이라고 하였다. 내용은 개인의 수양과 학문이 국가의 바탕이 되어야 한다는 것을 강조했으며, 왕이 갖춰야 할 수양과 학문에 대해 주목하여 서술되어 있다. 학문에 대한 이름과 늦음이 있기는 하지만, 이 책을 전심전력하여 학문하는 방법을 터득하면 모든 이들에게 유익함이 있을 것이라고 하였다. 특히 성현들의 언설을 기초로 도리를 탐색하고 이를 실행에 옮겨서 수신(修身)과 치인(治人)을 다하기만 하면 된다고 하였으며, 도리의 실천을 위해 정성을 다하지 못하는 데에 문제가 있다고 지적하였다. 이 책은 크게 5편으로 구성되어 있다.

「성학집요」에는 효도와 공경의 내용이 담겨 있는데, 「효경」, 「논어」, 「예기」, 「맹자」, 「서경」을 인용하여 기술되어 있다. 그 내용은 부모 생전의 효와 사후의 효로 크게 나누어 보았다. 부모 생전에는 몸과 마음을 다하여 존경과 공경, 말씀 듣기, 정성껏 모시기 등을 잘 해야 하며, 돌아가신 후에는 상·제례를 모시는 방법에 대하여 나타나 있다. 그러면서 율곡은 '효도는 모든 행동의 으뜸이 되는 것'이며, '집안을 바르게 다스리는 도는 효도와 공경(恭敬)이 첫째'라는 바를 밝히고 있다.

「聖學輯要」의 구성

1편 통설(通說)	2편 수기(修己)	3편 정가(正家)	4편 위정(爲政)	5편 성현도통(聖賢道統)
	총론	총론	총론	
	입지(立志)	효경(孝敬)	용현(用賢)	
	수렴(收斂)	형내(刑內)	취선(取善)	
	궁리(窮理)	교자(敎子)	식시무(識時務)	
	성실(誠實)	친친(親親)	법선왕(法先王)	
	교기질(矯氣質)	근엄(謹嚴)	근천계(謹天戒)	
	양기(養氣)	절검(節儉)	입기강(立紀綱)	
	정심(正心)	정가공효(正家功效)	안민(安民)	
	검신(檢身)		명교(明敎)	
	회덕량(恢德量)		위정공효(爲政功效)	
	보덕(輔德)			
	돈독(敦篤)			
	수기공효(修己功效)			

율곡은 「성학집요」의 정가(正家), 효경(孝敬)에서 효도를 핵심적인 것[精]과 피상적인 것[粗]이 있다고 하였다. 피상적인 것은 아침저녁으로 부모의 안위를 살펴드리는 것이라고 보았고, 핵심적인 것은 정성껏 봉양하고 사랑으로 공경하는 것이라고 하였다. 핵심으로는 안색을 기쁘게 하고 태도를 부드럽게 말하지 않아도 알아듣고, 구체적으로 드러내지 않아도 미리 아는 것이라고 하며, 이는 평상시에 봉양하는 것을 말한 것뿐이라고 하였다.

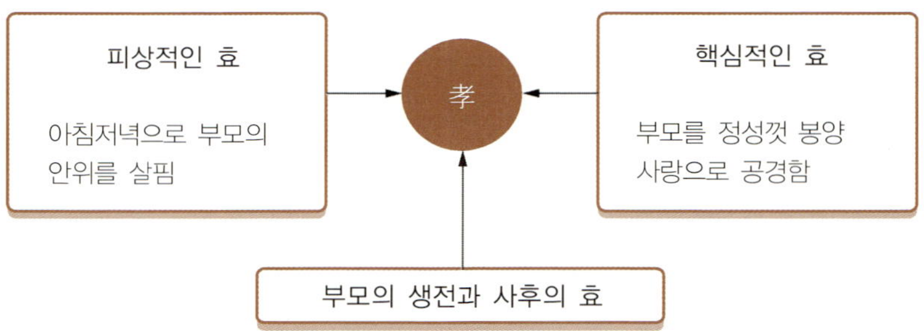

'본래 핵심적인 것이 어렵고 피상적인 것이 쉽지만, 피상적인 것을 다해야 핵심적인 것에 이를 수 있는 것이다. 피상적인 것이 쉽다고 해서 소홀히 할 수 없고, 핵심적인 것이 어렵다고 해서 그만두어서도 안 된다'고 하였다. 이 말을 생각해 보면, 효 의식과 실천 모두가 중요하며, 실천 없는 효를 강조할 수 없고, 의식만 갖고 있다고 해서 효도가 이루어지는 것은 아니라는 의미이다. 효의 실천은 상황과 시대에 따라 그 방법이 달라질 수 있다. 그러나 부모를 공경하고 존경하며, 사랑과 정성으로 모신다는 의식은 변해서는 안 된다는 것을 명확하게 제시한 것이다.

「성학집요」 정가 효경에 나타난 효

신이 살피건대, 자식의 몸은 부모가 낳았으니, 피와 살[血肉]과 정신[性命]까지 모두 부모가 물려준 것입니다. 낳고 길러주신 은혜는 높은 하늘처럼 끝이 없습니다. 그러므로 어린아이라도 그 부모를 사랑할 줄 아는 것은 천성이 그러한 것입니다. 다만 물욕에 가려져 그 본심을 상실하였기 때문에 부모가 물려주신 몸을 자기의 소유라 생각하고 부모와 자식의 사이에도 곧 너[物]와 나[我]를 구별하여, 낳으시고 기른 수고를 생각하지 아니하며, 다만 한때의 은혜가 적은 것만 원망합니다. 그러므

로 효도와 사랑의 뿌리는 심어지지 아니하고, 자기의 사사로운 욕망의 싹은 쉽게 자라서 흔히 자기를 먼저 내세우고 부모를 뒤로 하는 자가 많습니다. 이것은 특히 자신의 몸이 부모로부터 생겨났으며, 부모가 아니면 자신의 몸이 없었을 것이라는 것을 알지 못해서입니다.

몸은 나의 것이 아니요, 바로 부모의 것입니다. 물건을 물려주어도 고마워할 줄 아는데 하물며 몸을 물려준 것은 어떠하겠습니까? 힘을 다하고 목숨을 다하여도 은혜를 다 갚을 수 없는 것이니, 사람의 자식 된 자로써 이 이치를 알 수 있다면 사랑하고 공경하는 도를 반 이상은 터득했다고 할 수 있습니다. 세상 사람들이 효도라고 하는 것은 혹은 사랑할 줄은 알면서도 공경할 줄은 모르고, 혹은 사랑하고 공경할 줄은 알면서도 끝까지 다 할 줄 모르는 것입니다. 반드시 사랑은 그 인(仁)을 완전하게 실현하는 데 이르고, 공경은 그 의(義)를 완전하게 실현하는 데 이른 뒤에야 가히 낳아 주신 분을 욕되게 하지 않는다[無忝]고 할 수 있을 것입니다.

출처: 이이 지음, 고산 역해 (2011). 성학집요. p.256 인용.

한편 돌아가신 부모를 위한 제사를 모시는 효에 대해서는 '제사는 먼저 정성[誠]과 공경[敬]을 주로 하며 번거롭게 자주 지내는 것을 예로 삼아서는 안 된다.'라고 하였다. 이는 마음으로부터 정성과 공경이 그 핵심이 되어야 한다는 것을 말한 것이다. 남에게 보이기 위해서 제사를 하거나, 정성과 공경함이 없이 지내는 제사는 무의미하다는 것을 뜻한다. 제사를 지내는 것은 돌아가신 부모를 돌이켜 생각하고 그리워하며, 남기신 유지를 후손들과 되새겨 보는 소중한 시간을 갖는 것이다. 그러나 정성을 갖고 모시기보다는 자칫 자식의 의무로만 생각하는 경우가 있다. 이는 제사의 의미나 효의 의미와는 벗어난 행위일 뿐이다. 율곡은 효의 피상적인 것과 핵심적인 것이 무엇인지를 분명히 전하고 있다.

6) 「격몽요결」에서의 효

「격몽요결」은 율곡(栗谷) 이이(李珥)(1536~1584)가 학문을 시작하는 이들을 위해서 1577년(선조10)에 집필한 유교적 수신서이다. 이 책은 서문과 본문 10장으로 구성되어 있다. 서문에서는 율곡이 생각하는 학문의 의미와 내용, 방법, 학문이 필요한 이유 등이 간결하게 표현되어 있다. 그리고 본문 10장은 본문은 입지(立志)·혁구습(革舊習)·지신(持身)·독서(讀書)·사친(事親)·상제(喪制)·제례(祭禮)·거가(居家)·접인(接人)·처세(處世) 등으로 구성되어 있다. 이 중에 효 내용은 제5장인 사친(事親), 6장 장례, 7장 제례에서 볼 수 있다.

▌「격몽요결」 제5장 부모를 섬김[事親]에 나타난 효

> 무릇 사람이면 부모에게 효도해야 한다는 것을 모르는 사람이 없다. 그러나 효도하는 사람이 대단히 적은 것은 부모의 은혜를 깊이 알지 못하기 때문이다. 「시경」에 말하지 않았던가. '아버지는 나를 낳으시고 어머니는 나를 기르시니 은덕을 갚고자 하나 하늘처럼 끝이 없다.' 남의 자식으로 태어나면, 생명과 피와 살이 다 부모가 주신 것으로 숨 쉬는 것과 기운과 혈맥이 서로 통해 있으므로, 이 몸은 나의 사사로운 물건이 아니고 곧 부모가 주신 기운이다. 그러므로 「시경」에 말하였다. '슬프다, 아버지 어머니여. 나를 낳으시고 수고하셨다.' 부모의 은혜가 과연 어떠한 것이겠는가. 어찌 감히 스스로 내 몸이라 하여 부모에게 효도를 다하지 않을 수 있겠는가. 사람이 이 마음만 항상 간직할 수 있으면 자연 부모에 대한 정성이 있게 된다.
>
> 무릇 부모를 섬기는 사람은 한 가지 일 한 가지 행동을 감히 내 마음대로 하지 않고 반드시 명령을 받은 뒤에 행한다. 만일에 해야 할 일을 부모가 허락하지 않으시면 반드시 자세히 말씀드려 허락을 얻은 뒤에 행한다. 만일 끝내 허락하지 않으셔도 바로 내 멋대로 해서는 안 된다.

매일 새벽 일찍 일어나 세수하고 머리를 빗고 옷을 차려입은 다음 부모가 주무시는 곳으로 나아가 기운을 낮추고 소리를 부드럽게 하여 덥고 추운 것과 안부를 묻는다. 저녁이면 주무시는 곳으로 가서 그 요와 자리를 펴 드리고 방이 따뜻한지 서늘한지를 살핀다. 낮 동안 모시고 받들 때는 항상 즐거운 표정과 부드러운 얼굴로 말과 대답을 공경히 하고 좌우에 가까이 시중을 들어 있는 정성을 다한다. 밖에 나가고 집에 들어왔을 때는 반드시 절하고 하직하며 절하고 뵙는다.

대부분 부모에 의해 양육을 받으면서 제힘으로 부모를 부양하지 못하고 있다. 이같이 세월을 지나면 끝내는 올바로 모실 때가 없게 된다. 반드시 몸소 집안일을 맡아 하며 직접 맛있는 음식을 준비한 뒤라야 자식의 도리를 지키는 것이 된다. 만일 부모가 굳이 듣지 않으신다면 비록 집안일을 맡아 하지는 못하더라도 마땅히 보살피고 도와 맛있는 음식의 자료를 얻을 때 힘을 다해 부모의 구미에 맞게 해야 한다. 만일 마음과 생각이 한결같이 부모 부양에 있을 것 같으면 맛있는 음식도 또한 반드시 얻을 수 있게 된다. 매양 왕연(王延)이 깊은 겨울 심한 추위 속에 몸에 성한 옷 한 벌을 걸치지 못하고도 부모에게 맛있는 음식을 드린 일을 생각하면 감격의 눈물이 절로 나오게 된다.

보통 가정의 부모와 자식 사이는 대개 사랑이 공경을 앞선다. 반드시 이런 옛 관습을 말끔히 씻어버리고 그 존경하는 도리를 극진히 해야 한다. 부모가 앉으시거나 누우시는 곳에서는 자식이 감히 앉거나 눕지 못하며, 부모가 손님을 대접하시는 곳에서는 자식이 감히 제 손님을 접대하지 못하고, 부모가 말을 타고 내리시는 곳에서는 자식이 감히 말을 타고 내리지 못한다.

부모의 뜻이 만일 의리에 해가 되는 것이 아니면 마땅히 먼저 뜻을 받들어 따를 일이요 조금이라도 거역해서는 안 된다. 만일 그것이 이치에 마땅치 않은 것이면 온화한 기색과 기쁜 태도와 부드러운 목소리로 잘못된 것을 고치도록 말하고 거듭 자세히 설명하여 기어코 말을 들으시도록 할 일이다.

부모가 병이 나면 걱정스런 마음과 안타까운 표정으로 다른 일을 다 버려두고 오로지 의원을 찾아 약을 쓰는 것만을 힘써야 한다. 병이 나으면 처음으로 돌아간다.

일상생활을 하는 가운데 잠시 동안이라도 부모를 잊지 않아야 곧 효도라고 말할

수 있다. 몸가짐이 조심스럽지 못하고, 말하는 것에 법도가 없으며, 놀면서 날을 보내는 사람은 부모를 잊고 있는 것이다.

세월이 물 흐르듯 하므로 부모를 오래 섬길 수 없다. 그러므로 자식 된 사람은 모름지기 정성을 모두 기울이고 힘을 다하면서도 그래도 뭔가 부족한 게 없을까 두려워해야 한다. 옛 사람의 시에 말하였다. '옛 사람은 하루 봉양하는 것을 삼공(三公)과 바꾸지 않았다.' 이른바 날을 아낀다는 것이 이와 같은 것이다.

출처: 이이 지음, 고산 역해 (2011). 격몽요결. pp.537-539 인용.

율곡은 부모를 섬기며 마땅히 효도해야 하는 것을 모르는 것은 아니지만, 효도하는 사람이 드물다고 하며, 그것은 부모의 은혜를 깊이 알지 못하기 때문이라고 하였다. 율곡이 생존하던 당시에도 효도하는 사람이 드물다는 표현을 할 정도로 효를 실천한다는 것이 어렵다는 것을 나타낸 것은 '효'는 시대를 초월하여 중요한 내용이지만, 효의 실천이란 과거나 오늘날에나 쉽지 않은 것임을 보여주는 대목이다. 낳아주고 길러주신 부모의 은혜를 강조하면서 일상생활에서 정성을 다해 효행을 해야 한다고 하였다. 부모의 말씀에 대해 순종하는 것은 물론이고, 부모가 불편하지 않으시도록 일상기거 생활을 살펴드리고, 맛있는 음식을 마련해 드려야 하며, 병환이 나셨을 때는 잘 살펴드리고, 부모의 뜻을 받들어야 한다고 하였다. 그러나 세월은 잡아둘 수 없고, 부모를 섬길 수 없는 시기는 당연히 다가오므로 관직 생활과도 바꿀 수 없는 것이 부모 봉양이라고 하였다. 효도를 할 수 있는 시간이 많지 않다는 것은 자연의 이치이다. 그러므로 훗날 부모가 살아계실 동안 다하지 못한 효에 대해서 후회하지 말고 잘 모시도록 하라고 가르친다.

한편 제6장 장례 절차와 법도에는 다음과 같은 내용이 있다. 부모의 장례를 지극히 정성으로 모시는 것이 효에 해당하지만, 잘못하여 상중에 오히려 자신의 몸을 상하게 되고 안타깝게 목숨을 잃게 된다면 이 또한 불효라고 하였다. 이는 매우 현실적이고 실용적인 내용이다. 장례를 잘 모셔야 하지만, 자신의 몸을 상하게 해서는 안 된다는 것과 부모는 그것을 원하지는 않는다는 것이다. 부모가 진정으로 원하시는 것은 자식이 자신의 몸을 보존하고 잘 살아가는 것이라는 점을 잊어서는 안 된다는 것을 일깨우고 있다. '효'의 참뜻이 어디에 있어야 하는가를 분명하게 지적한 것이다. 제7장 제사를 지내는 절차에서는 돌아가신 부모의 기일에 제사를 정성껏 모시는 것도 효라고 기록되어 있다. 그것이 자식 된 자의 도리라 하였다.

▌「격몽요결」 제6장 장례절차와 법도[喪制]에 나타난 효

증자가 말하였다. "사람은 절로 극진하게 되는 것이 없지만 친상(親喪)만은 반드시 극진해야 한다." 죽은 이를 보내는 것이 부모를 섬기는 큰 예절이다. 여기에 그 정성을 다하지 않으면 어디에 그 정성을 쓰겠는가. 옛날 소련(小連)과 대련(大連)은 거상(居喪)을 잘하여, 사흘을 게을리 하지 아니하고, 석 달을 게을리 하지 아니하여 때맞춰 슬퍼하고, 3년을 근심했다 하니 이것이 거상하는 법이다. 효성이 지극한 사람은 힘쓰지 않고도 되지만, 만일 그렇지 못한 사람이 있으면 힘써 이에 따르는 것이 옳다.

사람이 상을 입는데 정성과 효도가 지극하지 못해 능히 예를 따르지 못하는 것은 원래 말할 것도 없거니와, 간혹 바탕은 아름답고 배우지 못한 사람이 한갓 예를 지키는 것이 효도가 되는 것만 알고 몸을 상하게 하는 것이 옳지 못하다는 것을 알지 못하여, 너무 슬퍼한 나머지 몸이 약해지고 병이 이미 생겼는데도 차마 권도로 잘 먹지 못해 목숨을 잃는 사람이 혹 있으니 참으로 애석한 일이다. 이런 까닭에 몸이 여위어 생명을 해치는 것을 군자는 불효라 말한다.

출처: 이이 지음, 고산 역해 (2011). 격몽요결. p.541 인용.

▌「격몽요결」 제7장 제사 모시는 절차[祭禮]에 나타난 효

> … 상례와 제례는 사람의 자식으로 가장 정성을 다해야 할 일이다. 이미 돌아가신 부모를 뒤쫓아 봉양할 수는 없는 일이나 만일 초상에 그 예를 다하지 못하고 제사에 그 정성을 다하지 못하면, 영원히 그 애통함을 부칠 데가 없고 풀 때가 없을 것이니 자식 된 정리가 과연 어떻겠는가. 증자가 말하였다. "마지막을 삼가고[愼終], 먼 것을 생각하면[追遠] 백성의 덕이 후한 데로 돌아간다." 자식 된 사람은 마땅히 깊이 생각할 일이다.

출처: 이이 지음, 고산 역해 (2011). 격몽요결. p.543 인용.

7) 「사소절」에서의 효

「사소절」은 조선 후기 실학자인 이덕무에 의해 조선 영조51년(1775년)에 저술된 규범서로 아들인 이광규가 1808년 말 1809년 초에 청장관전서(青莊館全書)로 편집하였고, 이완수가 교정하여 엮어 간행하였다(오용섭, 2008). 이 중 권27~31에 「사소절」이 수록되어 있으며, 남성을 위한 〈사전〉 5권, 여성을 위한 〈부의〉 2권, 아동을 위한 〈동규〉 1권, 총 8권으로 구성되어 있다. 이덕무는 북학파에 속한 실학자로 사실을 통하여 올바른 진리를 찾아내는 '실사구시(實事求是)'의 이념 아래 사회상을 객관적으로 파악하고 실생활과 결부하여 실용적인 책을 집필하였다.

「사소절」에는 인성 함양을 위해 일상생활과 사회생활에서 지켜야 할 기본적인 예의범절을 실생활에 적용하고 발현하도록 제시되어 있다. '조그만 행실이라도 조심하지 않으면 마침내 큰 행위를 그르친다.'고 보았고, '작은 행실이 곧 사소한 예절(小節)이라고 하였다.

「사소절」〈사전〉의 '인륜'에는 아들로서 해야 할 효에 대하여 상세하게 언급되어 있다. 부모의 말씀과 뜻에 따라야 하고, 조심하고 공경해야 한다고 하였으며, 옛 중국의 효자 이야기를 인용하여 효 실천하는 방법을 제시하였다. 아버지의 일거수일투족을 모두 챙겨 드리면서 봉양하고, 아버지 곁을 떠나지 않고 30년을 지내며 부지런히 모셨다는 이야기와 어머니를 모실 때 병환이 나셨을 때는 왜 그 병이 생겼는지 효성을 다해서 살펴드렸다는 내용 들이다. 이덕무가 책을 집필했던 시기에는 농경을 중심으로 했던 시기이고, 당시에 실제 효를 어떻게 해야 할지 의문이 생기는 사람에게는 유용했을 것이다. 효행을 자세하게 나타내어 글을 읽는 이들이 쉽게 이해하고 효를 실천할 수 있게 하였다.

▌「사소절」〈사전〉의 '인륜'에 나타난 효

… 다른 일에 대한 악명은 가히 받을 수 있으나 효도하지 않는다는 악명을 받으면 곤란하고, 남의 헐뜯는 말은 변명할 수 있으나 부모의 말씀은 변명할 수 없고, 다른 사람의 마음을 저버리는 일은 그래도 할 수가 있으나 부모의 마음을 저버리는 일은 한 가지도 할 수 없다. 부모를 섬기는 사람은 마땅히 항상 조심하여 공경해야 하고, 부모의 사랑 또한 마땅히 깊이 그 아들의 성공을 생각하여야 할 것이지, 경솔하게 아들이 대악의 이름을 받게 하지 말아야 한다.

효자 추본성은 명나라 말엽 단양 사람인데, 그 아버지는 술을 좋아하는 사람이라 살림을 돌보지 않았다. 본성의 아내 속씨(束氏)는 부지런히 길쌈을 하여 생활을 도왔으며, 본성은 힘을 다하여 농사를 짓고, 뽕나무를 가꾸고 닭 돼지를 기르고 고기와 새우를 잡아서 아버지를 봉양하여, 날마다 아침밥엔 반드시 채소를 정결하게 마련하고, 낮에는 반드시 잘게 썬 회와 연한 고기를 드리고, 저녁에는 반드시 따뜻한 술에 안주를 갖춰 아버지에게 마시기를 권하였다. 즐거운 낯으로 그 곁에 모시고 앉아 술잔을 잡아 드리고, 아버지가 취하여 노래를 부르다가 그치면 세숫그릇을 받들어 손을 씻어 드린 다음에 부축하여 잠자리에 들게 하고, 밤에는 반드시 이불을 덮어 드리고, 휘장

을 내리고 잠든 뒤에는 반드시 병풍 사이에 의지하여 코고는 소리를 엿들은 다음에야 비로소 물러나오고, 닭이 울면 자리에서 일어나 곧 아버지의 잠자리로 나아가 모셨으며, 늘 신선하고 좋은 물건을 볼 때마다 반드시 온갖 방법을 다 써서 사다가 올렸다. 세금을 바치거나 반찬거리를 갖추는 일이 아니면 성 안의 시장에 들어가지 않았고, 밭을 갈고 거두어들이고 나무하는 일이 아니면 아버지의 곁을 떠나지 아니하였다. 그는 이렇게 30여년 동안을 지내면서 일찍이 조금도 게으름을 피우지 않았고, 아버지가 돌아가자 슬픔으로 인하여 뼈만 앙상히 남았으며, 늙도록 사모하는 생각을 지니고 있었다.

… 송나라 임원수는 어머니를 섬기는 데 효성을 다하였는데, 늙은 어머니가 병이 나면 그 병이 생긴 이유를 스스로 밝혀내어, 혹은 음식으로 해서 나왔다 하고, 혹은 건조와 습기로 해서 나왔다고 하고, 혹은 말을 좀 많이 하므로 해서 나왔다 하고, 혹은 근심이나 기쁨을 좀 지나치게 해서 나왔다고 하였다. 원수는 아침저녁으로 문후하여 조금도 미진한 점이 없었고, 오장육부 속의 갖은 곡적을 환히 꿰뚫어 보아, 맥을 짚어 진찰하지 않고도 병을 알아냈으므로 약을 쓰면 반드시 효력이 있어, 비록 유명한 의원도 그에게 미치지 못하였다. … 어버이를 봉양하려고 의학서를 읽는 사람은 가히 본받을 만하다.

출처: 이덕무 지음, 김종권 역 (1987). 사소절. pp.116-119 인용.

여성의 규범에 대해 언급된 「사소절」 〈부의〉의 '교육'에는 딸을 가르치는 데에 필요한 조목 가운데에 '효' 내용이 있다. 그 내용은 시부모를 효도로 섬겨야 하는 것과 제사를 받드는 모습, 동서 간의 화목 등이다.

「사소절」 〈부의〉의 '교육'에 나타난 효

명나라 사람 하의려 선생이 여러 딸들을 가르친 열두 가지 조목은 다음과 같다.

1. 침착하고 자상하며 공손하고 부지런해야 한다.
2. 제사를 받들 때는 엄숙히 하여야 한다.
3. 시아버지와 시어머니를 효도로써 받들어야 한다.
4. 남편을 예의로써 섬겨야 한다.

5. 동서를 화목으로써 대접하여야 한다.
6. 아들 딸을 바른 도리로써 가르쳐야 한다.
7. 비복(남녀 하인들)을 은혜로써 어루만져야 한다.
8. 친척을 공경으로써 대접하여야 한다.
9. 착한 말을 기쁜 마음으로써 들어야 한다.
10. 간사하고 망령됨을 정성으로써 경계하여야 한다.
11. 길쌈을 부지런히 힘써야 한다.
12. 재물을 아껴 써야 한다.

출처: 이덕무 지음, 김종권 역 (1987). 사소절. p.237 인용.

어린이들을 위한 〈동규〉의 '교습'과 '경장'에는 효도와 공경을 강조하고 있고, 부모를 섬길 때는 공경과 사랑하는 마음이 한결같아야 한다고 되어 있다.

■ 「사소절」 〈동규〉의 '교습'에 나타난 효

도서편(圖書編) 사학규조(社學規條)에 말하기를,
'옛날에 가르친다는 것은 사람이 행할 올바른 도리 곧 인륜을 가르쳐 주는 것이었으나, 후세에 와서 시가와 문장을 기억하고 외우는 습관이 일어나자 선생의 가르침이 망쳐졌다. 지금 어린이들을 가르치는데 오직 효도와 공경, 충성과 신의, 예절과 의리, 청렴과 수치를 알고 실행하게 하는 데 힘쓸 것이고, 그것을 북돋아 기르는 방법은 마땅히 시와 노래로써 유도하여 그 의지를 발달시키고, 이로써 인도하여 예절을 익혀 위의를 엄숙하게 하도록 하고, 이로써 풍자하여 책을 읽어서 지각을 계발하도록 할 것이다.'라고 하였다.

출처: 이덕무 지음, 김종권 역 (1987). 사소절. p.237 인용.

■ 「사소절」 〈동규〉의 '경장'에 나타난 효

> 혹 아버지는 공경하여 두려워하고 위축되나, 어머니는 사랑하기는 하지만 버릇없이 구는 사람이 있는데, 두려워하고 위축되면 사랑하는 정성이 부족해지고, 버릇없이 굴면 공경하는 마음이 행해지지 못한다. 그러므로 부모를 섬김에는 공경하고 사랑하는 마음이 한결같아야 할 따름이다.

출처: 이덕무 지음, 김종권 역 (1987). 사소절. p.303 인용.

8) 「오륜행실도」에서의 효

「오륜행실도」는 1797년(정조21)에 이병모(李秉模) 등이 왕명으로 간행한 수양서이다. 서문에 나와 있듯이 기존의 「삼강행실도」와 「이륜행실도」를 합하여 만들어졌다. 모든 일반 백성들이 그림을 통하여 쉽고 흥미롭게 내용을 익히게 하였다. 현재는 국립중앙도서관, 규장각, 동국대학교 도서관에 소장되어 있다. 제1권 효자도(孝子圖)에는 33편의 그림과 33인의 효행이 실려 있다. 제2권 충신도(忠臣圖)에는 35인의 충신 행적이, 제3권 열녀도(烈女圖)에는 35인의 열녀 행적이 있다. 제4권 형제도(兄弟圖)에는 31인의 행적이, 제5권 붕우도(朋友圖)에는 16인의 선행이 담겨 있다. 그런데 여기에 실린 인물의 행적은 거의 중국인 중심이고, 우리나라 사람은 효자 4명, 충신 6명, 열녀 5명만이 실려 있다.

서울대학교 한국문화연구소의 한국학공동연구총서5로 발행된 「역주 오륜행실도」(송철의 외 3인, 2006)를 참고하여 우리나라 효자 4인의 내용을 살펴본다. 이 내용은 주로 부모의 상례를 모시는 마음과 부모 병

환을 모시는 태도, 부모와 스승을 같은 개념으로 모시는 태도 등이 실려 있다. 현대적 관점에서 보면, 자식으로서 부모의 상례를 모시는 기간이나 병환에 대한 태도가 큰 격차가 있다. 지나친 허구나 이해가 되지 않는 내용이 언급되어 있다. 그러나 이 내용을 실제 현상으로 보지 말고, 효를 실천하려는 자식의 마음가짐과 태도에 초점을 두어 보아야 한다. 율곡이 지적했듯이 핵심적인 효는 정성이 가득한 마음과 공경의 태도로 부모의 병환과 상례를 모셔야 함을 독려하려는 뜻에서 언급된 것으로 보인다.

▌「오륜행실도」에 수록된 누백포호(婁伯捕虎)

최누백은 고려 때 수원 아전(衙前) 최상자의 아들이다.

최성자가 사냥하다가 범에게 해를 입으니 이때 최누백의 나이가 십오세였다. 최누백이 범을 잡고자 하거늘 어머니가 말렸다. 그러자 최누백이 말하되, "아버지의 원수를 어찌 아니 갚으리오."하고 즉시 도끼를 메고 범의 자취를 따라갔다. 범이 이미 아버지를 다 먹고 배불러 누워 있거늘, 최누백이 바로 범 앞으로 달려들어 범을 꾸짖어 말하되, "네가 내 아버지를 해쳤으니 내가 너를 잡아먹겠다."하였다. 범이 꼬리를 치고 엎드리거늘 도끼로 내리쳐 죽여 배를 헤치고 아버지의 뼈와 살을 꺼내어 그릇에 담았다. 범의 고기를 항아리에 넣어 눌 가운데 묻은 뒤 아버지를 홍법산(洪法山) 서편에 장사지내고 여묘(廬墓)살이를 하였다. 하루는 꿈을 꾸니 그 아버지가 와서 시(詩)를 읊으며 말하되, "가시덤불을 헤치고 효자(孝子)의 집에 이르니 정(情)이 느꺼워함이 많으매 눈물이 무궁(無窮)하도다. 흙을 져서 날마다 무덤에 더하니 지음(知音・나를 알아주는 사람)은 청풍명월(淸風明月)이로다. 살아 있을 때 봉양하고 죽고 나서 무덤을 지키니, 뉘 이르되, '효(孝)에 시종(始終)이 없다.' 하리요?" 하였다. 읊기를 다하였을 때 아버지가 갑자기 보이지 아니하였다. 아버지 거상(居喪)을 마치고 나서 최누백이 범의 고기를 꺼내어 모두 먹었다.

출처: 송철의 외 3인 (2006). 역주 오륜행실도. pp.212-213 인용.

「오륜행실도」에 수록된 백강복총(白强伏塚)

김자강은 조선 성주(星州)사람이다.
어려서 아버지가 죽고 어머니를 섬기되 뜻을 승순(承順)하여 잘못함이 없었다. 어머니가 죽고 나서 부도(浮屠)를 쓰지 아니하고 한결같이 「가례」를 좇았다. 어머니를 그 아버지와 합장(合葬)하고 삼 년을 여묘(廬墓)살이 하였다. 어머니의 거상(居喪)을 마치고 나서 또 아버지를 위하여 삼 년을 다시 여막에 있으려 하거늘 처족(妻族)들이 강제로 이끌고 길로 나가 곧이어 그 여막(廬幕)에 불을 질렀다. 김자강이 여막이 타는 연기 빛을 바라보고는 하늘을 우러러 부르짖고 땅을 두드리며 처족을 힘써 물리치고 무덤으로 다시 가 무덤 앞에서 사흘 동안을 엎드린 채 일어나지 아니하였다. 처족들이 그 효성(孝誠)에 감동하여 다시 여막을 지어주니 김자강이 여막에 다시 삼 년 동안을 지내되 처음 어머니 거상과 같았다.

송철의 외 3인 (2006). 역주 오륜행실도, pp.212-213 인용.

「오륜행실도」에 수록된 석진단지(石珍斷指)

유석진은 조선 고산현(高山縣)의 아전(衙前)이다.
아버지 유천을(兪天乙)이 악질(惡疾)에 걸려 날마다 병이 발(發)하여 기절하니 다른 사람들이 그 광경을 차마 보지 못하였다. 유석진이 주야로 곁에서 아버지를 모시고 하늘에 부르짖으며 두루 의약을 구하니 다른 사람이 말하되, "산 사람의 뼈를 피에 섞어 먹으면 아버지의 병이 가히 나을 것이다." 하였다. 그러자 유석진이 즉시 왼손 무명지(無名指)를 끊어 그 말대로 하여 바치니 병이 즉시 나았다.

출처: 송철의 외 3인 (2006). 역주 오륜행실도. pp.224 인용.

「오륜행실도」에 수록된 은보감오(殷保感烏)

윤은보와 서즐은 조선 지례현(知禮縣) 사람이다.
두 사람이 함께 그 고을 사람 장지도에게 글을 배웠다. 하루는 서로 이르되, '스승은 부모와 한가지인데 더욱이 우리 스승은 자식이 없다.' 하고, 좋은 음식을 얻으면 스승을 드려 잡숫게 하고, 명절을 만나면 주찬을 갖추어 아버지 섬기듯 하였다. 장지도가 죽고 나서 두 사람이 자기 부모에게 여묘살이 할 것을 청하자 부모가 가륵

히 여겨 허락하였다. 이에 두 사람이 제복으로 스승의 묘측(墓側)에 있으면서 몸소 밥 지어 제전(祭奠)을 받들었다. 윤은보가 아버지가 병들매 즉시 돌아와 탕약을 받들고 옷에서 띠를 풀지 아니하였다. 아버지가 병이 낫고 나서 윤은보로 하여금 다시 여막에 돌아가게 했다. 한 달여가 지난 뒤에 윤은보가 괴이한 꿈을 꾸고 급히 돌아오니 아버지가 과연 꿈꾸던 날로부터 병이 들어 있었다. 그 뒤 아버지가 열흘이 못 되어 죽으니 윤은보가 조석으로 호곡(號哭)하고 상측(喪側)을 떠나지 아니하였다. 장사를 지낸 뒤에 아버지의 무덤에서 여막살이 할 때에, 하루는 급한 바람이 일어나 상(床) 위에 있던 향합(香盒)을 잃어버렸다. 그런 일이 있은 지 수개월 만에 까마귀가 무엇을 물고 날아와 무덤 앞에 두거늘 다른 사람이 가보니 잃어버렸던 향합이었다. 삭망(朔望・음력 초하룻날과 보름날)이면 여전히 스승의 무덤에 제사 지내고 서즐(徐騭)도 또한 거기서 여묘살이 삼년을 마쳤다.

출처: 송철의 외 3인 (2006). 역주 오륜행실도. pp.230-231 인용.

2. 속담과 효

1) 가족 규범과 효 속담

속담은 예로부터 전해온 민간인 사이에서 구비 전승하는 말이다. 속담 형식은 비유적이고 관용적인 짧은 격언이며, 내용은 교훈적이고 풍자적이며 우리 민족의 경험과 지혜, 정서, 심리, 가치관 등 문화를 반영한다(박덕영, 2017). 속담을 알게 되면, 처세의 교훈이나 민중의 신념, 세태의 풍자나 인생관, 생활 습관을 비롯하여, 각종 풍습이나 생업과 관련한 내용, 지방의 특성 등을 이해하게 된다. 그리고 속담의 낱말이 담고 있는 상징성과 숨은 뜻을 알 수 있게 된다. 그래서 속담은 삶과

삶이 만들어낸 실천 규범이라고 한다. 규범이란 일상생활에서의 질서를 만들고 인간관계의 바람직한 방향성을 제시하게 되는 것이므로 속담을 알고 사용하는 것은 삶의 지혜를 터득하여 생활에 적용하는 방법이었다. 그래서도 속담은 건강하고 바람직한 삶에 대한 깨달음이며, 우리 민족의 혼을 담고 있는 것(지봉환, 2016)이라고 한다.

선조들이 살아온 시간 속에서 삶의 지혜와 규범을 담아낸 속담에 관심을 두는 것은 그 세월에 많은 사람이 공감하고, 삶의 지혜로 여겨 왔던 내용이기 때문이다. 속담에 담긴 해학의 정신과 잠언적인 교훈은 우리 민족의 정신사적 사상과 의식구조를 바탕으로 하며, 시대성과 역사성, 시공(時空)을 넘나드는 만고불변의 진리를 품고 있다(장재천, 2010). 우리는 선조들의 삶을 통해서 당면하고 있는 현 생활에서 시행착오를 줄이며, 좀 더 나은 방향의 삶을 살아가는 방법을 배우게 된다.

'침묵은 금이다.'라는 말이 있다. 이 말은 때때로 말과 행동을 삼가는 것이 최선이라는 뜻이다. 우리 사회는 옳고 바른말을 하는 것을 중요하게 여기지만, 언어적인 소통보다는 비언어적인 의사소통을 중요하게 여기는 문화를 갖고 있었다. 그래서 특별히 대화하지 않더라도 그 사람이 입은 옷차림의 모양이나 색깔, 머리모양 등 외모만 보아도 그 사람의 위치나 신분, 결혼상태, 직업 등을 쉽게 알 수 있었던 생활문화를 갖고 있었다. 사람들의 표정이나 시선, 고갯짓, 태도, 손가짐, 행동에 담긴 뜻을 잘 해석하면 눈치가 빠르고 적응력이 뛰어난 사람으로 여겨졌고, 그렇지 못하면 눈치 없고 처세를 못하는 사람으로 평가(생활문화

연구회, 2018)되기도 했다. 분위기나 말 속에 담긴 숨은 뜻을 잘 이해하지 못할 때는 인간관계에서 오해와 갈등을 일으켰는데, 이를 반영하듯 속담에는 간접적이고 해학적인 표현이 많다. 뜻을 직설적으로 전달하지 않고 비유나 상징을 통해서 한 번 더 숨은 의도를 생각하게 하는 경우가 대부분이다. 그래서도 속담은 오랜 경험과 체험을 통한 지혜와 생활철학이 담겨 있으며, 전통문화와 가치관을 이해하기 위해서는 속담을 살펴보아야 한다.

효와 관련한 속담은 가족 규범이나 가족의 가치관 등을 알 수 있는 내용이다. 효의 중요성, 효행의 어려움을 나타내어 몸과 마음을 다하여 효를 실천하도록 독려하는 내용이다. 선조들이 속담을 통해서 효를 이야기하는 것은 효를 공동체 사회의 구성원으로서 갖춰야 하는 요건으로 여겨왔다는 것을 의미(지봉환, 2016)한다. 효는 특별한 사람만이 할 수 있는 것이 아니라 우리 사회를 구성하고 있는 모든 이들이 지켜나가야 할 가치이며, 규범으로 생각했기 때문이다. 그러나 효는 가장 어려운 것이라는 이유도 있다. 실제로 누구나 쉽게 할 수 있는 것이라면, 속담을 통해서 효 의식을 강조하고, 생활에서 효를 실천하도록 반복적으로 이야기되었겠는가? 효는 더 나은 관계와 삶을 위한 준엄한 요구이며, 내일로 미룰 수 없는 오늘의 가치이자 건강한 가족 관계를 위한 요구이고, 건강한 공동체 형성을 위한 배려(지봉환, 2016)이므로 속담을 통해서 그 의식과 실천을 계도했던 것으로 생각된다.

한 연구에서는 자녀의 효 행동을 유발하는 부모의 행동 특성과 효 속에 담긴 자녀 행동으로 구분해서 연구(하수연, 2018)했는데, 아래의 표

와 그림과 같이 표현하였다. 그리고 속담을 기반으로 한 효 가족문화를 네 가지로 상세하게 설명했다. 첫째는 가족원 모두 현실을 인정하고 수용하는 문화를 형성해야 한다는 것, 둘째는 부모가 자녀 사랑의 문화를 형성해야 한다는 것, 셋째는 부모가 모범을 보이는 행동 문화를 형성해야 한다는 것, 넷째는 자녀의 독립적 행동을 보장하는 문화를 형성해야 한다는 것을 제시하였다. 특히 자녀의 공경과 겸손이 빠진 독립적 행동은 효 행동으로 나타나기 어렵다고 지적하였다.

▌효 행동을 유발하는 부모의 행동 특성과 자녀의 행동 특성

부모의 행동 특성	자녀의 행동 특성
1. 부모는 자녀의 현재 모습을 직시하고 수용해야 한다. 2. 부모는 자녀 양육에 책임이 있다. 3. 부모는 자녀에게 항상 관심을 기울여야 한다. 4. 자녀를 가르치기 위해서는 가르치기보다 먼저 모범을 보여야 한다.	1. 자녀는 자신의 현재 모습을 직시하고 수용하여야 한다. 2. 자녀는 스스로 독립하여야 하므로 독립적 행동을 하도록 한다. 3. 자녀도 부모에게 항상 관심을 기울여야 한다. 4. 자녀도 자신의 효 행동을 스스로 행하여 가족 속에서 모범을 보여야 한다.

▌속담을 기반으로 한 효 가족 문화

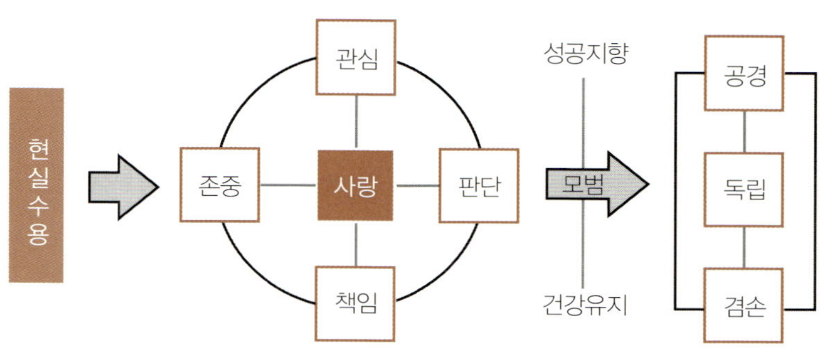

효 속담 내용을 몇 가지로 나누어 살펴보기로 한다. 자녀 양육에서의 효 교육의 중요성, 효행의 어려움, 부모가 된 후 깨닫게 되는 효, 보고 배우는 효 의식과 효행 등이다.

2) 자녀 양육에서 효 교육의 중요성

매로 키운 자식 효성 있다.

이는 부모로서 자녀 양육을 할 때 '효'를 잘 가르쳐야 한다는 것을 말하는 속담이다. 부모로서 자녀를 바르게 양육한다는 것은 쉬운 일이 아니다. 어른이 되고, 결혼을 하게 되면 누구나 부모가 될 수 있다고 생각하기 쉽지만, 부모로서 올바른 역할을 하기는 쉽지 않다. 누가 보더라도 훌륭한 부모, 완벽한 부모는 없다. 부모도 해 보지 않았던 부모의 역할을 처음 하는 것이기 때문이다. 그래서도 부모가 되기를 희망하는 사람들의 인생에 있어서는 자녀를 낳아 올바르게 성장하도록 하는 것은 누구에게나 큰 과업이 된다. 자기의 뜻과 마음대로 되지 않는 것이 자녀 양육이다. 더욱이 자녀 양육에서 '효'의 가치를 일깨우는 것은 생각대로 마음대로 되지 않는 것이므로 이러한 내용을 훈계하고, 가르칠 수 있도록 생활에서 속담이 활용되었던 것이 아닐까 한다.

'매로 키운 자식 효성 있다.'라는 것은 낱말 그대로 본다면, 과거에는

통용되었다 해도 오늘날은 부모의 체벌이 아동학대로 인식되기 때문에 이해가 되지 않을 수 있다. 과거에 부모의 체벌은 '사랑의 매'라고 허용하는 분위기였다. 따라서 이러한 속담이 사용되었을 것이다. 속담에는 상징적이고 은유적인 표현들이 많이 담겨 있다는 것을 생각해 보면, '매'라고 하는 것을 현대적인 의미에서 반드시 체벌이나 신체적인 가학 행위를 말한다고 해석하는 것은 아니라고 본다. 즉 자녀를 가르치는 방법적인 면은 오늘날과 차이가 있지만, 자녀 양육에서 허용적인 태도를 보이기보다는 어느 정도 엄격해야만 하는 것을 의미한다고 재해석해 보려고 한다. 일정한 사회적 규범과 질서를 지키도록 부모가 선악시비(善惡是非)의 가르침을 엄격하게 시켜야 한다는 것이며, 이렇게 가르침을 바르고 엄격하게 하여 성장시킨 자녀들이 훗날 효자가 된다는 것이다.

남의 자식 흉보지 말고 내 자식을 가르쳐라.

'남의 자식 흉보지 말고 내 자식을 가르쳐라.'라는 속담이 있다. 남의 자식이 이렇다 저렇다 탓하고 말하기 전에 내 자식부터 잘 가르쳐야 한다는 것을 말한다. 부모들은 의도하지 않더라도 자기 자식과 남의 자식을 비교하는 경우가 많다. 그러면서 자기 자식은 남의 자식에 비해서 더 뛰어나고 잘나 보이기를 원한다. 자칫 남의 자식을 바라볼 때는 사소한 것 하나에도 엄격한 잣대로 평가하면서 자기 자식에게는 허용적인 경우도 많다. 누구든 자기 자식이 남들에게 흉보는 대상이 되기를 원하는 부모는 없다. 그러므로 자기 자식이 남에게 혹평받기를 원치 않

듯이 남의 자식도 그렇게 평가하지 말아야 한다. 자식이 있는 사람은 남의 자식에 대해 여러 가지 좋지 않은 말을 하지 말아야 한다. 자기 자식의 허물이 있을지 모르는데, 감히 남의 자식 허물을 말할 수 있겠느냐는 것이다. 우선은 내 자식부터 잘 가르치는 것이 중요하다.

오늘날 부모가 자녀를 대할 때 친구 같은 수평적인 관계를 잘 지켜나가는 부모가 되어야 한다고 한다. 친함이 있는 부모와 자녀가 되어야 한다는 것을 강조한다. 그러나 속담의 뜻을 보면, 부모와 자녀는 친(親)함 만 있어서는 안 된다는 것을 함축하고 있다. 부모와 자녀는 친함이 있어도 각자의 위치와 역할이 다른 존재이므로, 부모는 부모로서, 자녀는 자녀로서 지켜야 할 윤리와 예의범절을 지켜야 한다. 친(親)할 때는 친해도, 엄(嚴)할 때는 엄격해야만 부모에 대한 효(孝)를 실천하는 것이 가능하다는 점을 일깨운 속담이다.

3) 효행의 어려움

효성이 지극하면 돌 위에 꽃이 핀다.

효를 실천하는 것은 누구에게나 쉬운 일이 아니다. '효성이 지극하면 돌 위에 꽃이 핀다.'는 속담이 왜 있겠는가? 땅이 아닌 돌에 꽃이 피는 것이 가능하겠는가? 그토록 어려운 것이 효라는 것이다. 효성이 얼마나 지극하면 일어날 수 없는 일이 일어난다는 것인데, 이는 '지성(至誠)이

면 감천(感天)'이라고 하늘도 감동하여 불가능한 일이 가능하게도 된다는 것을 상징적으로 표현한다. 이렇듯 효가 어렵다는 것을 말한다.

한편으로는 효는 어떠한 조건을 따져서 하는 것이 아니라는 뜻도 있다. 지금은 어려서 효도를 하지 못하고, 공부하느라 시간이 없고, 돈을 못 벌어서 못하고, 직장생활이 너무 바빠서 못하고, 몸과 마음의 여유가 없고, 부모와 멀리 떨어져 있어서 못하고, 내 자식 살피느라고 못하는 등 효도를 하지 못하는 이유가 수도 없이 많다. 핑계 없는 무덤이 없다고 하듯이 효도를 하지 못하는 이유는 이루 헤아릴 수 없다. 그러나 어떠한 조건도 없이 '해야 하는 것', 자녀 된 자가 당연히 하는 것이 '효'라는 것이다. 조건 없이 마음을 다하여 효를 실천하면, 하늘도 감동하여 불가능한 일도 가능해진다는 뜻을 알려주는 속담이다.

내리사랑은 있어도 치사랑은 없다.

'내리사랑은 있어도 치사랑은 없다'는 것은 무엇을 뜻하는 것인가? 부모는 끝없이 자녀에게 사랑을 베풀지만, 자녀는 몸과 마음을 다하여 부모를 사랑하는 것이 어려운 것이라고 본다. 사람들이 지향하는 인생의 가치로 '사랑'이란 삶에서 매우 중요하다. 이 세상에서 조건이 필요 없는 무한한 사랑이란 '부모가 자녀에게 베푸는 사랑'이다. 그런데 그 사랑은 부모에게서 자녀에게로, 또 그 자녀에게서 손자녀들에게로 이어져 간다. 마치 물이 높은 곳에서 낮은 곳으로 흐르는 것과 같이 사랑

도 그렇게 위에서 아래로 자연스럽게 흘러간다. 물이 흐르는 것과 같이 사랑도 이러한 자연의 이치와 같다. 사랑은 내려가는 것이므로, 올라가는 것은 매우 어렵다. 그래서 내리사랑을 베푸는 것은 당연하다 여기고, 치사랑은 종종 잊어버린다.

'치사랑'이란 말은 자녀가 부모에게 해야 하는 사랑을 말한다. 순우리말로는 '올리사랑'이라고 한다. 치사랑, 올리사랑은 물이 역행하는 방향으로 흘러간다는 것을 말한다. 그렇다면 치사랑이 과연 가능한 일이겠는가? 치사랑을 실천하기 위해서는 끊임없는 관심과 노력, 시간이 필요하다. 아름다운 물줄기를 보여주는 분수는 중력을 반대로 이겨내는 힘과 에너지가 필요하다. 그 물줄기가 많으면 많을수록 더 많은 힘과 에너지가 계속해서 공급되어야만 한다. 이렇듯 분수의 물줄기와 같은 것이 부모를 향한 자식의 치사랑이다. 그러니 치사랑이 얼마나 어렵겠는가? 부모를 사랑하기 위해서는 부모를 향한 관심과 노력, 시간이 더 많이 필요하다.

한편 '치사랑이 없다'는 말에는 자녀의 사랑을 갈구하는 부모의 마음도 담겨 있지 않을까. 부모가 자녀에게 사랑을 베풀었다고 해서, 부모를 사랑해 달라고 요구하지는 않지만, 부모도 치사랑이 어렵다는 것을 말하지만, 그래도 부모와 자녀 관계가 잘 이어지기를 바라며, 세월이 흘러도 사랑해 주기를 바라는 숨은 뜻, 즉 말로 표현하지 못하는 부모의 마음이 담겨 있는 것이 아닐까 한다.

긴병에 효자 없다.
삼년 구병에 불효난다.

부모를 잘 모시고 효를 실천하는 자녀들도 부모가 오랫동안 병환 중에 있으면 그 오랜 병환을 지켜내기가 쉽지 않다. 이러한 처지에 놓인 자녀들의 마음과 효행의 어려움을 알고, 삶에서 효행을 실천하도록 마음을 담아 표현한 속담이 '긴병에 효자 없다', '삼년 구병에 불효난다'가 아닐까 한다. 이 말은 오랫동안 병환으로 고생하고 계신 부모를 모시는 일은 쉽게 할 수는 없다고 일침(一針)으로 나타낸 속담이다. 얼마나 힘들고 어려운 일이기에 이러한 속담이 있을까를 깨달아야 하고, 한편으로는 부모가 생존해 있을 때, 후회 없도록 병환을 잘 모시도록 하라는 것을 말한다.

요즈음 의학의 발달과 평균수명의 연장, 노인요양보호제도의 보급 등으로 우리는 100세 시대를 살아가고 있다. 연로하신 부모를 집에서 모시는 경우가 있지만, 요양원이나 양로시설, 요양병원 등에 모시는 가정이 더 많아지고 있다. 그 어느 때보다도 노년의 부모를 모시고 병환을 보살펴 드려야 하는 시간이 길어지고 있다. 그렇지만 그 시간도 흘러가고, 다시는 부모를 모시지 못하고 뵙지 못하는 순간이 다가오게 된다. '긴병에 효자 없고, 삼년 구병에 불효난다.'는 속담에는 생존에 계신 부모를 잘 모셔야 하며, 부모가 돌아가신 후 후회하지 말라는 훈계의 뜻도 담겨 있다.

한편 병든 부모가 자녀에게 짐이 될까 염려하는 마음이 이 속담의 숨은 뜻이다. 그래서 부모 자신의 긴병을 잘 살피지 못하는 자녀에게 '그럴 수도 있다.', '많은 사람도 그렇다, 너만 못한다고 자책하지 마라. 너무 마음 쓰지 마라.'라는 위로를 주고 있는 것은 아닌가 한다.

효자가 악처만 못하다.
한 부모는 열 자식을 거느려도, 열 자식은 한 부모를 못 거느린다.

'효자가 악처만 못하다'고 하는 것은 자녀가 자신의 온 마음을 다하여 효를 실천한다 해도, 부모의 마음에는 들지 않고, 평소에 악하게 행동하는 배우자보다도 못하다고 생각할 수 있다는 것을 말한다. 자식이 최선을 다한다 해도 부모는 항상 부족하다고 여길 수 있다. 이는 효의 한계를 뜻한다. 부모와 자식이 각각 입장에서 바라보는 효 의식과 실천에 차이가 있기 때문임을 암시한다.

자녀는 낳기보다 키우기가 더 어렵다고 한다. 그래서 '한 부모는 열 자식을 거느려도, 열 자식은 한 부모를 못 모신다.'고 한다. 부모는 많은 자녀를 키워낼 수 있지만, 자식들은 한 부모를 모시기도 힘들어한다는 것이니, 효 실천이 어렵다는 것을 비유적으로 보여주는 속담이다. '가지 많은 나무에 바람 잘 날 없다.'고 하지 않았던가? 부모의 입장에 보면, 자녀란 근심의 원인이다. 평생 자식 걱정 안 하고 살 수는 없다는 부모의 애잔한 마음의 표현이다. 그렇지만 자녀를 키워내기 위해서 부

모는 가시고기[3]처럼 모든 정성과 사랑을 쏟아낸다. 부모는 '열 손가락 깨물어 안 아픈 손가락 없다.'고 하며 자녀들을 모두 생각하고 사랑을 베푼다. 그렇지만 자녀들은 자신을 낳아 길러준 아버지와 어머니 두 분을 모시는 것이 어렵다고 생각한다.

4) 부모가 된 후에 깨닫게 되는 효

> 자식을 길러 봐야 부모 은공을 안다.

효(孝)는 그저 머리로 알고 있다고 해서 되는 것이 아니다. 효가 인간의 도리이며, 중요한 것이지만 실제로 어렸을 때는 그 가치나 중요성을 깨닫기 쉽지 않다. 나이가 들어가고 세월이 지나면서 결혼을 하고 자녀를 낳아서 기르는 부모와 같은 처지가 된 후에나 비로소 부모의 마음과 진정한 효가 무엇인지를 깨닫게 된다. 같은 처지에 놓여 보았을 때 역지사지(易地思之)를 깨닫게 되는 것과 같다. 입장을 반대로 생각해 보라는 말을 많이 한다. 그러나 경험하지 않은 세상을 알고 그에 합당하게 행동하는 사람이 얼마나 되겠는가? 사람들은 대부분 그렇지 못하다. 사람들은 자신이 했던 말과 행동도 잊어버리기가 일쑤고, 실수도 연발하며, 완벽하지 못하다. 그리고 자신의 감정과 욕구에만 충실하다

3) 가시고기는 부성애가 강한 물고기로 번식기가 되면 집을 만들고 암컷을 부른다. 수초 줄기와 잎으로 수컷 혼자 집을 만들면 암컷이 다가와 알을 낳고 가버린다. 10일 정도 수컷이 혼자 알을 지키는데, 지키는 동안 암컷이 오면 쫓아버린다. 가슴지느러미를 움직여서 깨끗한 물을 공급하며, 알이 깨어나 둥지를 떠나면 수컷은 죽는다.(EBS동영상, 2009.1.11.참조)

가 곤경에 처하기도 한다. 이렇듯 불안정한 인간이 어찌 완벽할 수 있을까?

그러므로 '효'를 깨닫는 것도 본인이 부모가 되고 난 뒤에야 깨닫게 된다는 것은 냉혹한 평가지만, 사실은 그러하다. 자식을 키우면서 몸과 마음의 희로애락(喜怒愛樂)도 느껴보고, 책임과 한계도 경험한 후에야 자신을 키우기 위해 어려움과 노고를 마다하지 않고 겪어 낸 부모의 사랑과 마음을 알게 되고, 그 은공을 깨닫게 되는 것이다.

부모 속에는 부처가 들어 있고, 자식 속에는 앙칼이 들어 있다.

'부모 속에는 부처가 들어 있고, 자식 속에는 앙칼이 들어 있다.'는 무엇을 말하는 것인가? 부모는 자녀에게 무조건의 사랑을 베푼다. 부모는 어떤 이득을 바라지 않고 몸과 마음을 다하여 자식을 사랑하고 살핀다. 그것이 부모 된 이들의 심정이며, 자연적 이치이다. 그러니 그 마음을 부처로 비유하지 않았을까?

그러나 부모가 자녀를 키우면서 사랑과 정성을 기울여 최선을 다해서 키운다고 해도 자녀들의 마음속에는 서운함과 부모를 탓하는 마음이 존재하게 된다. 형제가 있을 경우는 부모에 대해서 섭섭한 마음이 더 클 수도 있다. 부모는 '열 손가락 깨물어 안 아픈 손가락 없다.'라고 하며, 모든 자녀를 평등하게 살펴주고, 염려하면서 키워낸다고 하지만

자녀는 다른 형제들에게 주는 부모의 사랑을 비교하면서 부모를 탓하기도 한다. 부모가 차별적으로 자신을 키웠기 때문에 부모로부터 상처를 받았다고 생각한다. 부모는 인식하지 못했지만, 자녀는 작은 것에서 정서적으로 상처와 아픔을 느끼는 경우가 있기 때문이다. 그러므로 부모는 자녀가 알고 있는 것처럼 느끼고 생각하지 못하고, 자녀는 부모가 생각하는 것처럼 이해하고 수용하기가 어렵다.

5) 보고 배우는 효의식과 효행

'효자 집에 효자 난다.'라는 말과 '그 아버지에 그 아들',
'그 어머니에 그 딸'이라는 말은 부모가 자녀에게
삶의 스승이며, 본보기임을 내포하는 말이다.

효를 실천한다는 것은 저절로 이루어지는 것이 아니라, 보고 배우는 것이다. 전통사회의 자녀교육 원리에서도 보았듯이 '모방'의 원리가 그대로 적용된다. '윗물이 맑아야 아랫물도 맑다.'라는 말이 있다. '효자가 있어야 효부도 있다', '부모가 온효자 되어야 자식이 반효자'라고 하는 것은 가정에서 부모가 자신의 부모에게 효를 실천하는 것을 자녀들이 실제로 보고 배우면서 자라나야 실천할 수 있다는 것을 말한다.

'효자 집에 효자 난다.'라는 말과 '그 어머니(아버지)에 그 딸(아들)'라는 말도 있다. 부모는 자녀에게 삶의 스승이며, 본보기이다. 무의식

중에 자녀들은 부모의 모습과 행동을 그대로 배운다. 배우지 않겠다고 해도 배우게 된다. 이는 일명 '학습이론'에 근거한다. 그래서도 부모는 자녀에게 귀감이 될 수 있게 언행을 주의해야만 한다. 아들이 자신의 부모에게 효를 실천하면, 자연스럽게 며느리도 효를 실천하게 된다는 것은 당연한 이치이다. '효'를 실천하라고 자식이나 아내에게 말하기보다는 스스로 모범을 보이는 것이 더 중요하다. 부모가 100% 효자이어야 그 자식은 50% 효자가 될 정도라고 하니, 쉽지 않은 것이 '효행'의 본보기이다.

존 브래드쇼는 지구상에서 제일 어려운 일 중의 하나가 '좋은 부모가 되는 일'(연문희, 2015)이라고 하였다. 부모로서 바른 인성을 갖추는 것은 곧바로 자녀에게 투영될 수 있다는 것을 암시한다. 특히 효의 실천은 일상생활에서 부모로부터 보고 배우게 되는 것이라는 점을 다시 생각하게 한다.

집이 가난하면 효자가 나고, 나라가 어지러우면 충신이 난다.
눈먼 자식이 효자 노릇 한다.

'집이 가난하면 효자가 나고, 나라가 어지러우면 충신이 난다'는 속담을 보면, 어려움을 겪으면서 깨달음이 있어야만 가능한 것이 효(孝)이며 충(忠)이라는 것을 말한다. 자녀들은 부모가 어려움 속에서도 자신의 가정을 이끌고 길러주셨던 것을 보면서 성장했을 때, 부모의 희생과 고통

을 잘 알기 때문에, 성장해서도 효를 적극적으로 실천하게 된다. 여유가 있고 삶이 풍요로운 집안에서 성장한 자녀들은 경제적 부족함으로 인한 어려움이나 자신을 양육하느라 힘들었던 부모의 고생을 깨닫기가 쉽지 않다. 사람들은 절박함이 있을 때, 간절함이 있을 때, 또 다른 희망과 새로운 도전을 시도한다. 효 의식도 마찬가지다. 어려움 속에서 생기는 것이 효 의식이고, 실천적인 효행도 가능해진다는 것이다.

▌효 관련 속담

구분	속담
자녀양육에서 효교육의 중요성	매로 키운 자식 효성 있다.
	남의 자식 흉보지 말고 내 자식 가르쳐라.
효행의 어려움	효성이 지극하면 돌 위에 꽃이 핀다.
	내리사랑은 있어도 치사랑은 없다.
	긴병에 효자 없다.
	삼년 구병에 불효난다.
	효자가 악처만 못하다.
	한 부모는 열 자식을 거느려도 열 자식은 한 부모를 못 거느린다.
부모가 된 후에 깨닫는 효	자식을 길러봐야 부모 은공을 안다.
	부모 속에는 부처가 들어 있고 자식 속에는 앙칼이 들어 있다.
보고 배우는 효의식과 효행	효자가 있어야 효부도 있다.
	효자 집에 효자 난다.
	부모가 온효자 되어야 자식이 반효자
	집이 가난하면 효자가 나고, 나라가 어지러우면 충신이 난다.
	눈먼 자식이 효자 노릇 한다.

출처: 국립국어원 표준국어대사전(http://stdweb2.korean.go.kr) 참고하여 정리함.

'효도'할 것이라고 기대하지 않았던 '눈먼 자식이 효자 노릇한다.'고 한다. 성장 과정에서 장애의 어려움을 겪으며 부모의 노고를 곁에서 보아 왔던 자녀가 어려움 없이 성장한 자녀보다 더 효도한다는 것을 뜻한다. 사회적으로 성공하고 존경받는 사람들을 보면, 어린 시절에 생활의 어려움을 겪고 부모의 고생을 보면서 성장한 사람들이 많다. 충(忠) 역시 나라의 위기를 겪으면서 국가의 필요성과 중요성을 깨달았을 때 그 의식이 빛을 발한다. 우리의 역사에서는 국가가 위기에 처해 있을 때 국민이 대동단결함을 보여주며 '충'으로 난국을 극복한 경우가 많다. 국가의 존속과 건재함이 얼마나 중요한 것인지를 몸소 깨닫게 될 때 비로소 충신이 나타나게 된다.

chapter 

법에 나타난 효

chapter 04

법에 나타난 효

1. 인성교육진흥법

인성이란 품성 덕성 등의 개념과 상당 부분 겹쳐 있는 것으로 습관화를 통해 바람직한 행동으로 강화되는 과정이 필요한 것이다. 인성을 함양하기 위해서는 사회적 존재인 인간이 바람직한 공동체 삶을 지향하도록 '함께 살아가는 품성'을 기르는 것을 말한다.

우리나라의 교육과정이 제정되었던 1954년 이전에는 인성교육을 따로 하지 않고 가정에서 부모와 조부모를 통한 가정교육으로 이루어졌다. 즉 부모와 조부모, 일가친척들에게 효를 다하면 바른 사람, 즉 바른 인성을 갖춘 사람으로 평가했기 때문이다. 사람의 됨됨이를 평할 때, '인성이 바르다'라는 말을 사용해 왔고, 그러한 교육은 가정에서 조부모로부터 부모에게로, 부모로부터 자녀에게로 자연스럽게 전수되

며 비제도적인 교육의 형태로 이루어졌다. 즉 실제로 보고 배우는 교육이었다.

가정교육에서 인성교육의 핵심이 되는 것은 '효'였다. 효는 가족 간의 상호작용을 통하여 자연스럽게 이루어지는 것이었다. 인간의 발달 과정에서 인성의 근본이 형성되는 곳도 가정이며, 효의 문화가 깃드는 곳도 가정이다. 전통사회에서는 인본과 도덕을 중심으로 유교 문화적 배경 가운데에 자녀를 성장시켰고, 도덕적인 성품을 지닌 부모의 역할이 매우 중요하다는 점을 강조해 왔다. 우리 사회에서는 인성을 논함에 있어서 이러한 동양철학의 근본 입장과 밀접하게 관련지어 말한다. 동양철학에서 인성의 개념은 인간의 기질적인 특성이나 심리적 특성이 아니라 인간의 마음이 구현해야 할 가치나 규범으로 해석한다. 공자는 지(知), 인(仁), 용(勇)을 인성의 중요한 내용으로 여기고 그것이 합치되면 온전한 인격이 된다고 하였다(심성보, 2000).

오늘날 한국 사회는 청소년들의 범죄 증가와 자살, 이혼 등 각종 사회문제에 직면해 있다. 이 사회문제의 발생 원인은 여러 가지가 있겠으나, 인성교육 부재를 무시할 수는 없다. 실제 인성은 문제행동을 감소시키고, 친사회적 행동을 증가시키며(김수혜, 2013; 조은하, 2013), 자기조절 능력 향상(노미숙 · 권경숙, 2015)을 가능하게 한다. 이는 인성의 함양이 건전한 공동체 삶의 영위를 위해 필요한 개념임을 보여준다. 이러한 중요한 개념인 인성의 교육 부재를 방치할 수 없다는 사회적 요구에 따라 국가에서는 적극적으로 대처하게 되었다. 즉 국민이 '바른 인성'을 갖출 수 있도록 육성되어야 한다는 목적으로 「인성교육진흥법」

이 2015년 7월 21일 법률 제13004호로 시행되기에 이르렀다. 이 법제의 주무부처는 교육부 민주시민교육과이다.

인성교육법은 「교육기본법」에 따른 교육이념을 바탕으로 인간다운 성품과 역량을 길러 건전하고 올바른 인성을 갖춘 국민을 육성하는 데에 목적을 두고 있으며, 그 핵심가치 덕목을 8가지로 명시하고 있다. 8가지의 핵심 가치 덕목은 인성교육의 목표가 되는 것이며, 그 내용 중에 효(孝)가 포함되어 있다.

인성의 핵심 가치 덕목 8가지
예(禮), 효(孝), 정직, 책임, 존중, 배려, 소통, 협동

인성교육은 가정은 물론이고 학교와 사회 모두에서 이루어져야 하며, 학교의 장은 인성교육의 핵심 가치 덕목을 중심으로 학생의 인성 핵심 역량을 함양하고 학교 교육과정을 편성하고 운영하게 되어 있다. 그리고 학교장은 인성교육이 학교와 가정, 지역사회와 연계되도록 방안을 모색해야 한다. 국가와 지자체에서는 인성교육을 위한 인성교육프로그램을 개발 보급하도록 하고 있다. 인성교육을 위한 전문가를 양성하는 내용도 포함되어 있다.

효(孝)는 올바른 인성과 품성을 인성을 갖추는 것이며, 인성을 이루는 핵심덕목으로 가정에서 부모로부터 배움이 시작되는 것이다. 그러

나 핵가족화와 산업화로 인한 급격한 사회 환경 변화는 가정에서 보고 배우는 기회와 환경을 빼앗아갔다. 급기야 '효'라는 말은 고리타분한 옛말로 인식되기도 하고, 효 교육을 한다고 하면 지루해하며, '이미 다 알고 있는 내용을 왜 하는가'의 반문을 일으키는 환경에 처하게 되었다. 그렇다면 오늘날 왜 이러한 인성교육진흥법이 제정되었는가를 살펴보아야 한다. 생활환경과 삶의 가치관들이 변화하면서 1인 가족이 많아지고, 결혼과 출산율이 떨어지며, 가족 자체가 흔들리고 있는 상황에서, 우리 사회의 중요한 가치이며, 도덕 윤리의 기반이 되어온 '효'의 가치가 향후 얼마나 어떻게 실현될 수 있을 것인가에 대해 개인은 물론이고 가정과 학교 사회 국가가 깊이 고민해야 하기 때문이다.

인성교육진흥법(시행 2019.12.10.)
[법률 제16745호, 2019.12.10.일부개정]

제1조(목적) 이 법은 「대한민국헌법」에 따른 인간으로서의 존엄과 가치를 보장하고 「교육기본법」에 따른 교육이념을 바탕으로 건전하고 올바른 인성(人性)을 갖춘 국민을 육성하여 국가사회의 발전에 이바지함을 목적으로 한다.

제2조(정의) 이 법에서 사용하는 용어의 뜻은 다음과 같다. 〈개정 2017.12.19.〉
1. "인성교육"이란 자신의 내면을 바르고 건전하게 가꾸고 타인·공동체·자연과 더불어 살아가는 데 필요한 인간다운 성품과 역량을 기르는 것을 목적으로 하는 교육을 말한다.
2. "핵심 가치·덕목"이란 인성교육의 목표가 되는 것으로 예(禮), 효(孝), 정

직, 책임, 존중, 배려, 소통, 협동 등의 마음가짐이나 사람됨과 관련되는 핵심적인 가치 또는 덕목을 말한다.

3. "핵심 역량"이란 핵심 가치·덕목을 적극적이고 능동적으로 실천 또는 실행하는 데 필요한 지식과 공감·소통하는 의사소통능력이나 갈등해결능력 등이 통합된 능력을 말한다.

4. "학교"란 다음 각 목의 어느 하나에 해당하는 기관을 말한다.

가. 「유아교육법」 제2조 제2호에 따른 유치원

나. 「초·중등교육법」 제2조에 따른 학교

다. 「재외국민의 교육지원 등에 관한 법률」 제2조 제3호에 따른 한국학교

제3조(다른 법률과의 관계) 인성교육에 관하여 다른 법률에 특별한 규정이 있는 경우를 제외하고는 이 법에서 정하는 바에 따른다.

제4조(국가 등의 책무)

① 국가와 지방자치단체는 인성을 갖춘 국민을 육성하기 위하여 인성교육에 관한 장기적이고 체계적인 정책을 수립하여 시행하여야 한다.

② 국가와 지방자치단체는 학생의 발달 단계 및 단위 학교의 상황과 여건에 적합한 인성교육 진흥에 필요한 시책을 마련하여야 한다.

③ 국가와 지방자치단체는 학교를 중심으로 인성교육 활동을 전개하고, 인성 친화적인 교육환경을 조성할 수 있도록 가정과 지역사회의 유기적인 연계망을 구축하도록 노력하여야 한다.

④ 국가와 지방자치단체는 학교 인성교육의 진흥을 위하여 범국민적 참여의 필요성을 홍보하도록 노력하여야 한다.

⑤ 국민은 국가 및 지방자치단체가 추진하는 인성교육에 관한 정책에 적극적으로 협력하여야 한다.

제5조(인성교육의 기본방향)

① 인성교육은 가정 및 학교와 사회에서 모두 장려되어야 한다.

② 인성교육은 인간의 전인적 발달을 고려하면서 장기적 차원에서 계획되고 실시되어야 한다.

③ 인성교육은 학교와 가정, 지역사회의 참여와 연대하에 다양한 사회적 기반을 활용하여 전국적으로 실시되어야 한다.

제6조(인성교육종합계획의 수립 등)

① 교육부장관은 인성교육의 효율적인 추진을 위하여 대통령령으로 정하는 관계 중앙행정기관의 장과의 협의와 제9조에 따른 인성교육진흥위원회의 심의를 거쳐 인성교육종합계획(이하 "종합계획"이라 한다)을 5년마다 수립하여야 한다.

② 종합계획에는 다음 각 호의 사항이 포함되어야 한다.

1. 인성교육의 추진 목표 및 계획
2. 인성교육의 홍보
3. 인성교육을 위한 재원조달 및 관리방안
4. 인성교육 핵심 가치·덕목 및 핵심 역량 선정에 관한 사항
5. 그 밖에 인성교육에 관하여 필요한 사항으로 대통령령으로 정하는 사항

③ 교육부장관은 종합계획의 중요사항을 변경하는 경우 제1항에 따른 관계 중앙행정기관의 장과의 협의와 제9조에 따른 인성교육진흥위원회의 심의를 거쳐야 한다. 다만, 법령의 개정이나 관계 중앙행정기관의 관련 사업계획 변경 등 경미한 사항을 변경하는 경우에는 그러하지 아니하다.

④ 교육부장관은 제1항 또는 제3항에 따라 종합계획을 수립하거나 변경하였을 때에는 지체 없이 이를 관계 중앙행정기관의 장에게 통보하여야 한다.

⑤ 교육부장관은 종합계획을 수립하기 위하여 인성교육의 진흥에 관한 실태

조사를 5년마다 실시할 수 있다. 〈신설 2018.12.18.〉

⑥ 교육부장관은 제5항에 따른 실태조사를 위하여 관계 중앙행정기관의 장 및 지방자치단체의 장 등 관련 기관·단체의 장에게 필요한 자료 제출을 요청할 수 있다. 이 경우 요청을 받은 자는 특별한 사유가 없으면 이에 협조하여야 한다. 〈신설 2018.12.18.〉

⑦ 특별시·광역시·특별자치시·도 및 특별자치도 교육감(이하 "교육감"이라 한다)은 종합계획에 따라 해당 지방자치단체의 연도별 인성교육시행계획(이하 "시행계획"이라 한다)을 수립·시행하여야 한다. 〈개정 2018.12.18.〉

⑧ 교육감은 제7항에 따라 시행계획을 수립하거나 변경하였을 때에는 이를 지체 없이 교육부장관에게 통보하여야 한다. 〈개정 2018.12.18.〉

⑨ 종합계획 및 시행계획의 수립·시행과 실태조사의 방법 등에 필요한 사항은 대통령령으로 정한다. 〈개정 2018.12.18.〉

제7조(계획수립 등의 협조)

① 교육부장관과 교육감은 종합계획 또는 시행계획의 수립·시행 및 평가를 위하여 필요한 경우 관계 중앙행정기관의 장, 지방자치단체의 장 및 교육감 등에게 협조를 요청할 수 있다.

② 제1항에 따른 협조를 요청받은 자는 특별한 사유가 없으면 이에 따라야 한다.

제8조(공청회 등의 실시)

① 교육부장관과 교육감은 종합계획 및 시행계획을 수립하려는 때에는 공청회, 설명회, 세미나, 설문조사 등 다양한 방식(이하 이 조에서 "공청회 등"이라 한다)으로 국민 및 관계 전문가 등으로부터 의견을 청취하여야 하며, 공청회 등에서 제시된 의견이 타당하다고 인정되는 때에는 이를 종합계획 및 시행계획 수립에 반영하여야 한다. 〈개정 2019.12.10.〉

② 공청회 등의 실시에 필요한 사항은 대통령령으로 정한다. 〈개정 2019.12.10.〉

제9조(인성교육진흥위원회)

① 인성교육에 관한 다음 각 호의 사항을 심의하기 위하여 교육부장관 소속으로 인성교육진흥위원회(이하 "위원회"라 한다)를 둔다.

1. 인성교육정책의 목표와 추진방향에 관한 사항
2. 종합계획 수립에 관한 사항
3. 인성교육 추진실적 점검 및 평가에 관한 사항
4. 인성교육 지원의 협력 및 조정에 관한 사항
5. 그 밖에 인성교육 지원을 위하여 대통령령으로 정하는 사항

② 위원회는 위원장을 포함한 20명 이내의 위원으로 구성한다.

③ 위원회의 위원장은 위원 중에서 호선하되, 공무원이 아닌 사람으로 한다.

④ 위원회의 위원은 다음 각 호의 어느 하나에 해당하는 사람 중에서 대통령령으로 정하는 바에 따라 교육부장관이 임명 또는 위촉한다. 이 경우 위원은 공무원이 아닌 사람이 과반수가 되도록 한다.

1. 교육부차관, 문화체육관광부차관(문화체육관광부장관이 지명하는 차관), 보건복지부차관 및 여성가족부차관
2. 국회의장이 추천하는 사람 3명
3. 인성교육에 관한 학식과 경험이 풍부한 사람 중에서 대통령령으로 정하는 사람

⑤ 위원회가 심의한 사항을 집행하기 위하여 인성교육 진흥과 관련된 조직·인력·업무 등에 필요한 사항은 교육부령으로 정한다.

⑥ 그 밖에 위원회의 구성·운영에 필요한 사항은 대통령령으로 정한다.

제10조(학교의 인성교육 기준과 운영)

① 교육부장관은 대통령령으로 정하는 바에 따라 학교에 대한 인성교육 목표와 성취 기준을 정한다.

② 학교의 장은 제1항에 따른 인성교육의 목표 및 성취 기준과 교육대상의 연령 등을 고려하여 대통령령으로 정하는 바에 따라 매년 인성에 관한 교육계획을 수립하여 교육을 실시하여야 한다.

③ 학교의 장은 인성교육의 핵심 가치·덕목을 중심으로 학생의 인성 핵심 역량을 함양하는 학교 교육과정을 편성·운영하여야 한다.

④ 학교의 장은 인성교육 진흥을 위하여 학교·가정·지역사회와의 연계 방안을 강구하여야 한다.

제11조(인성교육 지원 등)

① 국가 및 지방자치단체는 가정, 학교 및 지역사회에서의 인성교육을 지원하기 위한 교육 프로그램(이하 "인성교육프로그램"이라 한다)을 개발하여 보급하여야 한다.

② 국가와 지방자치단체는 인성교육프로그램의 구성 및 운용 등을 전문단체 또는 전문가에게 위탁할 수 있다.

③ 교육부장관과 교육감은 인성교육프로그램의 구성 및 운용 계획을 해당 학교 인터넷 홈페이지에 게시하는 등의 방법으로 학부모에게 알릴 수 있도록 하여야 한다. 〈개정 2017.12.19.〉

④ 학부모는 국가, 지방자치단체 및 학교의 인성교육 진흥 시책에 협조하여야 하고, 인성교육을 위하여 필요한 사항을 해당 기관의 장에게 건의할 수 있다.

⑤ 그 밖에 가정, 학교 및 지역사회에서의 인성교육 진흥 등에 필요한 사항은 대통령령으로 정한다.

제12조(인성교육프로그램의 인증)

① 교육부장관은 인성교육 진흥을 위하여 인성교육프로그램을 개발·보급하거나 인성교육과정을 개설(開設)·운영하려는 자(이하 "인성교육프로그램 개발자 등"이라 한다)에 대하여 인성교육프로그램과 인성교육과정의 인증(이하 "인증"이라 한다)을 할 수 있다.

② 인증을 받고자 하는 인성교육프로그램개발자등은 교육부장관에게 신청하여야 한다.

③ 교육부장관은 제2항에 따라 인증을 신청한 인성교육프로그램 또는 인성교육과정이 교육내용·교육시간·교육과목·교육시설 등 교육부령으로 정하는 인증기준에 적합한 경우에는 이를 인증할 수 있다.

④ 제3항에 따른 인증을 받은 자는 해당 인성교육프로그램 또는 인성교육과정에 대하여 교육부령으로 정하는 바에 따라 인증표시를 할 수 있다.

⑤ 제3항에 따른 인증을 받지 아니한 인성교육프로그램 또는 인성교육과정에 대하여 제4항의 인증표시를 하거나 이와 유사한 표시를 하여서는 아니 된다.

⑥ 제1항부터 제3항까지에 따른 인증의 절차 및 방법 등에 필요한 사항은 교육부령으로 정한다.

⑦ 교육부장관은 제1항부터 제3항까지에 따른 인증 업무를 교육부령으로 정하는 바에 따라 전문기관 또는 단체 등에 위탁할 수 있다.

제13조(인증의 유효기간)

① 제12조 제3항에 따른 인증의 유효기간은 인증을 받은 날부터 3년으로 한다.

② 제1항에 따른 유효기간은 1회에 한하여 2년 이내에서 연장할 수 있다.

③ 제2항에 따른 인증의 연장신청, 그 밖에 필요한 사항은 교육부령으로 정한다.

제14조(인증의 취소) 교육부장관은 제12조 제3항에 따라 인증한 인성교육프로그램 또는 인성교육과정이 다음 각 호의 어느 하나에 해당하는 경우에는 그 인증을 취소할 수 있다. 다만, 제1호에 해당하는 경우에는 취소하여야 한다.

1. 거짓, 그 밖의 부정한 방법으로 인증받은 경우
2. 제12조 제3항에 따른 인증기준에 적합하지 아니하게 된 경우

제15조(인성교육 예산 지원) 국가 및 지방자치단체는 인성교육 지원, 인성교육프로그램 개발·보급 등 인성교육 진흥에 필요한 비용을 예산의 범위에서 지원하여야 한다.

제16조(인성교육의 추진성과 및 활동 평가)

① 교육부장관 및 교육감은 종합계획 및 시행계획에 따른 인성교육의 추진성과 및 활동에 관한 평가를 1년마다 실시하여야 한다.

② 교육부장관과 교육감은 제1항에 따른 평가 결과를 종합계획 및 시행계획에 반영할 수 있다. 〈개정 2016.12.20.〉

③ 그 밖에 인성교육의 추진성과 및 활동 평가에 필요한 사항은 대통령령으로 정한다.

제17조(교원의 연수 등)

① 교육부장관과 교육감은 학교의 교원(이하 "교원"이라 한다)이 대통령령으로 정하는 바에 따라 일정시간 이상 인성교육 관련 연수를 이수하도록 하여야 한다. 〈개정 2017.12.19.〉

② 「고등교육법」 제41조에 따른 교육대학·사범대학(교육과 및 교직과정을 포함한다) 등 이에 준하는 기관으로서 교육부령으로 정하는 교원 양성기관

은 예비교원의 인성교육 지도 역량을 강화하기 위하여 관련 과목을 필수로 개설하여 운영하여야 한다.

제18조(학교의 인성교육 참여 장려) 학교의 장은 학생의 제11조제1항에 따른 지역사회 등의 인성교육 참여를 권장하고 지도·관리하기 위하여 노력하여야 한다.

제19조(언론의 인성교육 지원) 국가 및 지방자치단체는 범국민적 차원에서 인성교육의 중요성에 대한 인식을 공유하고 이들의 참여의지를 촉진시키기 위하여 필요한 경우 언론(「언론중재 및 피해구제 등에 관한 법률」 제2조에 따른 방송, 신문, 잡지 등 정기간행물, 뉴스통신 및 인터넷신문 등을 포함한다)을 이용하여 캠페인 활동을 전개하도록 노력하여야 한다.

제20조(전문인력의 양성)

① 국가 및 지방자치단체는 인성교육의 확대를 위하여 필요한 분야의 전문인력을 양성하여야 한다.

② 교육부장관 및 교육감은 제1항에 따른 전문인력을 양성하기 위하여 교육 관련 기관 또는 단체 등을 인성교육 전문인력 양성기관으로 지정하고, 해당 전문인력 양성기관에 대하여 필요한 경비의 전부 또는 일부를 지원할 수 있다.

③ 제2항에 따른 인성교육 전문인력 양성기관의 지정기준은 대통령령으로 정한다.

2. 효행장려 및 지원에 관한 법률

국가에서는 「인성교육진흥법」과는 별도로 효(孝)와 관련된 법제를 2017년에 마련하였다. 이는 「효행 장려 및 지원에 관한 법률」이며, 약칭해서 「효행장려법」이라고도 한다. 이 법제는 효(孝)가 우리의 전통문화유산으로 국가 차원에서 장려되어야 한다는 목적을 담고 있다. 또한 효와 효행, 경로, 효 문화 등에 대한 정의와 효행을 장려하기 위한 계획 수립과 교육, 효문화진흥원의 설치와 업무 등 효 문화 확대를 위한 내용이 포함되어 있다.

보건복지부에서는 10월 달을 '효의 달'로 지정하고, 효행장려를 위해 장관명의로 효행 우수자를 표창한다. 한편 10월 2일은 1997년부터 경로효친의 미풍양속을 확산시키기 위해 '노인의 날'로 지정되어 있다. 보건복지부는 이러한 법제화를 통해서 우리 고유의 효 문화를 지켜가고자 하는 의지를 보여준다.

효행장려 및 지원에 관한 법률(시행 2017.12.12.)
[법률 제15190호, 2017.12.12., 일부개정]

제1장 총칙

제1조(목적) 이 법은 아름다운 전통문화유산인 효를 국가차원에서 장려함으로

써 효행을 통하여 고령사회가 처하는 문제를 해결할 뿐만 아니라 국가가 발전할 수 있는 원동력을 얻는 외에 세계문화의 발전에 이바지함을 목적으로 한다.

제2조(정의) 이 법에서 사용하는 용어의 정의는 다음과 같다.

1. “효”란 자녀가 부모 등을 성실하게 부양하고 이에 수반되는 봉사를 하는 것을 말한다.
2. “효행”이란 효를 실천하는 것을 말한다.
3. “부모 등”이란 「민법」 제777조의 친족에 해당하는 존속을 말한다.
4. “경로”란 노인을 공경하는 것을 말한다.
5. “효문화”란 효 및 경로와 관련된 교육, 문학, 미술, 음악, 연극, 영화, 국악 등을 통하여 형성되는 효 및 경로에 대한 사회적 가치를 말한다.

제3조(다른 법률과의 관계) 효행의 장려와 지원에 관하여 다른 법률에 특별한 규정이 있는 경우를 제외하고 이 법으로 정하는 바에 따른다.

제2장 효행장려

제4조(효행장려기본계획의 수립)

① 보건복지부장관은 관계 중앙행정기관의 장과 협의하여 5년마다 효행장려 기본계획(이하 “기본계획”이라 한다)을 수립하여야 한다.

② 기본계획은 효행장려를 위한 환경조성 등의 사항을 포함하여야 한다.

③ 보건복지부장관은 「저출산·고령사회기본법」에 따른 저출산·고령사회기본계획을 수립할 때 기본계획을 포함할 수 있다.

제5조(효행에 관한 교육의 장려)

① 국가 및 지방자치단체는 유치원 및 초등학교·중학교·고등학교에서 효행교육을 실시하도록 노력하여야 한다.

② 국가 및 지방자치단체는 영유아어린이집, 사회복지시설, 평생교육기관, 군, 교도소 등에서 효행교육을 실시하도록 노력하여야 한다. 〈개정 2011.6.7., 2016.2.3.〉

제6조(부모 등 부양가정 실태조사)

① 국가 및 지방자치단체는 부모 등을 부양하는 가정에 관한 생활실태, 부양수요 등을 파악하기 위하여 3년마다 실태조사를 실시하고 그 결과를 발표하여야 한다.

② 제1항에 따른 실태조사는 「노인복지법」에 따른 노인실태조사에 포함하여 실시할 수 있다.

③ 제1항에 따른 실태조사의 실시 및 결과의 발표에 관하여 필요한 사항은 보건복지부령으로 정한다.

제7조(효문화진흥원의 설치)

① 효문화 진흥과 관련된 사업과 활동을 지원하고 장려하기 위하여 효문화진흥원을 설치할 수 있다.

② 효문화진흥원은 법인으로 한다.

③ 효문화진흥원에 관하여 이 법에서 규정한 것을 제외하고 「민법」 중 재단법인에 관한 규정을 준용한다.

④ 효문화진흥원의 설치요건 및 운영 등에 관하여 필요한 사항은 보건복지부령으로 정한다.

제8조(효문화진흥원의 업무) 효문화진흥원은 다음 각 호의 업무를 수행한다.

1. 효문화 진흥을 위한 연구조사
2. 효문화 진흥에 관한 통합정보 기반구축 및 정보제공
3. 효문화 진흥을 위한 교육활동
4. 효문화 프로그램에 관한 개발 및 평가와 지원
5. 효문화 진흥과 관련된 전문인력의 양성
6. 효문화 진흥과 관련된 단체에 대한 지원
7. 그 밖에 보건복지부령으로 정하는 효문화 진흥과 관련된 업무

제9조(효의 달) 효에 대한 사회적 관심과 자녀들의 효 의식 고취를 위하여 10월을 효의 달로 정한다.

제3장 효행 지원

제10조(효행 우수자에 대한 표창) 보건복지부장관은 부모 등에 대한 효행을 장려하기 위하여 효행 우수자를 선정하여 표창을 할 수 있다.

제11조(부모 등의 부양에 대한 지원) 국가 또는 지방자치단체는 부모 등을 부양하고 있는 자에게 부양 등에 필요한 비용의 일부를 지원할 수 있다.

제12조(부모 등을 위한 주거시설 공급)

① 국가 또는 지방자치단체는 자녀와 동일한 주택 또는 주거 단지 안에 거주하는 부모 등을 위하여 이에 적합한 설비와 기능을 갖춘 주거시설의 공급을 장려하여야 한다.

② 국가 또는 지방자치단체는 제1항에 따른 주거시설의 공급자에 대하여 지원을 할 수 있다.

제13조(민간단체 등의 지원) 국가 및 지방자치단체는 효행장려 사업을 수행하는 법인·단체 또는 개인에 대하여 필요한 비용의 전부 또는 일부를 보조하거나 그 업무수행에 필요한 지원을 할 수 있다.

제4장 보칙

제14조(유사명칭 사용금지) 이 법에 따른 효문화진흥원이 아니면 효문화진흥원 또는 이와 유사한 명칭을 사용하지 못한다.

제15조(과태료)

① 제14조에 따른 유사명칭 사용금지를 위반한 자에게는 300만원 이하의 과태료를 부과한다.

② 제1항에 따른 과태료는 대통령령으로 정하는 바에 따라 보건복지부장관 또는 특별자치시장·특별자치도지사·시장·군수·구청장(자치구의 구청장을 말한다)이 부과·징수한다. 〈개정 2017.12.12.〉

이 법제의 제7조에 근거하여 대전시에서는 한국효문화진흥원 조례를 제정하고, (재)한국효문화진흥원이 2019년 4월 출범, 운영되고 있다. 2019년 3월 21일 개정된 재단법인 한국효문화진흥원의 정관에 따르면, 진흥원은 효문화 진흥과 관련된 업무를 수행하여 아름다운 전통문화유산인 효의 새로운 가치를 만들고, 고령사회 세대 공생과 효의 국가브랜드화를 실현하여 국가가 발전할 수 있는 원동력을 얻고 세계문화의 발전에 이바지함을 목적으로 하고 있다. '효문화 신문'이 2019년 3월 창간되어 매월 2호씩 발행되고 있다. 그리고 다양한 효교육프로그램을

시행하고 있으며, 효 문화 해설사를 위촉하여 효 문화 확산에 기여하고 있다.

이외에 「노인장기요양보험법」과 「호스피스·완화의료 및 임종과정에 있는 환자의 연명의료결정에 관한 법률」, 「건전가정의례준칙」 등도 일상에서 효와 관련된 법제로 살펴볼 수 있다. 이는 7장에서 언급하기로 한다.

chapter 05

문화예술에 담긴 효

chapter 05

문화예술에 담긴 효

1. 대중가요와 효

대중음악은 사회적 지위나 빈부, 남녀노소를 막론하고 대중들의 삶을 현실적이면서도 구체적으로 그려내는 예술이다. 대중음악은 사람들의 가슴을 울리고 공감을 주며, 가까운 곳에서 위로와 격려를 안겨 준다. 현대인들이 가장 가까이에서 즐길 수 있는 대중 참여 문화예술 중의 하나다. 한 연구(지봉환, 2012)에서는 대중음악이 제기한 '효'에 대해 주목하고, 효 음악을 내용별로 분석했다. 효 음악의 내용은 효도를 못한 것에 대한 후회나 연로하신 부모에 대한 안타까움, 부모에 대한 약속 등 다양하다. '효'는 인간이 추구하는 가치이지만 현실에서 실천이 어렵고, 많은 후회와 애틋한 마음을 느끼게도 한다. 대중가요의 소재로 '효'는 일상에서 언제나 가까이 존재한다.

1) 불효에 대한 후회

'불효자는 웁니다.'는 1940년에 만들어진 곡으로 현재 노년층에게는 친숙한 곡이다. 1993년에 가수 태진아가 부른 '사모곡', 박진영의 '어머니께'(1999), '아버지'(2003)와 '불효'(2003), '고려장'(2007)도 부모가 자식에 대해 사랑하고 걱정하는 것을 뒤늦게 깨달은 자녀의 한탄스러움이 담겨 있다.

■ 효도를 못함에 대한 후회를 담고 있는 가요

노래	가사
불효자는 웁니다 (1940) 작사: 김영일 작곡: 이재호, 반야월	불러 봐도 울어 봐도 못 오실 어머님을 원통해 불러보고 땅을 치고 통곡해요 / 다시 못 올 어머니여 불초한 이 자식은 생전에 지은 죄를 엎드려 빕니다 / 손발이 터지도록 피 땀을 흘리시며 못 받을 이 자식의 금의환향 바라시고 고생하신 어머님이 기어이 이 세상을 눈물로 가셨나요, 그리운 어머니 북망한 가시는 길 그리고 급하셔서 이국에 우는 자식 내 몰라라 가셨나요 / 그리워라 어머님을 끝끝내 못 뵈옵고 산소에 엎푸러져 웁니다.
사모곡 (1993) 작사: 이덕상 작곡: 서승일 노래: 태진아	앞산노을 질 때까지 호미자루 벗을 삼아 화전밭 일구시고 흙에 살던 어머니 / 땀에 찌든 삼배적삼 기워 입고 살으시다 소쩍새 울음 따라 하늘 가신 어머니 그 모습 그리워서 이 한밤을 지샙니다 / 무명치마 졸라매고 새벽이슬 맞으시며 한평생 모진 가난 참아내신 어머니 / 자나 깨나 자식위해 신령님 전 빌고 빌어 학처럼 선녀처럼 살다 가신 어머니 이제는 눈물 말고 그 무엇을 바치리까 / 자나 깨나 자식 위해 신령님 전 빌고 빌어 학처럼 선녀처럼 살다 가신 어머니 이제는 눈물 말고 그 무엇을 바치리까.
어머님께 (1999) 작사: 박진영 작곡: 박진영	어머니 보고 싶어요 / 어려서부터 우리 집은 가난했었고 / 남들 다하는 외식 몇 번 한 적이 없었고 / 일터에 나가신 어머니 / 집에 없으면 언제나 혼자서 끓여 먹었던 라면 / 그러다 라면이 너무 지겨웠어. 맛있는 것 좀 먹자고 대들었었어 / 그러자 어머님은 마지못해 꺼내신

노래: 박진영	숨겨두신 비상금으로 / 시켜주신 자장면 하나에 너무나 행복했었어 / 하지만 어머님은 왠지 드시질 않았어. 어머님은 자장면이 싫다고 하셨어 / 일터에 계시던 어머님은 또 다시 학교에 불려오셨어 / 아니 또 끌려오셨어 / 다시는 이런 일이 없을 거라며 비셨어.
아버지 (2003) 작사: miru 작곡: 김진권	커다란 울음으로도 그리움을 달랠 수 없어 / 불러 보고 또 불러 봐도 닿지 않는 저 먼 곳에 / 빈 메아리 되돌아오며 다 잊으라고 말하지만 / 나 죽어 다시 태어나도 잊을 수 없는 사람 / 단 한 번만이라도 볼 수 있다면 / 나의 두 눈이 먼다 해도 난 그래도 그 한 번을 택하고 싶어
불효 (2003) 작사: 김건모 작곡: 김건모 편곡: 김석원 노래: 김건모	이런게 누구나 겪는 일인가요 / 너무 힘들어요 어느 날 자식을 낳아 길러 보니 알 것 같아요. / 동그랗게 당신 얼굴 그려보아도 떨어지는 눈물 때문에 번진 종이 구겨 버리고 낡은 사진 보고 또 보는 이내 마음을 / 하염없이 서글퍼라. / 이제는 아무리 크게 불러 봐도 / 다신 볼 수 없네. / 우리 몰래 혼자 흘리시던 눈물이 벌써 깊은 주름이 되어 / 이젠 내 얼굴에 흐르고 어지럽고 힘든 이 세상 바로 살아가라고 혼내시던 그 모습이 그리워 / 그리워
고려장 (2007) 작사, 작곡, 편곡: MC스나이퍼	어디 계시나이까 / 내 아버지여 어디 계시나이까 / 나의 어머니여 / 가는 세월에 몸이 늙어 백발이 흩어져도 아들 걱정에 발 못 뻗는 나의 부모여 / 어디 계시나이까 / 내 아버지여 어디 계시나이까 / 나의 어머니여. 제 몸 하나 못 가눠도 이 사람을 보살피는 큰 사랑에 보답고자 해도 떠나고 없어

2) 나이 드신 부모에 대한 안타까움

세월을 이기는 사람은 없다. 누구나 세월이 지나면서 늙게 되며, 이는 거스를 수 없는 순리다. 점점 나이 드시는 부모를 보면서 애절한 마음을 담아낸 곡이 가수 데프콘이 부른 아버지(2007)와 인순이가 부른 아버지(2009)이다. 아버지가 연세가 드시면서 신체적으로 점점 쇠진해 가는 모습을 보게 된다. 자식을 키웠던 아버지의 마음을 이해하고, 자

신이 젊었을 때는 느끼지 못했던 아버지 사랑의 감정을 울부짖듯 풀어내는 내용이다.

▌나이 드신 부모에 대한 안타까움을 담은 가요

노래	가사
아버지 (2007) 작사: 유대준 작곡: 유대준 노래: 데프콘	아버지 듣고 있습니까 오늘은 / 또 어디에서 그 무거운 돌덩이를 지고 있습니까 / 계단을 한참 오르고 또 올라도 천원이야 / 무릎이 흔들거려 아파와도 천원이야 / 자식이 먹다 남은 것들로 밥을 싸고 / 뭐 필요한 거는 없냐 / 되려 말을 하죠. 아버지의 맘 이제야 알 것 같애 / 아버지의 맘 그 맘을 알 것 같애 / 내가 사랑하는 / 아버지의 얼굴을 보며 / 손에 잡혀지는 / 안타까운 주름 때문에 뒤돌아 서글프게 / 목이 메어 울었습니다 / 나를 사랑하는 / 아버지의 얼굴을 보며 / 내가 사랑하는 / 아버지의 얼굴을 보며 / 손에 잡혀지는 / 안타까운 주름 때문에 / 뒤돌아 서글프게 / 목이 메어 울었습니다
아버지 (2009) 작사: 이현승 작곡: 이현승 노래: 인순이	한걸음도 다가설 수 없었던 내 마음을 알아주기를 / 얼마나 바라고 바래왔는지 눈물이 말해준다 / 점점 멀어져 가버린 쓸쓸했던 뒷모습에 내 가슴이 다시 아파온다 / 서로 사랑을 하고 서로 미워도 하고 누구보다 아껴주던 그대가 보고 싶다 / 가까이에 있어도 다가서지 못했던 그래 내가 미워했었다 / 점점 멀어져 가버린 쓸쓸했던 뒷모습에 내 가슴이 다시 아파온다 / 서로 사랑을 하고 서로 미워도 하고 누구보다 아껴주던 그대가 보고 싶다 / 가까이에 있어도 다가서지 못했던 그래 내가 미워했었다 / 제발 내 얘길 들어주세요. 시간이 필요해요 / 서로 사랑을 하고 서로 미워도 하고 누구보다 아껴주던 그대가 보고 싶다 / 가슴속 깊은 곳에 담아두기만 했던 그래 내가 사랑했었다 / 긴 시간이 지나도 말하지 못했었던 그래 내가 사랑했었다.

3) 부모에 대한 약속

부모는 자녀를 성장시키기 위해 자신의 모든 것을 내어 준다. 부모는

자식들이 자신이 바라는 방향으로 성장하기를 바란다. 가족, 아버지, 어머니를 노래하는 이 곡들은 자녀로서 부모가 바라는 것이 무엇인지를 깨닫고, 그렇게 성장하겠노라고 약속하는 내용이다. 그것이 부모에게 효도하는 것으로 본다. 사랑과 행복, 남을 먼저 생각하는 마음을 가진 사람으로 성장하겠다는 다짐을 보여준다.

▮ 부모에 대한 약속을 담은 대중가요

노래	가사
To My Family (2000) 작사: 김동완 작곡: 김동완 편곡: 김동완 노래: 신화	날 위해 흘린 눈물도 알아요 / 당신께 힘이 될 저희를 믿어요. 그게 제 몫인 걸요 / 그래요 조금 낯설어도 / 당신만 있다면 신께 감사해요 나 영원히 바삐 그대 위도 / 안 돌아보고 살아오기도 한 나날이여 자기 자신보다 날 위해 / 희생했던 고생했던 힘겨운 나날임을 난 이제야 알게 됐어요 / 어머니 수고는 이제 그만 됐어요, 됐어요, 나를 위해 / 애써온 날은 여섯 명의 아들들이 지켜요. yeah 어쩌면 잊은 건지도 몰라요. 너무 커버린 / 내 모습 뒤로 그대의 주름진 얼굴에 / 가득 고인 날 보던 미소 힘들 땐 잠시 쉬어 가도 돼요 / 우리에게 말했던 것처럼 / 많이 지치신 것 숨기려 하지 마요 / 다 알아요. 고개를 들어 / 그대를 봤죠 나 그럴 때면 행복해졌죠. 지금부터 그대의 행복을 질게요 저흴 믿어요 / 아직 까진 저도 그래요 힘들기만 했던 / 당신 삶 위로 감사하기만을 / 그리며 그대에게 갈게요
아버지 (2005) 작사: 유건형 편곡: 유건형 노래: 싸이(psy)	YO~ 너무 앞만 보며 살아오셨네 / 어느새 자식들 머리 커서 말도 안듣네 / 한평생 처 자식 밥그릇에 청춘 걸고 / 새끼들 사진 보며 한푼이라도 더 벌고 / 눈물 먹고 목숨 걸고 힘들어도 털고 일어나 / 이러다 쓰러지면 어쩌나 / 아빠는 슈퍼맨이야 얘들아 걱정마 / 위에서 짓눌러도 티낼 수도 없고 / 아래에서 치고 올라와도 피할 수 없네 / 무섭네 세상 도망가고 싶네 / 젠장 그래도 참고 있네 맨날 / 아무것도 모른체 내 품에서 뒹굴거리는 / 새끼들의 장난 때문에 나는 산다 / 힘들어도 간다 여보 애들아 아빠 출근한다 / 아버지 이제야 깨달아요 / 어찌 그렇게 사셨나요 / 더이상 쓸쓸해하지 마요 / 이제 나와 같이 가요

Dear, Mom (2009) 작사: 아이비 작・편곡: 김태성, NODAY 노래: 소녀시대	엄마의 사랑의 바람들을 지켜갈게요 / 나와 꿈을 함께 나누던 내 머릴 빗겨주던 엄마가 생각나 / 때론 잘못된 선택들로 아파했지만 아무 말 없이 뒤에서 지켜봐 주셨죠 / 서툴고 어린 아이지만 이젠 알 것 같아요 / 엄마의 조용한 기도의 의미를 마음이 예쁜 사람이 될게요 / 남을 먼저 생각하는 사람 될게요

4) 그리운 부모

이 외에도 로커(Rocker) 김경호가 부른 '아버지'(2004)는 세상에 계시지 않는 기억 속에 그려지는 아버지에 대한 그리움을 담아낸다. 한 번만이라도 볼 수 있다면 두 눈의 시력을 잃더라도 그 한 번을 택하고 싶을 정도로 아버지를 보고 싶다는 절절한 마음을 담고 있다. 가수 김건모가 부른 '불효'(2003)도 부모가 돌아가신 후에는 만날 수 없다는 애절한 마음을 표현하면서, 자신이 부모가 된 후에 깨닫게 되는 부모의 마음과 감정을 노래한다.

노래	가사
아버지 (2004) 작사: 미루(MIRU) 작・편곡: 김진권 노래: 김경호	가슴 깊이 묻어도 바람 한 점에 떨어지는 / 저 꽃잎처럼 그 이름만 들어도 눈물이 나 / 돌아갈 수 있을까 날 기다리던 그곳으로 / 그 기억 속에 내 맘 속에 새겨진 슬픈 얼굴 / 커다란 울음으로도 그리움을 달랠 수 없어 / 불러 보고 또 불러 봐도 닿지 않는 저 먼 곳에 / 빈 메아리 되돌아오며 다 잊으라고 말하지만 / 나 죽어 다시 태어나도 잊을 수 없는 사람 / 단 한 번만이라도 볼 수 있다면 / 나의 두 눈이 먼다 해도 난 그래도 / 그 한 번을 택하고 싶어 / 가슴 깊이 묻고 있어도 바람 한 점에 떨어지는 저 꽃잎처럼 그 이름만 들어도 눈물이 나 / 떨어진 꽃잎처럼.

5) 효의 권장

2019년에 발표된 '효도합시다'는 이해하기 쉽고 친근하게 지어진 가사로 되어 있는 트롯곡이다. 가요 제목처럼 가사에도 '여러분 여러분 효도합시다.'라고 직접적으로 효도를 하자고 호소한다. 그리고 효도하는 방법은 부모에 대한 감사와 사랑을 말로 표현하기, 내일로 미루지 말고 효도하기, 일상생활이 바쁘더라도 효도하기 등 세부적인 내용이 담겨 있다. 마지막으로 효도를 하겠다고 다짐해도 세월이 기다려주지 않으니, 늦기 전에 효도하자는 가사는 많은 사람에게 공감을 불러일으킨다.

노래	가사
효도합시다 (2019) 작사작곡: 김지환 편곡: 구희상 노래: 정동원	여러분 여러분 효도합시다 / 가끔은 아이러브유 사랑한다 말합시다 / 나 하나 보면서 살아온 당신 / 늦기 전에 효도합시다 / 계절이 지나면 돌아오지만 / 당신의 세월은 멀어져가네 / 당신과 매일이 이별하는 날 / 이제라도 잘해야지 다짐합니다 / 여러분 여러분 효도합시다 / 사는 게 바빠도 전화 한 통 드립시다 / 나 하나 보면서 살아온 당신 / 늦기 전에 효도합시다 / 계절이 지나면 돌아오지만 / 당신의 세월은 멀어져가네 / 당신과 매일이 이별하는 날 / 이제라도 잘해야지 다짐합니다 / 여러분 여러분 효도합시다 / 그동안 고맙다 감사하다 말합시다 / 자신보다 날 먼저 지켜준 당신 / 미안해요 사랑합니다 / 늦기 전에 효도합시다

2. 동요와 효

동요는 어린이들의 심리를 기반으로 꿈과 희망, 윤리성과 교육성을 담은 어린이 노래이다. 초등학교 음악 교과서에 실린 동요와 유아들이 부르는 창작동요에 부모와 효도에 관한 내용이 있어 살펴본다.

1) 부모에 대한 그리움

'아빠 생각'이라는 동요는 멀리 떠나간 후 기다려도 돌아오지 않는 아버지를 기다리는 자녀의 그리움이 담겨 있다. 이와 유사하게 '엄마 생각' 동요도 유사한 감정을 노래한다. 책을 읽으면서도 들로 일하러 가신 어머니의 모습을 그리워하는 마음을 표현한다. 아버지와 어머니를 생각하면 애잔한 그리움이 밀려오는 것은 매우 자연스러운 감정임을 노래한다.

■ 아버지와 어머니에 대한 그리움을 담은 동요

노래	가사
아빠생각 작사: 김인경 작곡: 김수경	봄이 오니 제비도 돌아 왔건만 멀리 떠난 우리 아빠 언제나 오시나 기적 소리가 울릴 때면 설레이는 이 마음 아-아 우리 아빠 보고픈 우-리 아빠
엄마생각 작사: 김종상	들로 가신 엄마 생각 책을 펼치면 책장은 그대로 푸른 보리밭

작곡: 정윤환	이 많은 이랑의 어디 만큼에 호미 들고 계실까 우리 엄마는 글자의 이랑을 눈길로 타면서 엄마가 김을 매듯 책을 읽으면 줄은 선 글자들은 싱싱한 보리숲 땀 젖은 흙 냄새 엄마 목소리

2) 부모 사랑과 효 실천

동요는 어린 시절부터 어린이들이 친근하게 부르며, 어른들도 함께 부를 수 있는 노래로 그 파급효과도 매우 크기 때문에 부모에 대한 사랑과 효를 마음 깊이 새겨나가는 데에 도움이 된다.

한 예로 동요 중에서 초등학교 3, 4학년 교과서에 실린 '아빠 힘내세요'는 남녀노소를 불문하고 알고 있으며, 쉽게 부르는 친숙한 동요이다. 이 노래에는 아버지가 집으로 돌아오기를 기다리는 자녀의 모습과 일상에서 지친 아버지를 위한 응원의 메시지가 강조되어 있다. 지친 아버지들에게 없던 힘도 솟게 하는 국민동요라고 불릴 정도의 곡이다. 이 곡은 초등학교 교사인 한수성 작곡, 권연순 작사로 되어 있으며, 1997년 제15회 MBC 창작 동요제에 소개되었다. 유치원에서도 널리 불리고 있고, TV 유치원 체조 곡으로도 활용된다. 2004년 신용카드 회사의 광고에도 삽입되어, 사회적으로도 큰 반향을 일으킨 곡이다. 이후로 '아빠 힘내세요.'라는 문구는 다양한 광고의 카피로도 활용되었다. 이 동요는 부모와 자녀 관계에서 지향하는 '효'의 가치를 바탕으로 아버지를

향한 자녀의 사랑을 표현한 것이다.

이 외에 초등학교 교과서에 실린 '아빠', '아빠랑 꿈이랑', '아빠와 종소리', '아빠의 얼굴' 등의 동요도 부모 자녀가 느끼는 사랑과 효의 실천을 나타내는 곡이다. 아버지와 자녀는 따뜻한 사랑을 나누는 관계로 나타내는 가사가 대부분이다. 전통사회에서 아버지의 존재는 '엄부자모(嚴父慈母)'라 하여 가정 내의 훈육을 위한 엄한 모습으로 상징되었지만, 요즈음 아버지는 '친하고 사랑을 베풀어 주는 따뜻한 모습'으로 강조된다. 이는 어린이들의 동요를 통해서도 그 의미가 전달된다.

'아빠'라는 곡은 자녀가 아버지와의 추억을 그리면서 아버지의 말씀을 기억해 내는 깨달음을 담아낸 곡이다. 중장년층들은 어렸을 때 아버지와의 추억이나 따뜻한 기억이 많이 없는 편이다. 그들이 성장할 때, 아버지는 가정을 살뜰하게 돌보기보다는 가족의 생계를 위해서 대부분 경제활동에만 매달렸기 때문이다. 가정과 자식을 위해서 열심히 일하며 희생했던 존재가 전형적인 아버지들의 모습이었다. 그러나 오늘날 성장하는 어린이들에게 아버지는 '사랑하는 존재', '친구 같은 존재', '따뜻한 존재'로 인식된다. 그 상황을 잘 표현하고 있는 말이 '딸 바보' '아들 바보'다. 자녀에 대한 부모의 무한 사랑을 단적으로 표현하는 말이다. 이러한 시대성을 반영하듯 동요에서도 부모의 무한한 자녀 사랑을 느끼는 어린이들의 감정을 노래한다.

'아빠랑 꿈이랑'이라는 곡은 아버지와 나눈 미래의 꿈 이야기를 대화

형식으로 노래하는 내용이다. 별과 물처럼 세상에 도움이 되는 사람으로 성장하겠다는 각오를 말한다. 아버지와 자녀는 소통하는 관계라는 것을 잘 나타낸 곡이다. 이와 함께 '아빠와 종소리'는 아빠가 어렸을 때 종소리를 들으며 미래에 대한 꿈을 키워나갔던 것을 알게 된다. 그리고 그 종소리를 들을 때, 어린 시절의 아버지 모습을 떠올리게 되며 아버지를 이해하는 소통을 하게 된다. 여기서 종소리는 아빠와 아이가 공감할 수 있는 소재가 되며, 두 사람을 연결해 주는 매개체이다. 4학년 교과서에 실린 '아빠의 얼굴'도 무지개 동산과 푸른 벌판에서 즐겁게 뛰노는 상황의 배경 속에서 보살펴 주는 자상하고 따뜻한 아버지의 모습을 나타낸다. '나의 친구 아빠'도 자녀에게 아버지는 어떤 여건에서도 항상 든든한 후원자이며 보호자로 믿음을 준다는 것을 확인한다. 그리고 아버지는 따뜻한 사랑을 나눠주는 친구 같은 존재라고 노래한다. 아버지는 규율과 엄한 가르침을 주는 무서운 존재가 아니다. 이들 동요에 나타난 아버지는 자녀들의 곁에서 사랑과 보살핌을 주는 따뜻한 분이며, 수평적 관계로 맺어지는 친구와 같은 친근함을 주는 분으로 묘사된다. 이 동요를 부르는 어린이들은 자연스럽게 아빠에 대한 사랑과 친근함을 갖게 되고, 따뜻하고 안정된 정서를 갖게 된다.

▮ 아버지의 사랑을 노래한 동요

노래	가사	비고
아빠 힘내세요 작사: 권연순 작곡: 한수성 (경쾌하게)	딩동댕 초인종 소리에 얼른 문을 열었더니 그토록 기다리던 아빠가 문 앞에 서 계셨죠 너무나 반가워 웃으며 아빠하고 불렀는데 어쩐지 오늘 아빠의 얼굴이 우울해 보이네요	초등학교 3,4학년

	무슨 일이 생겼나요 무슨 걱정 있나요 마음대로 안 되는 일 오늘 있었나요 아빠 힘내세요 우리가 있잖아요 아빠 힘내세요 우리가 있어요 힘내세요	
아빠 작사: 김봉학 작곡: 김봉학	1. 하늘은 유난히 맑고 바람도 잔잔한 날에 아빠와 함께 거닐던 그 조용한 바닷가 아빠는 날 보고 말했지 바다처럼 넓게 크라고 아무리 거친 파도라도 참고 이겨내라고 아빠 그 때는 그 말뜻이 무엇인지 몰랐어요 하지만 지금은 그 마음을 알 것 같아요 2. 멀리선 기적이 울고 연꽃이 만발한 날에 아빠와 함께 거닐던 그 고요한 호숫가 아빠는 웃으며 말했지 꽃처럼 예쁘게 크라고 아무리 힘든 일이라도 참고 웃어보라고 아빠 그때는 그 말뜻이 무엇인지 몰랐어요 하지만 지금은 그 마음을 알 것 같아요	초등학교
아빠랑 꿈이랑 작사: 이슬기 작곡: 조원경	1. 별빛 고운 뜨락에서 아빠 손을 마주 잡고 별빛을 바라보며 꿈 이야기 나누어요 너는 커서 이 다음에 어떤 사람이 되고 싶니 별처럼 온 세상에 고운 빛을 뿌려주는 그런 사람 되고 싶어요 랄랄라 랄라 랄랄라 랄라 랄라랄 랄랄라라 랄라라 랄라 랄랄라 랄라 랄라랄 랄랄라 2. 물빛 고운 강가에서 아빠 손을 마주 잡고 나란히 마주보며 꿈 이야기 나누어요 너는 커서 이 다음에 어떤 사람이 되고 싶니 물처럼 온 세상에 맑은 빛을 뿌려주는 그런 사람 되고 싶어요 랄랄라 랄라 랄랄라 랄라 랄라랄 랄랄랄라 랄랄라 랄라 랄랄라 랄라 랄라랄 랄랄라	초등학교

아빠와 종소리 작사: 김원겸 작곡: 김정철	1. 아빠랑 풀빛 고운 언덕에 오르면 아빠는 저 멀리서 종소리가 들려온대요 나만큼 어릴 적에 언덕에 혼자 올라 그 종소리 들으며 큰 꿈을 키웠대요. 나에게는 안 들려요. 아빠 마음속에 울리는 종소리 아빠 가슴에 귀를 기울여 그 종소리 들어요. 2. 아빠랑 풀빛 고운 언덕에 오르면 아빠는 저 멀리서 종소리가 들려온대요. 나만큼 어릴 적에 언덕에 혼자 올라 그 종소리 들으며 큰 꿈을 키웠대요. 변함없이 간직한대요. 파란 하늘 멀리 퍼지던 메아리 온 누리를 사랑과 평화로 가득 차게 한 대요.	초등학교
아빠의 얼굴 작사: 하중희 작곡: 이수인 (조금 느리게)	1. 어젯밤 꿈속에 나는 나는 날개 달고 구름보다 더 높이 올라 올라 갔지요 무지개 동산에서 놀고 있을 때 이리저리 나를 찾는 아빠의 얼굴 무지개 동산에서 놀고 있을 때 이리저리 나를 찾는 아빠의 얼굴 2. 푸른 들 벌판에 나는 나는 말을 타고 바람보다 더 빨리 달려 달려 갔지요 어린이 동산에서 놀고 있을 때 이리저리 나를 찾는 아빠의 얼굴 어린이 동산에서 놀고 있을 때 이리저리 나를 찾는 아빠의 얼굴	초등학교 4학년
나의 친구 아빠 작사: 한예찬 작곡: 박미진	넓은 세상 예쁘게 그려 가라고 많은 하늘 되어 주시는 아빠 높은 산 한 걸음씩 올라가도록 메아리 되어 주시는 아빠 꿈과 희망 가득 노래 불러 주시면 내 마음은 아름다운 꽃밭이 되고 따뜻한 사랑의 손 펼쳐 주시면 내 가슴 솜처럼 포근해져요 언제나 나의 친구 되어 주시는 아빠 정말 사랑해요	초등학교

한편 초등학교 3학년 교과서에 실린 '어머님 은혜'는 한국인들이 가장 많이 알고 있는 곡이다. 이 곡은 고(故) 윤춘병 목사가 1946년에 이북에 남기고 온 어머니를 그리워하며 만든 것이다. 어머니날[1]에 오랜 세월 동안 불려온 대표적인 곡이기도 하다. 1973년 어버이날로 변경되기 이전까지 '어머님 은혜'는 5월 8일에는 당연히 불러야 하는 노래였다. 어머니의 은혜를 하늘과 바다에 비교하여 더 높고 더 깊다는 것을 표현하였다. 이 곡은 한국 사회가 일제강점기를 벗어나고 정치적 혼란과 피폐해진 어려운 상황에 직면했을 때 탄생한 곡이다. 당시 생존을 위해 희생의 삶을 살면서 자녀를 키웠던 어머니를 보면서 자라난 세대들에게는 '어머님 은혜' 첫 소절만 들어도 어머니에 대한 애틋한 감정을 불러일으킨 곡이며, 어머니를 향한 효심을 울리는 곡이었다. '우리 어머니'도 어머니가 키워주심에 대해 감사의 마음을 노래한다. 짧은 곡이지만, 자신과 동생을 낳고, 사랑과 수고로 길러 주신다는 어머니의 모습을 사실적으로 전달한다.

1) 우리나라에서 어머니날은 기독교 단체에서부터 시작되었다. 1930년 무렵 구세군 가정단에서 어머니 주일을 지키기 시작했고, 1932년에는 감리교 연합회에서 5월 둘째 주일을 부모님 주일로 지킬 것을 결의하였다. 기독교에서 시작된 어머니날이 유교적 전통을 가진 우리나라에 뿌리를 내리면서 1956년부터 우리 고유의 어머니날을 제정하여 기념하기 시작하였다. 그 후 아버지와 어른 노인들을 포함하여 어버이날로 개칭한 것은 1973년이다. 이날에는 부모와 자녀들이 모여 부모님의 은혜를 기리는 각종 기념행사를 한다. 부모님께 카네이션을 달아드리고, 선물을 전달하며, 가족이 부모를 모시고 즐거운 시간을 보낸다. 이날 각 지방자치단체에서도 효사상과 경로사상을 높이기 위해 효자효부를 선발하여 상을 주고 모범 노인에 대한 표창과 위안공연도 한다. (한국민속백과대사전, 보건복지부 홈페이지 등을 참고, 정리함)

노래	가사
어머님 은혜 작사 윤춘병 작곡 박재훈	1. 높고 높은 하늘이라 말들 하지만 나는 나는 높은 게 또 하나 있지 낳으시고 기르시는 어머님 은혜 푸른 하늘 그보다도 높은 것 같애 2. 넓고 넓은 바다라고 말들 하지만 나는 나는 넓은 게 또 하나 있지 사람되라 이르시는 어머님 은혜 푸른 바다 그보다도 넓은 것 같애
우리 어머니 작사: 정혜옥 작곡: 정혜옥	어머니 어머니 우리 어머니 나와 내 동생 낳아 주시고 사랑과 수고로 길러 주시네

'나무 가족'은 자녀가 바라보는 부모를 나무로 비유하여 노래한 곡이다. 부모는 언제나 자녀를 안전하게 지켜주고, 사랑으로 보살펴 주는 분이며, 의지할 수 있는 존재이다. 부모는 모두 웃음을 주는 분으로 사랑과 행복의 보금자리를 만들어주므로 자녀가 희망을 품고 성장해 갈 수 있다는 의미를 전달한다. 자녀는 스스로 작은 희망 나무라고 표현하며, 성장해서 든든한 부모와 같은 나무가 된다는 것을 암시한다.

노래	가사
나무 가족 작사 박수진, 작곡 김애경	1. 아빠는 아빠는 웃음짓는 아주 커다란 나무 비바람 몰아쳐도 끄덕없는 튼튼한 나무 활짝 펼친 가지마다 푸른 잎을 매달고 사랑 가득한 보금자리 만들어 놓았어요 그 아래서 크는 우리들은 작은 희망의 나무 아빠의 얼굴 바라보며 하늘로 자란답니다 2. 엄마도 엄마도 웃음짓는 아주 커다란 나무 비바람 불어와도 변함없는 넉넉한 나무

	꽃을 피운 자리마다 주렁주렁 열매 달고 행복 가득한 보금자리 만들어 놓았어요 그 아래서 크는 우리들은 작은 희망의 나무 엄마의 얼굴 닮아가며 내일로 자란답니다

유튜브 채널에서 동요와 영상으로 보급되고 있는 동요가 있다. 박상문 작사 작곡인 '엄마아빠 사랑해요'라는 동요는 2018년 유튜브에 게시되기 시작했는데, 조회 수가 14만을 넘어간다. 경쾌한 리듬에 유아들의 감성을 돋우며, 부모 사랑을 느끼게 하는 노래다. 높은 하늘보다 넓은 바다보다 사랑하는 존재가 부모이고, 세상에서 가장 멋지고 세상에서 가장 예쁜 사람이 부모라고 노래한다. 그리고 주니토니 by 키즈캐슬의 '엄마 아빠 사랑해요'는 12만 조회가 넘는 곡으로 경쾌한 박상문 작사 작곡 '엄마 아빠 사랑해요'와는 다르게 조용하고 따뜻한 감정을 담고 있다. 말로 표현하지 않아도 부모의 사랑을 느낀다는 내용을 조용히 속삭인다. 부모의 사랑을 느끼며, 미소와 웃음이 감사하다는 것을 깨닫게 하는 노래다.

노래	가사
엄마 아빠 사랑해요 작사작곡: 박상문 노래: 이소영	나는 엄마를 사랑해요. 높고 높은 하늘보다 더 높이 나는 아빠를 사랑해요. 넓고 넓은 바다보다 더 많이 이 세상 그 누구보다도 우리 엄마가 제일 예뻐 이 세상 그 누구보다도 우리 아빠가 제일 멋져 나는 엄마를 사랑해요 높고 높은 하늘보다 더 높이 나는 아빠를 사랑해요. 넓고 넓은 바다보다 더 많이 이 세상 그 누구보다도 우리 엄마가 제일 예뻐 이 세상 그 누구보다도 우리 아빠가 제일 멋져 우리 엄마가 제일 예뻐

엄마 아빠 사랑해요 주니토니 by 키즈캐슬	말하지 않아도, 표현 안 해도, 엄마의 사랑을 느껴요. 포근한 음성 부드런 손길 엄마의 사랑을 느껴요. 말하지 않아도, 표현 안 해도 아빠의 사랑을 느껴요. 꼭잡은 두 손, 따뜻한 가슴, 아빠의 사랑을 느껴요. 힘들 때도 슬플 때도 웃어주는 우리 엄마 언제나 환한 미소로 안아주는 아빠 고마워요.

바른가치미덕학교 효 동요도 있다. 이 동요는 부모의 따뜻한 사랑과 정서, 정성, 돌보아주심에 대해서 쉽게 직설적으로 감사하다는 뜻을 전달한다. 그리고 부모님께 효도하겠다는 자기 다짐을 반복하여 표현한다. 따뜻하게 안아주시는 부모님, 사랑과 정성으로 키워주시는 부모님, 맛있는 음식을 차려주시는 부모님, 따뜻한 마음으로 품어주는 부모님은 하늘과 땅만큼 사랑한다고 노래한다. 그래서 부모님의 마음을 기쁘게 하고 효도하는 어린이가 되겠다고 한다. 부모의 사랑에 대한 보은의 개념을 담아낸 동요이다. 바른가치미덕학교에서는 효 이외에도 미덕, 약속, 배려, 질서, 협력, 긍정, 기쁨, 고운말 등을 동요의 주제로 창작하여 보급한다.

▌바른가치미덕학교의 효 노래

노래	가사
언제나 따뜻하게 안아주는 작사: 바른가치 미덕학교 작곡: 박일규	저를 언제나 따뜻하게 안아주시는 부모님 사랑합니다. 하늘만큼 땅만큼 사랑합니다. 밝게 웃으며 부모님을 안아줄래요. 부모님 사랑합니다. 하늘만큼 땅만큼 사랑합니다. 부모님 마음 기쁘게 하는 어린이가 되겠습니다. 부모님께 효도하는 어린이가 되겠습니다. 부모님께 효도하는 어린이가 되겠습니다.

사랑과 정성으로 키워주시는 작사: 바른가치 미덕학교 작곡: 박일규	저를 사랑과 정성으로 키워주시는 부모님 사랑합니다. 하늘만큼 땅만큼 사랑합니다. 세상 그 어떤 누구보다도 소중한 부모님 사랑합니다. 하늘만큼 땅만큼 사랑합니다. 부모님 마음 기쁘게 하는 어린이가 되겠습니다. 부모님께 효도하는 어린이가 되겠습니다. 부모님께 효도하는 어린이가 되겠습니다.
하늘만큼 땅만큼! 작사: 바른가치 미덕학교 작곡: 박일규	제게 맛있는 음식을 차려주시는 부모님 사랑합니다. 하늘만큼 땅만큼 사랑합니다. 한상 감사한 마음으로 먹겠습니다. 부모님 사랑합니다. 하늘만큼 땅만큼 사랑합니다. 부모님 마음 기쁘게 하는 어린이가 되겠습니다. 부모님께 효도하는 어린이가 되겠습니다. 부모님께 효도하는 어린이가 되겠습니다.
따뜻한 마음으로 작사: 바른가치 미덕학교 작곡: 박일규	저를 따뜻한 마음으로 품어주시는 부모님 사랑합니다. 하늘만큼 땅만큼 사랑합니다. 항상 고마운 마음으로 도울 거예요. 부모님 사랑합니다. 하늘만큼 땅만큼 사랑합니다. 부모님 마음 기억하는 하는 어린이가 되겠습니다. 부모님께 효도하는 어린이가 되겠습니다. 부모님께 효도하는 어린이가 되겠습니다.

앞으로도 효와 부모의 사랑을 담은 동요들이 창작될 것으로 기대된다. 이러한 동요는 어린이들이 부모의 사랑과 보살핌 속에서 밝고 건강하게 성장하도록 돕고, 그 깊은 심성에 '효'의 가치와 소중함을 깊이 담아내도록 할 것이다.

3. 축제와 효

우리의 일상에서 축제는 사람들의 관심과 흥미를 돋우는 이벤트다. 사람들은 축제를 통해서 색다른 문화를 경험하고 다양한 체험을 한다. 지역사회에서 개최하는 특화된 축제는 지역의 문화 발전에 기여하고, 지역경제 활성화 등 부가가치를 창출한다.

해마다 열리는 다양한 축제 중에는 '효'를 주제로 하는 축제가 있다. 효 축제는 주최하는 지역사회가 추구하는 가치와 지역사회의 강점을 보여준다. 효 문화를 생활화하고 확산하기 위해 진행되고 있는 효 축제를 개최하는 주최는 지방자치단체를 비롯하여, 학교, 사회복지관, 노인복지관 등 다양하다. 2020년은 코로나19로 인하여 대다수의 축제는 취소되었지만, 해마다 효 축제는 곳곳에서 진행된다. 지방자치단체와 지역의 효문화센터나 효문화원, 효문화운동본부 등이 주최하여 진행된 몇몇 축제에 대해 살펴본다.

▌효 축제의 실태

축제명	지역 및 주최	축제의 목적 및 역사	대표 프로그램
대전 효문화 뿌리축제	대전 광역시 중구	• 나의 뿌리를 찾고, 전통의 효를 체험하는 축제 • 2011년 시작 (2011년	• 문중행사: 퍼레이드, 문화체험관, 전통 민속놀이 체험 • 체험행사: 효 서당체험, 양반놀이체험, 가족사랑 효 세족식, 오늘의 효 실천,

		문화관광유망축제로 선정)	효백일장, 사생대회, 효 학술대회, 부모님 건강검진 등
강원국제 효문화 축제	강원도 영월 강원 효문화원	• 한국과 외국의 효를 대비, 전파하고, 효문화 확산 정착에 기여 • 2015년 시작	• 3개국 효 관련 교수들의 효 학술대회 • 효 백일장 및 시상 • 효 음악회 문화공연
입지 효문화 예술축제	경기도 과천시 한국효 문화센터	• 다양한 효문화 체험 기회 제공 • 2009년 시작	• 초중고 학생대상 효에 대한 글 그림 공모전 • 효 무용대회 • 효문화예술체험, 다문화가족전통혼례, 장수잔치 • 효문화체험부스: 사랑의 카네이션 만들기, 사랑매듭 만들기, 효캘리그래피, 효음식 등
수원시민 효문화 예술한마 음대축제	수원시 국제 효문화 운동본부	• 정조효심, 수원가치 알림 • 효문화 시민관심 촉구 • 2018년 시작	• 효문화운동본부회원 자원봉사자들의 봉사활동 • 정조 글짓기 대회와 시낭송 • 문화예술공연과 이미용봉사, 장애인휠체어수리

대전광역시 중구에서 진행되는 '대전효문화뿌리축제'가 있다. 뿌리를 찾고 전통의 효를 체험하는 축제로 1997년 11월 1일 개장한 가족친화공원인 '뿌리공원'에서 이루어진다. 가족의 소중함과 효의 중요성을 느낄 수 있도록 함과 동시에 어린이와 청소년들에게 전통문화의 소중함과 조상의 지혜를 배울 수 있는 계기를 마련하려는 의지로 진행된다. 2019년 10월에 진행된 효 축제는 문중 퍼레이드나 문중 문화체험관, 문중 전통 민속놀이 체험, 효 백일장과 사생대회, 효 학술대회, 효 서당체험 등 '효'를 주제로 한 다양한 프로그램들이 진행되었다. 효 축제에 대한 자체 평가에서는 세계적 축제로의 도약을 위해서 '효' 프로그램이

차지하는 비중을 확대하고 차별성에 대한 재고가 필요하다는 지적이 있지만, '효'를 주제로 하는 대표적인 축제로 알려져 있다.

'강원국제효문화축제'는 강원도 영월에서 개최되는 축제로 (사)강원효문화원 · 한국효복지정책연구원이 중심이 되어 진행되는 축제다. 이 기관은 효(HYO)란 우리가 민족공동체로서 존속하고 번영해 온 정신적 바탕으로 보고, 교육, 문화, 환경, 연구의 4대 사업을 실행한다. 저출산 고령화의 사회문제를 해결하고, 효의 사회적 가치를 함양하며, 지역공동체의 신뢰를 조성하고, 사회통합의 기반을 마련하는 데에 목적을 두고 운영되고 있다.

구분	교육	문화	환경	연구
사업	• 효 · 인성 · 사회 인권교육	• 효행문화사업	• 효행주거환경사업	• 자원발굴
대상	• 읍면동 효교실 운영 • 유치원, 초중고등, 복지기관, 군부대, 교도소, 사회단체, 공적기업, 사적기업	• 효음악회 • 효백일장, 고전암송대회 • 효사진전시, 영화상영 • 생활예절활성화 캠페인 걷기대회 • 효장학금전달	• 효복지웰빙마을조성 사회적 안전망 • 쾌적한 주거환경 개선 • 노약자불편해소 환경개선	• 연구사례홍보사업 • 가족, 사회적 효 지원 • 발굴(재능)사업, 효과련 국내외 자료발굴
효과	• 청소년 바른가치관 확립 • 성인들의 자녀 양육책임성 확립, 가족공동체기능 강화	• 행복증진 • 노인의 4고(苦)문제 경감	• 주거환경개선으로 노인들의 삶의 질 향상 • 건설노동자고용 창출로 경제활동 기대	• 한국의 효 세계적으로 알림, 효문화 극대화 • 고학력 정년퇴직자의 고용 활동과 사회참여의 기회

출처: 한국효복지정책연구원.com/wering

효행 문화사업으로 효 음악회나 백일장, 고전 암송대회, 효 사진 전시회, 영화 상영 등이 있다. 이는 청소년이나 일반인들이 '효' 가치에 대해 친근하게 느끼도록 문화예술을 '효'에 접목한 방법이다. 효 축제에서는 효 문화사업이 진행되고, 효 관련 교수들의 효 학술대회와 문화공연이 진행된다. 2019년에는 10월에 효의 달을 맞이하여, '효(孝)는 섬김(Service)이다'라는 주제로 제5회 강원국제효문화축제가 이루어졌다.

또한 경기도 과천시 주최로 이루어지는 '입지 효문화예술축제'도 주목해 볼 축제이다. 이 축제에서는 다양한 효 문화 체험 기회를 제공한다. 입지(立之)는 조선 시대 효자로 알려진 과천 막계동 출신 최사립[2] 선생의 호이다. 지역을 대표할 효자를 축제 스토리의 중심으로 설정하여 효 축제를 개최하고, 효 확산 노력을 기울인다. 축제에서는 효 문화예술 체험 부스 운영, 장수잔치 등이 이루어지는데, 특히 효 무용대회는 부모의 사랑과 효에 대하여 무용으로 나타내는 것으로 타 축제와는 차별화된 행사다. '입지 효문화예술축제'는 한국효문화센터(http://www.hyo-culture.kr)가 주최하여 진행된다. 효 문화센터는 효(孝)란 우리가 가꾸고 발전시켜 미래에 물려주어야 할 유산으로 정의하고 각종 사업을 펼치고 있다. 효 축제는 물론이고 효 학술대회, 학교와 연계된 수업 재량활동 강의 등 교육활동, 효 장학생 선발과 효자 효부 표창 등 효장

---

2) 조선 중기 문인인 최사립은 1505년 과천 막계(果川莫溪)에서 출생하여 살았던 효자로 알려져 있다. 그의 기록은 중종실록 79권, 동국신속삼강행실도에 실려 있다. 중종은 '최사립의 효행을 널리 알려 야박한 풍속을 돈독게 하라'며 정려(효자를 동네에 정문(旌門)을 세워 표정하는 일)를 하사했다. '최사립효자정문'은 1998년 12월에 시향토유적 제3호로 지정되었다. 과천시 문원로 40-2에 위치해 있다.

려를 위한 사회공헌활동, 출판 활동, 효의 대중화를 위하여 음반 동화 에니메이션 제작 등의 창작활동을 추진하고 있다. 2019년 5월 제11회 입지효문화예술축제가 진행되었고, 동시에 제1회 대한민국 효 무용제가 개최되었다. 이 축제에서 진행된 글 그림 엽서 공모전과 무용대회에는 각 지역과 일본 중국 베트남 등 재외 한국인 학생과 일반인들 10,000여 명이 참가하는 규모로 진행되었다. 효 문화센터에서는 2020년 10월 29일에 청소년 '세대공감 효' 온라인 포럼을 개최하고, 유튜브 〈사단법인 한국효문화센터〉채널에서 실시간 생중계로 진행되었다. 코로나19로 모임과 축제들이 취소되고 있는 상황이었으므로, 온라인 포럼이 이루어졌다. '대가족제도에 대한 청소년의 관점', '효실천 활동의 인센티브 제공과 이를 대학입시제도에 반영한다면', '노후의 부모님, 요양시설 이용에 대한 청소년의 시각', '노인 연령 65세 상향에 대한 청소년의 관점'에 관한 주제발표와 토론이 이루어졌다.

수원시에서는 2018년 '제1회 孝문화예술 한마음 대축제'가 개최되었다. 국제 孝문화운동본부가 축제를 주최하였고, '정조대왕의 효심! 수원을 효의 도시로!'라는 슬로건으로 이루어졌다. 정조의 효 정신이 깃든 수원의 가치를 알리고, 효 문화에 대한 시민들의 관심을 촉구하기 위한 목적이었다. 정조 글짓기 대회, 시 낭송, 문화예술공연 등이 이루어졌다. 수원에는 정조의 효를 스토리로 축제를 개최할 수 있는 유명한 사적지가 있다. 바로 '화성행궁'이며, 행궁은 사적 제487호로 지정되어 있다. 화성행궁은 효성이 지극했던 정조가 사도세자로 불리는 아버지 장조(莊祖: 장현세자)의 능침인 화산능을 참배하고 가는 길에 쉬어간 곳

으로 알려져 있다. 일제강점기에 화성행궁은 훼손되었고, 1975년에 이르러 화성 복원의 필요성이 대두되었다. 이후 1996년 화성축성 200주년을 맞아 복원공사가 시작되어 현재의 모습으로 재탄생되었다. 정조의 어머니 혜경궁 홍씨의 회갑연이 1795년(정조19) 윤2월 9일부터 16일까지 지금의 수원인 화성에서 열렸고, 이 행사의 기록이 '원행을묘정리의궤'[3]에 전해지고 있다.

이외에 지방자치단체의 지역단위 '효 축제' 행사가 있다. 최근 2019년의 포털사이트 네이버에서 검색된 일부 기사를 보면, 강원도와 충청도, 전라도, 서울, 경기 등에서 지역단위의 효 축제가 진행된 것을 볼 수 있다. 2020년에는 다른 모임과 행사들이 취소되듯이 효 축제도 진행되지 않았다.

지역		효축제명	일정
강원도	횡성 청일면	제8회 횡성군 어르신 효축제	2019.11.12
	횡성 공근면	제8회 횡성군 공근면 효축제	2019.10.30
	횡성 둔내면	제8회 둔내면 어르신 효축제	2019.10.24
	횡성 안흥면	제8회 안흥면 어르신 효축제	2019.10.23
	횡성 강림면	제8회 강림면 어르신 효축제	2019.10.10
	횡성 서원면	제8회 서원면 어르신 효축제	2019.10.31
	횡성 갑천면	제8회 갑천면 어르신 효축제	2019.10.15

3) 「원행을묘정리의궤」는 1797년(정조21)에 제작되었고 10권 8책으로 되어 있다. 화성행궁 8일 동안의 잔치에 대한 기록이 담겨 있다. 의궤에 실린 도식은 김홍도식의 화풍으로 표현되었고, 이후 잔치에 대한 기록에 영향을 미쳤다.

	횡성 우천면	제8회 우천면 어르신 효축제	2019.10.17
충청도	청주 강서2동	제2회 강서2동 주민화합 효축제	2019.04.10
전라도	유린원광종합사회복지관	제27회 유린어르신 효축제	2019.05.08
서울	시립동작노인복지관	어버이날 효축제	2019.05.08
경기도	안양시노인종합복지관	세대교류의날 기념행사 가화만사성 효축제	2019.10.05

2019년에 진행되었던 효 축제는 각 지역단위의 행사에 지역 어르신이 수백 명씩 참석했다. 지역주민들과 3세대가 함께 사는 가족이 참여하는 세대 교류의 날 기념 효 축제에서는 가족사진 촬영, 효행 체험, 사랑의 엽서 쓰기, 할아버지 할머니 얼굴 그리기, 세대 놀이 체험, 노인 생애 체험, 가훈 만들기, 레크리에이션, 세대 교류 공연, 명랑운동회 등 여러 가지 행사가 이루어졌다. 이외에도 '효 축제'와 동일한 명칭은 아니더라도 소규모의 효 축제 관련 행사가 이루어졌다.

여기서는 일상생활에서 일반인들에게 친숙한 가요나 어린이들의 동요, 지역에서 진행하는 효 축제를 중심으로 효 의식을 함양하고 실천을 유도하는 내용에 대해서 살펴보았다. 앞으로는 드라마, 영화, 문학작품, 회화 및 조각품 등에서 '효'를 주제로 하는 내용을 찾아보는 작업도 필요하다. 이는 각종 문화예술 속에서 표현되고 있는 우리의 정신문화인 '효'가 예술로 승화됨을 알려주리라 본다. 그리고 그 예술을 감상하는 가운데에 효 의식 함양으로 유도되는 교육적 효과도 기대해 볼 수 있을 것이다.

라이프스타일의 변화와 효

chapter 06

라이프스타일의 변화와 효

1. 가족의 변화와 효

1) 결혼과 출산의 감소, 증가하는 1인 가족

가족은 혈연으로 이어진 인류공존을 위한 기초 집단이다. 가족은 결혼을 통해 구성되며, 자녀 출산으로 가계 계승이 이어진다. 성인 남녀는 애정과 신뢰를 바탕으로 자유의사에 따라 정신적·육체적으로 결합하는 결혼을 한다. 이는 오랫동안 인간의 삶에서 자연스럽게 이루어지는 통과의례였다. 가족의 존속은 결혼과 혈연, 입양이라는 제도를 통해서 공고히 유지될 수 있었다. 그러나 미래학자들은 앞으로 '결혼제도'는 없어질 것이라고 예언하고 있다. 결혼제도가 없어진다는 것은 가족이 유지될 것인가의 문제를 일으킨다. 이는 나아가 인구의 급격한 감소를 가져오게 되므로 국가 존속의 문제로 맞닿게 된다.

이미 한국 사회에서 결혼이란 '선택적 삶'의 한 형태로 받아들이고 있다. 결혼인구의 감소, 1인 가구의 증가, 저출산과 고령화 현상들이 이를 말해 준다. 특히 1인 가구의 증가는 진화하고 있는 가족의 삶을 극명하게 보여준다. 한국 가족은 가족 수의 소인수화, 가족 세대의 단순화, 가족 형태의 다양화, 가족 주기의 변화와 가족 연령의 고령화, 가정기능의 변화, 경제생활과 시간 사용의 변화, AI의 보편화로 인하여 삶과 일상이 변화되고 있다. 동일한 주거 공간 내에 거주 가족이라도 개개인의 라이프스타일이 다르고, 혼인 상태, 성적 지향, 지역, 계층 등에 따라 가족을 바라보는 가족가치관[1])에도 차이가 있다.

「건강가정기본법」에는 가족이란 혼인이나 혈연, 입양으로 이루어진 사회의 기본단위를 말하는 것으로 정의하고 있다. 이는 가족의 개념이 폭넓게 적용되고 있다는 것을 보여준다. 가정의 정의도 친족집단이라는 개념은 변화되고 생활공동체로서 일상의 생활을 함께 하는 '생활단위'라는 개념을 강조한다. 부부와 자녀로 이루어진 핵가족을 전형적인 가족의 형태로 여겨왔던 개념의 변화를 명확히 나타낸다. 일상적인 부양, 양육, 보호, 교육 등이 이루어지는 곳, 그 생활의 장(場)을 가정으로 본다. 따라서 무자녀가족, 1인 가구 등도 보편화된 가족의 형태임을 명시한다. 가족을 혈연이나 애정, 거주의 공동체라는 경험을 하는 구성원이라고 한다면, 그러한 정의에 부합되는 가족이 얼마나 될 것인가? 다

---

1) 가족가치관이란 가족 또는 가족을 포함하는 삶의 방식에 대하여 사람들이 가지는 포괄적인 태도나 관점을 조직화한 개념이다. 이는 가족생활의 여러 측면을 포괄하기 때문에 다차원적 의미를 지니며, 학자들마다 주장하는 가족가치관의 하위요소도 상이하다. 공동적으로는 결혼관, 자녀관, 가족주의를 가족가치관의 하위요소로 포괄하고 있다. (유계숙·강민지·윤지은(2018)의 연구에서 참조)

양해진 가족을 어떻게 보아야 하는 것일까?

▌건강가정기본법

제3조(정의) 이 법에서 사용하는 용어의 정의는 다음과 같다. 〈개정 2018.1.16.〉

1. "가족"이라 함은 혼인, 혈연, 입양으로 이루어진 사회의 기본단위를 말한다.
2. "가정"이라 함은 가족구성원이 생계 또는 주거를 함께 하는 생활공동체로서 구성원의 일상적인 부양, 양육, 보호, 교육 등이 이루어지는 생활단위를 말한다.

2의 2. "1인가구"라 함은 1명이 단독으로 생계를 유지하고 있는 생활단위를 말한다.

3. "건강가정"이라 함은 가족구성원의 욕구가 충족되고 인간다운 삶이 보장되는 가정을 말한다.

통계청 인구주택 총 조사에 따르면, 2019년 한국의 총 인구 수는 5,178만 명이며, 1인 가구는 30.2%를 차지하고 있다. 인구의 약 1/3이 1인 가구로 살아가고 있다. 2018년 1월 16일 개정 「건강가정기본법」의 제3조(정의)에 따르면 가족, 가정, 1인 가구, 건강가정을 다음과 같이 재정의하고 있다. 이러한 정의는 우리 사회에서 1인 가구도 가족의 개념에서 지원해야 하는 것을 의미한다. 오늘날 한국 사회의 1인 가구에는 젊은 세대뿐 아니라 1인 독거노인 가구도 많이 포함되어 있다.

■ 시도별 가구 유형별 가구 구성비 추이, 2017년~2047년 (통계청)(단위: %)

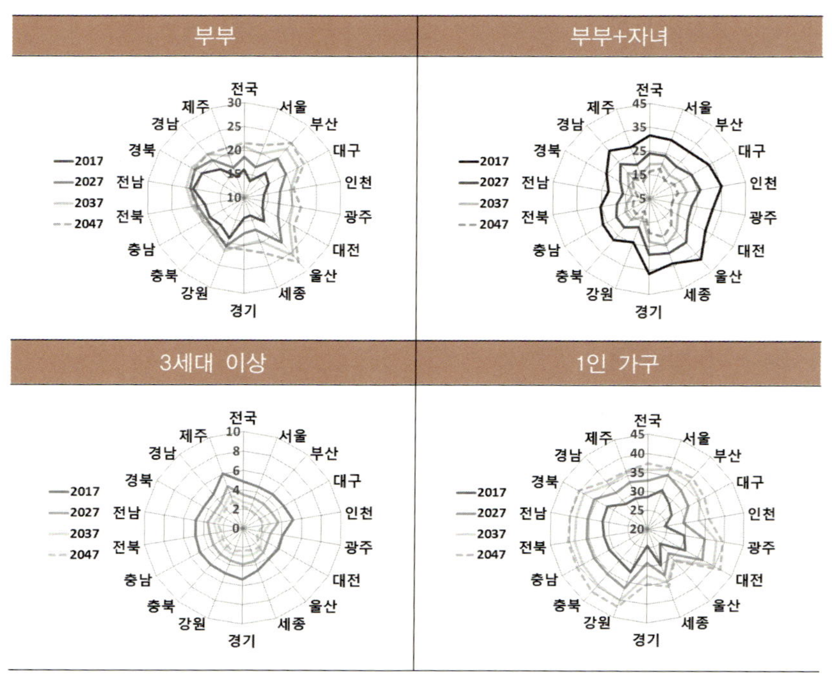

앞으로 한국의 미래는 어떤 가구로 구성될까? 좀 더 자세한 통계청의 시도별 장래가구 추계(2017~20147)를 보면, 2047년 가구 유형은 17개 시・도 모두 1인 가구가 가장 많을 것으로 전망되고 있다. 2047년에는 1인 가구가 37.3%(832만 가구)로 가장 많을 것이고, 부부 가구 21.5%(479만 4천 가구), 부부+자녀 가구 16.3%(363만 8천 가구) 순으로 변화할 전망이다. 앞으로 모든 시・도에서 1인 가구 비중은 증가하며, 특히 강원, 충북 등 7개 시도에서 1인 가구 비중이 40%를 넘을 것으로 예측된다. 현재 '가족'을 정의할 때 부부와 자녀로 구성된 가족을

가장 보편적인 형태로 인식했던 것이 변화된다. 미래에는 20%도 되지 못하는 상황이 된다는 것이다.

가구 증가율은 점차 감소하여 2041년에는 마이너스 성장을 시작하고 2047년에는 −0.36% 수준이 될 것으로 보고 있다. 2047년에 가구원 수는 최고 2.28명(세종)에서 최저 1.86명(강원)까지 줄어들고, 9개 시도(경기, 제주를 제외한 도 지역과 부산, 대전)에서 평균 가구원 수가 2명 미만이 될 전망이다.

▌시도별 평균 가구원 수, 2000년~2047년 (통계청)

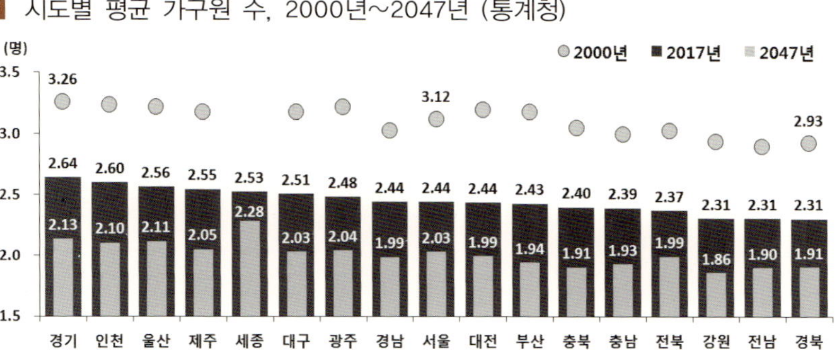

이러한 통계자료를 뒷받침할 만한 조사가 발표되었다. 최근 구인 구직 매칭 플랫폼인 「사람인」에서 직장인 712명을 대상으로 조사한 바에 따르면(2020.6.15), 2030 직장인 10명 중 3명이 '자녀를 낳을 생각이 없는 것'으로 나타났다. 즉 출산 의향이 있는 사람이 66.3%였고, 출산 의향이 없는 사람이 33.7%였다. 자녀를 낳을 생각이 없는 이유는 '나를

위한 삶을 살고 싶어서'가 57.9%로 가장 많았고, '경제적 부담이 너무 커서'가 52.9%, '일과 병행이 어려워서'가 41.3%, '아이에게 잘 해줄 자신이 없어서'가 34.6%에 이르고 있다. 자녀를 낳게 되면 자신의 삶과 커리어를 원하는 대로 관리해 나가기 어렵게 되고, 경제적 여유도 포기해야 하며, 육아에 대한 자신도 없어서 결국 자녀 출산을 포기하는 것이다. 앞으로 우리 사회는 급격하게 인구가 감소하여 인구절벽의 시대를 맞이하게 될 것이다. 인구감소가 가져올 우리 사회의 미래는 어떻게 전개될지 우려되고 있다.

한편 최근 연구(유계숙 외, 2018)에는 청년들의 가족에 대한 개념을 조사한 결과가 실렸다. 연구 결과를 보면, 2001년과 2017년 청년층인 연구 집단 모두 '부부와 그들이 낳은 자녀'로 구성된 혈연중심 핵가족에 대해서는 100% 근접한 수용도를 보여 가족으로 규정하고 있다. 즉 한국 사회에서는 과거나 현재도 변함없이 청년들에게 혈연중심 핵가족이 가족 전형으로 받아들여지고 있는 점은 '혈연중심의 부모 자녀 관계가 가족 개념의 기본'이라는 기존의 논의와 일치한다고 밝히고 있다. 세대의 변화에도 불구하고 한국 사회의 가족 개념은 서구사회의 부부중심 인식과 달리 혈연으로 이루어진 부모-자녀 중심으로 인식되고 있음을 재확인한 것이었다. 그리고 기본적으로 가족 안에서 친밀한 '관계'가 지속될 것을 기대한다는 연구의 주장과도 동일한 맥락으로 해석되었다.

결혼과 출산의 감소, 1인 가족의 증가 등 가족의 변화는 우리의 '효'

개념을 크게 변화시키고 있다. 앞으로 더 변화하게 될 가족 내에서 효 의식과 효행은 어떻게 존재해야 할 것인가에 대한 물음을 갖게 만든다. 자신이 주체가 되어 효를 실천을 하더라도, 그 실천을 보고 배울 수 있는 자녀가 없는 상황들이 일반화된다면, 과연 '효' 문화는 이어질 것인가에 대한 물음이다. 인구절벽을 우려하는 목소리와 더불어 우리의 효 문화의 계승도 함께 우려되고 있다.

2) 한국 사회를 구성하는 다양한 가족들

다문화가족, 무자녀가족, 동거가족, 한부모가족, 조손가족, 재혼가족

다문화가족은 한 가족 내에 다양한 문화가 공존하는 가족으로 서로 다른 인종이나 문화적 배경에서 성장한 부부와 그 사이에서 태어난 자녀로 이루어진 가족을 말한다. 우리 사회를 구성하는 다문화 가구 수는 2019년 통계청 인구 총 조사 자료를 기준으로 보면, 354천 가구 106만 명이며, 이는 일반 가구의 1.7%이며, 총인구의 2.1%를 차지한다. 다문화가구원 106만명 중 다문화 대상자는 36만명이다. 결혼이민자가 17만 3천명이고, 귀화자도 18만4천명이다. 국적별로 결혼이민자는 베트남(4만명, 24.3명)이 가장 많고, 귀화자의 이전 국적은 한국계 중국(9만명, 46.3%)이 가장 많다.

▌다문화가구 구성별 비율

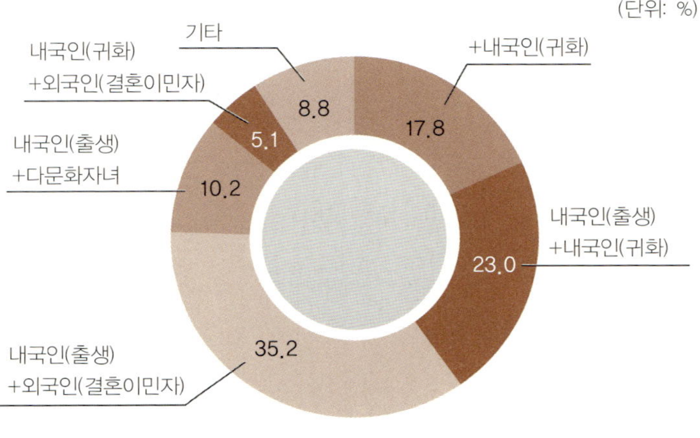

▌다문화 대상자 국적별 비율

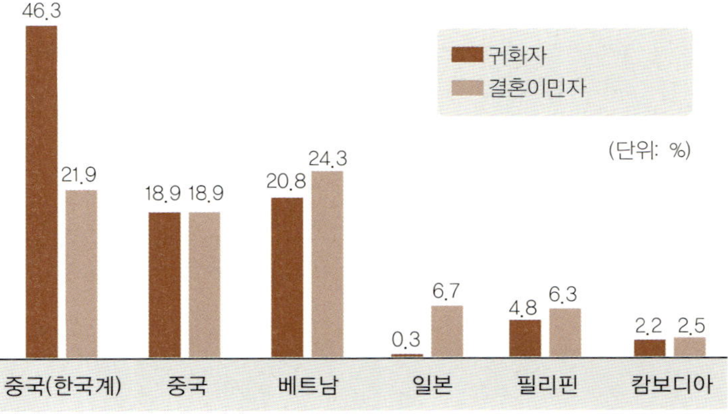

한국 사회에서 다문화가족이 나타나게 된 것은 일제 식민지 시기와 한국전쟁 이후이다. 당시에 다문화가족이란 특정 소수자들이 외국인과 결혼하여 이루어진 가족 형태였다. 그래서 국제결혼으로 다문화가족을

이루는 것에 대해 '한국 단일민족의 순수한 혈통을 무너뜨리는 것'이라고 생각했고, 인종이 다른 외국인과의 결혼은 '비정상적인 결혼', '거부되어야 할 형태'로 받아들여졌다. 그러나 1970년대 이후 점차 우리 사회는 개방화와 국제화가 추진되었고, 자유로운 국제적 교류를 통하여 학업이나 취업, 여행 등을 통해 자연스럽게 만나게 된 외국인들과의 결혼이 증가하게 되었다. 다문화가족은 한국 사회에서 더 이상 낯선 가족이 아니라, 다양하고 보편적인 가족의 한 형태로 자리매김하고 있다. 다문화가족이 한국 사회에 원만하게 정착할 수 있도록 돕는 지원체계가 있다. 한국건강가정진흥원이 운영하는 전국 218개의 '다문화가족지원센터'에서는 다문화가족들을 위한 한국어교육은 물론 취업과 직업훈련, 임신과 육아 등을 종합적으로 지원하고 있다.

현재 한국 사회에는 이외에 다양한 가족으로 무자녀가족, 동거가족, 한부모가족, 조손가족, 재혼가족, 분거가족, 동성애가족, 이산가족 등이 공존하고 있다. 일부 왜곡된 시각으로 이들 가족을 바라보는 인식은 개선되어야 한다. 가족은 정상과 비정상의 개념으로 구분할 수 없다. 정상 가족에 대한 이데올로기는 다양한 가족에게 비정상화라는 낙인을 찍는 결과를 가져오게 된다. 다양한 가족은 모두 우리 사회를 구성하고 있는 소중한 가족들이며, 존중받아야 한다.

무자녀가족은 부부 중심의 생활을 위해서 자발적으로 자녀 없이 살아가는 부부 가족이다. 이는 자발적 무자녀가족(voluntary childless family)이라고 하며, 맞벌이가 보편화되고 있는 상황에서는 흔히 보는 가족형태이다. 맞벌이를 하며 자녀를 두지 않는 형태라고 하여 딩크족

(DINK: double income no kids)이라고도 한다. 자발적으로 무자녀가족이 되기도 하지만, 자녀 낳기를 희망하지만 불임이 되었거나, 또는 자녀의 사망 등으로 인해 비자발적 무자녀가 되는 가정도 있다.

최근 「엄마는/되지 않기로 했습니다」(최지은, 2020)[2]라는 책이 발간되었다. 출산과 육아에 대한 고민에 대해 3개의 장으로 나누어 18명의 딩크족의 인터뷰를 중심으로 기술된 책이다. 한국 사회에서 자녀 출산에 대한 문제가 심각하게 논의되고 있지만, 실제로 무자녀가족에 대한 이러한 글은 보기 힘들었다. 자녀 출산 시기에 있는 이들의 진지한 고민과 물음을 다시 생각해 보아야 한다.

동거가족(cohabiting family)은 결혼하지 않은 남성과 여성인 성인이 함께 사는 가족형태이다. 동거가족은 현대에 증가하는 추세에 있는 가족형태이다. 결혼을 전제로 동거를 미리 시작한 '미혼 동거가족'과 결혼을 목적으로 하지 않는 '비혼 동거가족'이 있다. 비혼 동거가족은 서로 협의하여 생활규칙을 정해 놓고 생활하는 특징을 보인다. 최근 호흡기 감염질환인 코로나19로 인하여 예로부터 해 왔던 하객을 초청하는 결혼식을 올리지 못하고, 결혼식을 연기하면서 동거생활을 시작하는 커플들도 있다.

2) 2020년 최지은 작가가 쓴 책이다. 딩크족을 선택한 여성 18명의 리얼토크 형식의 내용이다. 1부 아이 없이 살기, 모두 100% 확신해서 결정했을까? 2부 출산은 내가 하는데, 왜 비출산은 모두와 합의해야 할까? 3부 한국에서 엄마가 되어도 괜찮을까? 이며 총 32가지의 주제로 이야기를 나눈 책이다.

한부모가족은 별거나 사별, 이혼 등의 사유로 인하여 부모 중 한쪽만 있거나 법적인 혼인관계 이외의 아버지나 어머니가 자녀와 함께 사는 형태이다. 「한부모가족지원법(약칭: 한부모가족법)」에는 한부모가족이 안정적인 가족 기능을 유지하고 자립할 수 있도록 지원하여 생활안정과 복지 증진을 지원을 명시하고 있다. 국가와 지방자치단체가 한부모가족의 복지를 증진할 책임을 갖고 있다. 한부모에는 두리모(미혼모)와 미혼부가 포함되는데, '부'와 '모'에 대한 정의도 명확히 밝혀져 있다. 법에 근거하여 복지서비스를 제공하는 한부모가족지원센터가 운영되고 있다.

▌「한부모가족지원법」에 명시된 한부모가족

1. "모" 또는 "부"란 다음 각 목의 어느 하나에 해당하는 자로서 아동인 자녀를 양육하는 자를 말하다.
   가. 배우자와 사별 또는 이혼하거나 배우자로부터 유기(遺棄)된 자
   나. 정신이나 신체의 장애로 장기간 노동능력을 상실한 배우자를 가진 자
   다. 교정시설·치료감호시설에 입소한 배우자 또는 병역복무 중인 배우자를 가진 사람
   라. 미혼자{사실혼(事實婚) 관계에 있는 자는 제외한다}
   마. 가목부터 라목까지에 규정된 자에 준하는 자로서 여성가족부령으로 정하는 자

1의2. "청소년 한부모"란 24세 이하의 모 또는 부를 말한다.
2. "한부모가족"이란 모자가족 또는 부자가족을 말한다.
3. "모자가족"이란 모가 세대주{세대주가 아니더라도 세대원(世代員)을 사실상 부양하는 자를 포함한다}인 가족을 말한다.
4. "부자가족"이란 부가 세대주{세대주가 아니더라도 세대원을 사실상 부양하는 자를 포함한다}인 가족을 말한다.
5. "아동"이란 18세 미만(취학 중인 경우에는 22세 미만을 말하되, 「병역법」에 따른 병역의무를 이행하고 취학 중인 경우에는 병역의무를 이행한 기간을 가산한 연령 미만을 말한다)의 자를 말한다.

조손가족은 만 18세 이하인 손자나 손녀와 65세 이상인 조부모로 구성된 가족을 말한다. 다양한 이유로 부모 없이 성장해야 하는 손자녀를 조부모가 돌보면서 형성되는 경우가 많다. 「건강가정기본법」에는 조손가족의 역량강화 지원 사업을 전개하도록 명시되어 있다.

재혼가족, 분거가족, 동성애가족, 이산가족…

재혼가족은 결혼한 적이 있는 한 명 이상의 배우자와 한 명 이상의 자녀들로 구성된 가족이다. 재혼가족(reconstituted families)은 재구성가족, 혼합가족, 재혼가족, 이중핵가족(binuclear), 계부모가족(step family)이라고도 한다.

분거가족이란 가족의 여건상 부부가 같은 지역에 살지 않고, 지리적으로 떨어져서 생활하는 형태이다. 한국 사회에서의 분거 가족은 맞벌이 가족의 증가와 관련이 깊고, '주말부부', '기러기 가족'라는 형태로 쉽게 찾아볼 수 있다.

동성애가족은 동성 간에 결혼하여 가족을 이루는 형태이다. 동성애(homosexuality)가족에 대한 사회적 인정 여부에 대해서는 시대와 문화에 따라 다양한 견해가 존재한다. 최근 연구에서는 무자녀부부, 한부모, 재혼, 입양, 동거커플, 동성커플 등을 가족으로 인식하는 경향이 나타남에 따라 과거에 비해 넓어진 가족 수용 범위를 확인할 수 있고, 이

를 통해 가족개념의 변화를 감지(유계숙·강민지·윤지은, 2018)할 수 있다.

이산가족은 가족원이 자연적 천재지변이나 국제적 무력 충돌과 정치적 사회적으로 불안정을 겪으면서 본의 아니게 흩어져서 서로 만날 수 없게 된 가족이다. 한국은 6.25전쟁 이후 실향민이 되어 남북으로 나뉘어 살게 된 가족이 이에 해당된다. 이외에 이산가족은 자연재해로 인한 이산가족, 난민, 무국적자, 망명자, 전쟁희생자로 인해 형성된다. 일제 강점기나 그 이전의 이산가족은 중국, 구소련, 하와이, 일본 등지로 떠나는 이주자들이 발생하면서 국내 유가족들과의 이산을 통해 형성되었다. 특히 일제의 강제 징용으로 사할린이나 동남아 등지로 끌려간 이들이 국토가 분단되면서 국내로 돌아오지 못하고 이산가족이 된 경우가 많다. 1990년대 중반 이후부터는 전쟁과 분단으로 인한 이산가족만이 아니라 북한이탈주민도 새로운 이산가족으로 보고 있다.

다양해지는 가족, 그 안에서 '효' 문화는 존재할 수 있을까? 가족의 구성과 형태, 숫자 등 다양하게 형성되는 가족 내에서 부모 자녀 관계를 중심으로 확산된 효 의식과 효행이 어떻게 내재화될 수 있을지 살펴보아야 한다. 이와 같은 다양한 가족에서 '효'는 가족 내의 가치와 규범인 차원으로 머물기보다는 각기 다른 문화적 차이에 대한 수용과 더불어 사회와 복지 제도 등에서도 효가 실현되도록 하는 확산적인 개념의 '효'로 넓혀 나가야 할 것으로 본다.

2. 세대에 따른 효

효의식과 효행 현상에 관한 선행 연구를 보면, 시대와 사회변동에도 불구하고 일관성 있게 지속되는 의식이 있다. 부모 존경과 사랑, 부모 은혜에 대한 보은의 책임 의식이다. 다만, 각 세대별로 효의식과 효행은 차이가 나타난다. 초등학교 시기와 청소년 시기, 대학교 시기, 성인기 시기에 따라 효 의식과 효행은 어떻게 나타나고 있을까?

1) 초등학생의 효 의식과 효행

한국 아동의 효도에 대한 토착심리를 분석한 연구(정부용,박영신, 2006)에서는 초등학생 1,001명을 대상으로 연구되었다. 조사 결과에서는 다음과 같은 내용이 언급되었다. 초등학생들은 부모님께 효도하지 않았을 때 마음은 죄송함(52.2%)을 느끼며, 남녀학생이 동일한 비율로 반응을 하였다. 부모님께 효도를 해야 하는 까닭으로는 낳아주심(43.1%)이 가장 높았고, 키워주심(19.5%), 희생하심(14.9%) 등으로 나타났다. 그리고 아동이 할 수 있는 효도 방법은 부모 도와드리기(19.8%)가 가장 많았고, 심부름이나 청소, 설거지 등이 포함되었다. 이 외에 안마해 드리기, 예의바른 언행하기, 감사하는 마음 갖기, 스스로 공부하기 등도 꼽혔다. 초등학생들에게는 부모의 희생과 죄송함이 효 의식과 효행의 중요한 기반이 됨을 보여준다.

초등학생의 부모에 대한 효도의식 연구(신영이 외 2인, 2009)에서도 유사한 결과가 나타났는데, 아버지와 어머니에 따라 다르게 효행을 한다는 결과를 보였다. 아버지께는 '부모를 아껴줌', '예의바른 표현하기'로, 어머니께는 '부모를 도와줌'과 '다정한 표현하기 등으로 다르게 나타났다. 부모님께 효도하지 않았을 때는 '죄송함'을 느끼며, 효도를 하는 이유로는 '낳아주셨기 때문'으로 나타나 선행연구와 동일한 결과를 보였다. 그리고 불효로 생각하는 것은 '순종하지 않음'이라고 여기고 있고, 가장 좋은 효도 방법은 '순종'하는 것으로 나타났다.

초등학생들은 낳아서 길러주신 부모님께 효도해야 한다고 생각하다.

한편 또 다른 연구(채경선, 2011)에서도 초등학생들은 효를 낳아주고 길러준 부모의 은혜에 보답한다는 보은(報恩)의 방식으로 인식하는 비중이 높았다. 그리고 가정에서 형제간의 우애나 노인을 향한 공경은 잘 실천하지 않는 것으로 나타났다. 즉 효를 생각할 때, 부모에 대한 보은의 개념을 갖고 있고, 확산적인 개념으로 이해하는 것은 부족한 결과를 보였다.

그런데 초등학교 5~6학년들의 효에 대한 직관적 현상연구(윤정노, 2017)에서는 선행연구와는 다소 차이가 나는 반응이 나타났다. '효'라는 말을 들을 때 남녀 학생들 모두 '자신을 키워준 부모님'이라는 점이 떠오른다는 반응을 대신하여 '부모님에 대한 물질적 봉양' 내지는 '학

교 주변에서 고물을 수집하는 노인' 등이 떠오른다는 비중을 높게 꼽았다. 부모를 모시기 위해 물질이 중요하다는 의식이 높고, '효'는 노인을 상징하는 것으로 보면서 '측은지심'의 개념으로 인식되고 있다고 분석되었다. 즉 '노인'을 직관적으로 생각해 볼 때, 돌보아야 할 어려운 처지에 있는 사람으로 받아들여지고 있는 것을 알 수 있다. 물질적 가치를 중요하게 생각하는 시대적 특징을 반영하는 것은 아닌가 생각된다.

최근 기사(중부매일, 2020.5.31.)에 따르면, 공주 상서초등학교에서는 가족의 소중함을 알고 효의 의미를 일깨우는 시간을 갖고자 가족 단위의 '상서 효 체험의 날'을 운영했다. 행사로는 부모님과 조부모님께 효를 실천할 수 있도록 부모님께 사랑의 편지쓰기, 안마하기, 조부모님 댁 방문하기 등 각 가정에서 가족 단위의 효 체험을 하도록 하여 의미 있는 시간을 갖도록 했다. 코로나19로 인하여 집에 머무는 시간이 많아지면서 오히려 아동들이 부모와 갈등을 겪는 경우가 생긴다는 점이 우려되었으나, 이러한 교육적인 노력을 통해서 '효'의 실천과 계도를 한 것이다.

선행 연구를 통해서 살펴본 한국의 초등학생들이 생각하는 효와 불효, 그리고 효도를 해야 하는 이유 등의 내용을 정리해 보면 다음과 같다. 효도하는 이유로는 낳아서 희생을 다해 길러주신 부모에게 보은(報恩)을 해야 한다는 것으로 요약될 수 있다. 그리고 불효로는 순종하지 않는 것으로 생각하고 있다. 구체적인 효행, 즉 효의 실천은 부모 곁에서 심부름 하거나 집안일을 돕는 것, 자기가 해야 하는 공부를 스스로 하고, 부모 사랑의 마음을 전할 수 있는 편지쓰기나 예의바른 언행하기,

안마해 드리기 등을 꼽고 있다. 초등학생들은 부모의 곁에서 감사와 존경하는 마음가짐을 갖고, 일상생활에서 도움을 드릴 수 있는 행동을 하며, 부모를 기쁘게 해드릴 수 있도록 순종하고 공부를 열심히 하는 것을 '효도'라고 생각하고 있다.

▌초등학생들이 생각하는 효와 불효

효도를 해야 하는 이유	효	불효
• 나를 낳아주심 • 키워주심 • 희생하심	• 심부름, 청소, 설거지 돕기 • 안마해 드리기 • 예의바른 언행 • 감사하는 마음 갖기 • 스스로 공부하기 • 순종하기 • 사랑의 편지쓰기 • 조부모 댁 방문하기	• 순종하지 않음

한편 유아시기부터 교육의 필요성을 강조하는 관점에서 유아교육에서도 효와 관련한 내용이 다루어지고 있다. 영유아 교사들의 '효'에 대한 인식 조사(오세붕, 2015)에 따르면 선생님들은 효 교육 활동에 대한 관심도가 높았고, 효 교육의 목적은 '인격형성'이라고 보는 것으로 나타났다. 그리고 '효 교육 프로그램 개발' 요구를 가장 많이 하고 있다. 이는 영유아들의 인성교육을 위해 효 교육프로그램이 개발되고 교사들에게 보급되어 적용되어야 한다는 것을 시사한다.

유아를 위한 효도와 인성예절지도가 확산되어야

필자가 발표한 유아인성예절지도(2017)에서는 위와 같은 교사들의 요구를 반영하여 '효도와 유아인성예절지도'를 위한 주제와 내용에 대해 아래와 같이 제시한 바 있다.

구분	주제	내용	동요
공경의 孝	아버지 어머니를 사랑해요.	• 낳아서 길러주신 은혜를 알아요. • 부모님의 성함을 알아요. • 부모님의 생신을 기억해요.	부모은중경
	웃어른을 공경해요.	• 할머니 할아버지와 이야기를 잘해요. • 어른이 소중히 여기는 물건에 손대지 않아요. • 어른이 오시면 인사를 잘 해요.	할아버지 할머니
봉양의 孝	아버지 어머니와 함께 해요.	• 매일 매일 아침저녁에 인사드려요. • 부모님과 함께 음식 먹어요.	아침 인사해요
시봉의 孝	아버지 어머니께 걱정 끼치지 않아요.	• 집 밖에 나갈 때는 꼭 말씀 드려요. • 집에 돌아와서도 인사드려요.	인사해요
	어머니 아버지 편찮으시면 살펴드려요.	• 어머니 아버지 편찮으시면, 보살펴 드려요. • 심부름 할 수 있어요. • 집안일을 도울 수 있어요. • 동생을 잘 돌볼 수 있어요.	아버지 어머니 편찮으시면
순종의 孝	어머니 아버지 뜻을 따라요.	• 어머니 아버지 말씀에 귀 기울여요. • 말씀하시는 중간에 끼어들지 않아요. • 어머니 아버지께서 왜 그렇게 하라고 말씀하셨는지 생각해 보아요. • 어머니 아버지 말씀에 응대할 때 큰 소리 치지 않아요.	부모님 위해
형제·친척을 소중히	형제자매는 소중해요.	• 형제자매와 다투지 않고, 서로 도와요. • 형제자매의 물건을 탐내지 않아요.	부모님 위해

하는 孝		• 물건을 나누어 쓸 수 있어요. • 고마워, 미안해와 같은 인사를 주고받아요.	
	친척과 화목해요.	• 친척과 사이좋게 지내요. • 서로서로 도와요. • 친척의 관계를 알고 있어요.	우리 친척
보신의 孝	우리 몸을 조심해요.	• 몸을 다치지 않게 조심해요. • 다른 친구의 몸을 헤치지 않아요. • 깨끗하게 몸을 씻고, 단정한 몸차림을 해요. • 내가 아프면 아버지 어머니 마음이 더 아파요.	곱게 자라요
입신행도의 孝	당당하고 멋진 어린이가 될래요.	• 다른 사람들과 친하게 잘 지내요. • 내가 할 일은 반드시 해요. • 바르고 당당한 태도를 갖출 수 있어요.	나는 나는 누굴까
양지의 孝	어머니 아버지의 가르침을 알아요.	• 우리 집의 가훈을 말할 수 있어요. • 가훈은 언제나 잘 지키려 해요.	가훈 알죠

앞으로도 초등학생, 유아를 위한 다양한 효 교육 프로그램이 확산되어야 할 것으로 본다.

2) 청소년의 효 의식과 효행

청소년 시기는 신체적 정서적 심리적 변화가 급격히 이루어는 시기이므로, 부모와의 관계에서도 많은 갈등과 충돌이 나타난다. 이 시기의 자녀들은 부모의 언어나 반응에 대해서 매우 민감하게 응대하고, 부모

나 가족보다는 친구 관계에 집중하며, 매사에 강력하게 자기주장을 한다. 그렇다면 초등학교를 지난 중·고등학교 청소년들이 생각하는 효 의식과 효행은 어떠할까?

최근 청소년 자녀가 지각한 효도 연구(박영신 외 3인, 2014)에 따르면, 효행은 순종, 부모를 도와줌, 부모를 위해줌, 학업성취가 대표적이었고, 효도의 말로는 '예의 바르게 표현하기'와 '다정한 표현하기'가 많았다. 효도하는 이유로는 부모와는 혈연관계이기 때문이며, 부모의 희생에 대한 보답, 그리고 인간의 도리이기 때문이라는 내용 등이 포함되었다. 불효로는 부모에게 순종하지 않음, 마음을 아프게 함, 기대에 미치지 못함, 나쁜 행동, 학업 소홀 등이 지적되었다. 효도하지 않을 때 드는 마음으로는 죄송함이 많았다. 부모의 정서적 지원은 자녀와 부모 관계의 효능감을 증진시키고, 자녀가 지각하는 부모 관계의 효능감이 높을수록 학업 수준을 높일 뿐만 아니라 부모에게 더욱 효도하는 것(박영신 외 3인, 2015)으로 나타났다. 즉 청소년들은 정서적으로 지지해주는 부모의 희생에 감동하고, 혈연관계에 강한 유대를 갖고 부모를 신뢰할 때, 학업에도 충실하며 효도해야겠다는 마음으로 이어지고 있음을 알 수 있다.

효 의식이나 효행은 부모와 자녀의 상호작용 속에서 그 개념과 실천 태도가 강화될 수 있다. 그러한 내용을 보여주는 바가 있다. 청소년기 자녀를 둔 한국의 부모들은 자녀가 학업에 충실한 것을 가장 감동적인 효도로 지각(박영신 외 2인, 2009)하므로, 청소년들도 학업성취를 부모

에 대한 효도로 인식하고 있음을 볼 수 있다. 이는 부모들이 자녀에 대해 기대하고 있는 효도는 자녀의 사회화 과정에서 내면화된 것일 가능성이 있다(박영신 외 3인, 2014)고 분석되고 있다. 성장 과정에 있는 자녀들은 부모의 영향을 크게 받게 되므로, 부모의 기대와 요구를 무의식중에 받아들이며, 내면화하기 때문이다.

청소년들은 남녀별로 효 의식과 효행에 차이를 보이다.

한편 남학생과 여학생별로 효 의식과 효행에 차이를 보이는 것으로 나타나고 있다. 여학생들은 남학생보다 아버지께 다정한 표현과 다정한 행동을 하는 것을 효도로 인식하고, 순종을 미덕으로 받아들이고 있지만, 남학생들은 예의 바른 표현을 효도의 언어표현으로 지각하고, 순종보다는 학업에 충실한 것을 효도로 인식하는 경우가 많다.

▌청소년들이 생각하는 효와 불효

효도를 해야 하는 이유	효	불효
• 혈연관계 • 부모의 희생에 대한 보답 • 인간의 도리	• 순종하기 • 부모를 위해 줌 • 부모를 도와 줌 • 학업 성취(남>여) • 예의바른 표현(남>여) • 다정한 표현과 행동(여>남)	• 순종하지 않음 • 마음을 아프게 함 • 기대에 미치지 못함 • 나쁜 행동 • 학업 소홀

고등학생들의 효 의식에 대한 연구(이종길, 2010)에서는 효를 생육(生

育)에 대한 감사나 신체보전, 공경, 양지(養志), 시봉(侍奉), 간쟁(諫諍)[3] 등과 연결시키는 비율이 높았으나, 부모에 대한 순종이나 봉양, 후사(後嗣)[4] 등과 연결시켜 인식하는 비중은 낮게 나타났다. 그리고 효심과 글로벌 리더로서의 성장 가능성은 상관관계가 그다지 높지 않았다.

청소년들에게는 다양한 매체로 효 체험 프로그램을 적용

그렇다면 청소년들의 효 교육은 어떻게 해야 할까? 이와 관련한 청소년들을 위한 효 교육 권장에 관한 연구(이현용, 2012)에 따르면, 첫째, 청소년들에게 효 교육은 지속되어야 하며 둘째, 가능한 어릴 때부터 실시되어야 하고 셋째, 다양한 매체를 통하여 전 방위적으로 접촉할 수 있도록 하는 것이 좋으며 넷째, 부모와 자녀에게 동시에 이루어져야 한다고 하였다. 그리고 다양한 효 체험 프로그램을 활용할 수 있어야 한다는 것을 강조하였다. 효는 의식함양과 더불어 실천이 뒤따라야 하는 덕목이다. 따라서 앞으로도 효 가치나 효심을 어떠한 방향으로 이끌어 갈지에 대한 교육적 연구와 노력이 지속되어야 한다.

한편 청소년들의 효 교육을 위해 교과서에 나타난 효 내용을 분석한 연구(지봉환, 2019)가 발표되었다. 교과서는 학생들의 삶을 형성하는 토대이며 삶의 방향을 일러주는 지침이다. 이 연구에서는 효가 언급된

3) 간쟁(諫諍)이란 어른이나 임금에게 옳지 못하거나 잘못된 일을 고치도록 간절히 말하는 것이다.
4) 대(代)를 잇는 아들. 법적으로 공식적으로 재산 상속권을 가진 아들. 후계자, 상속자

교과로 국어와 윤리 교과에 대한 내용을 분석하고 제안하였다. 중고등학교 국어 교과에는 다양한 방식으로 효 내용이 실려 있고, 효에 대한 생각과 실천의 필요성 등을 인식하고 깨닫도록 되어 있다고 분석했다. 반면 윤리 교과에서는 독립단원으로 효를 다루고 있지만, 부모 자녀 사이에 필요한 덕목으로서의 효를 강조하는 데에 그치고 있으므로 효의 의미와 현대에서 효를 강조해야 하는 이유, 그 실천 방법 등 효의 생활화를 위한 구체적인 내용이 필요하다고 보았다.

또 다른 연구(지봉환, 2014)에서는 교과서에는 자녀가 부모의 사랑을 잊지 않고, 부모의 마음을 편안하게 하려고 끊임없이 마음을 써야 한다는 내용이 있는데, 부모의 헌신에 감사하는 마음을 갖고 효를 실천해야 하지만 효를 자녀의 일방적인 의무로 강요하는 것은 바람직하지 않다고 지적하였다. 그리고 올바른 효의 실천은 부모는 자녀에게 자애를 베풀고, 자녀는 기꺼이 효를 실천하는 호혜적 원리를 바탕으로 해야 한다고 주장하였다. 청소년은 심리적으로 매우 민감한 시기이다. 부모를 향한 일방적인 효, 의무적인 효의 개념을 강조하는 것은 유의해야 할 사항이다.

3) 대학생의 효 의식과 효행

전통적인 효 의식은 젊은 세대와 부모 세대 간에 큰 차이를 보이고 있다. 특히 요즈음 한국의 젊은 세대들은 부모의 노후 생계에 대하여 자녀에게 의존하기보다는 부모 스스로 해결하기를 강조하는 경향이 짙

다. 부모를 정성껏 봉양해야 한다는 효 의식은 현실과 괴리가 크다.

국민연금관리공단의 설문조사 결과(2013.5), 대학생의 86%는 부모가 노후를 스스로 준비해야 한다고 생각하는 것으로 나타났으나, 중년 세대는 부모 부양의 책임을 중요하게 인식하는 경향을 보여, 세대 간의 의식 차이를 확연히 보였다. 그리고 노부모들은 중년 세대의 자녀로부터 부양을 받는 것에 대해 부담을 느끼고 있고, 자신들이 경제적·신체적 자립이 부재한 처지에 놓여 있으므로 자녀에게 의존하지만 이러한 상황에 대해 심리적으로 큰 부담을 갖는 것으로 나타났다. '효'에 대한 전통적인 관점에서 비추어볼 때, 부모의 부양책임에서 자유롭기를 희망하는 젊은 세대나, 자식들로부터 부양을 받는 것을 부담스럽게 여기는 노인 세대나 노부모를 부양해야 한다는 의무를 갖는 중년 세대나 모두 자신의 위치에서 '효'에 대한 서로 다른 생각을 갖고 있다는 것을 보여준다. 이는 '효' 의식과 실천에 있어서 혼란스러움과 과도기적인 모습을 보여준다.

최근 연구(유계숙 외 2인, 2018)에 의하면 조사대상 청년집단의 경우, 가족 개념과 가치관이 일관되게 설명되기 어려운 점이 발견되었다. 혈연으로 맺어진 부모-자녀 중심 핵가족을 전적으로 지지하는 가족 개념을 가졌으면서도 동시에 부모-자녀 간 일체감을 매우 거부하는 가족 가치관을 지닌 것에 주목해야 한다. 이는 위 연구에서도 나타난 효 의식의 세대간 차이의 원인을 보여주는 내용이다.

대학생을 대상으로 한 효 의식 연구는 많지 않다. 일부 연구를 참고해 보면, 대학생들의 효 의식에 관한 질적 연구(남궁미, 2005)에서는 한국 대학생들의 효 의식은 자기 역할을 충실히 하는 것, 부모를 이해하는 것, 부모에 대한 정신적 물리적인 예를 갖추는 것 등 5가지 요인으로 나타났다. 그리고 대학생들은 효의 개념을 '부모를 이해해 드리는 것'으로 정의를 내리는 경우가 많았다. 또한 부모에 대한 공경심이 많고, 경제적인 공경보다는 정서적인 공경을 높게 인식하고 있었다. 자신의 부모만이 아니라 공경의 대상이 되는 사회구성원들에 대한 섬김과 친절, 선의를 베푸는 것도 효 개념으로 인식하고 있었다.

▌부모 공경의 측면에서 본 '효' 개념에 대한 대학생들의 인식

범주	개념
자녀의 도리	• 자녀로서 당연한 행위 • 자녀이기에 부모님을 행복하게 해드리는 것 • 부모님의 은혜에 대한 자녀로서의 마음에서 우러나는 행동 • 자녀로서 부모님의 은혜에 감사하는 것
보은	• 부모님의 사랑에 보답 • 부모님의 곁에서 끝까지 모심 • 부모님의 기쁨과 아픔을 같이 공유 • 부모님께 도움 드림 • 부모님이 해 주신 만큼 보답
심정이해	• 걱정을 끼치지 않음 • 부모님께 잘하고 예의바름 • 최대한 부모님을 배려 • 경제적인 부분에서 손 벌리지 않음
외연확대	• 남에게 잘 베풀고 친절함 • 어르신을 공경 • 가족구성원 모두를 섬김

출처: 남궁미 (2005). 대학생의 효 의식에 관한 질적 사례연구. p.83 참조.

대학생들이 실천하는 효행으로는 장학금 받기, 집안일 돕기, 부모에게 선물하기, 대화하기, 부모를 생각하고 행동하기, 웃음 드리기, 부모가 편찮으실 때 간호하기, 공감과 지지하기, 안부 인사하기, 아르바이트로 여행 및 가계 지원하기, 본분에 맞는 행동하기, 집안일(설거지, 청소 등)과 심부름하기, 쓰레기 버리기, 식사 대접하기, 스마트폰 사용 방법 알려드리기, 목욕탕에서 어르신의 등 밀어드리기 등 매우 구체적인 내용을 말하고 있다.

부모의 설득으로 이루어지는 효 교육은 한계

현대에 이르러 효 의식과 실천은 세대 간 남녀 간에 차이가 존재하며, 가족 간에는 서로의 관점에 대한 이해 부족으로 갈등을 겪기도 한다. 최근 연구(박미란, 2018)를 통해서 대학생들이 효를 실천할 때 갈등을 느끼는 경험을 보면 다음과 같다.

이들 내용을 크게 분류해 보면, 첫째는 개인주의 경향과 자신의 이기심, 둘째는 부모와의 효 개념의 차이, 셋째는 학업과 아르바이트로 바쁘다는 점, 넷째는 효의 실천 방법을 모른다는 것 등으로 나누어 볼 수 있다. 이러한 내용을 미루어 보면 효에 대한 가치관의 차이와 효 실천의 방법을 모른다는 것을 보여주는 것으로, 효 의식과 실천을 위한 개념 이해와 실천을 위한 교육적 확산이 이루어져야 한다는 것을 알 수 있다.

■ 대학생들이 경험한 효 실천에서의 갈등 내용

- 경제적인 어려움
- 물질적 효
- 본받을 사람이 형제 중에 없음
- 부모님과 효 개념이 차이가 있음
- 바빠서 관심이 부족함
- 제대로 효 교육을 못 받음
- 제대로 된 효의 실행을 잘 모름
- 이기심과 세상에서의 일락
- 남을 배려하는 마음의 부족함
- 친구들과 어울려 다님
- 부모와의 의견차이
- 부모님의 너무 지나친 관심

대학생들은 대부분 가정이나 학교, 지역사회에서 효에 대해서 교육받은 경험이 있고, 인터넷이나 지역주민센터, 아르바이트 일터 등에서 배운 경험도 있는 것으로 나타났다. 효 교육 내용은 부모와 어르신 공경을 비롯하여 인성교육, 예절교육, 가족화목, 부모가 늙었을 때 잘 모시는 법 등 다양한 내용이었다. 그리고 효 교육에 대해서는 효도 방법 터득을 위해 필요하고, 고령화사회로 진입한 한국의 현실을 생각할 때 그 필요성이 높다고 보고 있었다. 그리고 현재 우리나라의 학교에서 효 교육이 부족한 현실의 문제를 지적하였다. 학교 교육에서는 좀 더 체계적인 교육이 가능하고 다양한 접근과 객관적 입장에서 '효'를 교육할 수 있다고 보았고, 부모의 설득으로 이루어지는 '효' 교육은 설득력이 약하다는 문제도 제기하였다.

4) 성인들의 효 의식과 효행

성인들이 생각하는 효 의식과 효행은 어떻게 나타나고 있을까? 부모를 대상으로 연구한 결과(박영신 외 2인, 2009)를 보면, 한국 부모들이

생각하는 효 의식과 효행을 알 수 있다. 부모들은 자녀가 부모 말에 잘 순종하며 학업에 충실할 때, 그것을 효도라고 인식하고 있다. 부모들의 자녀 효도에 대한 인식은 부모로서의 자녀양육 효능감을 증진시키고 동시에 부모의 생활 만족도를 향상시킨다. 즉 한국 부모들은 자녀가 성장하면서 공부를 잘하는 것으로도 큰 행복감을 느끼고 있으며, 자녀의 이러한 효도는 화목한 가정을 만드는 데에 기여 하는 것으로 설명된다.

호혜적인 부모 자녀 관계가 되도록 해야

한편 30대 이상 효행자를 대상으로 이루어진 한국인의 효에 대한 사회조사(성규탁, 2016) 결과를 참고해 보면, 효행자가 '효'에 대해 피력한 코멘트 중 50% 이상 언급된 바를 보았다. 이는 '효는 자식으로서 부모에게 당연히 해야 하는 의무의 수행이다(90%)', '효는 부모로부터 오랜 세월 동안 받은 은혜를 돌이켜 갚는 것이다(90%)', '효는 자나 깨나 자식 걱정을 해주는 부모에 대한 감사의 표현이다(80%)', '효는 정성을 다하여 부모를 돌보는 끊임없는 노력이다(70%)', '효는 충분히 못한 데 대한 자책 또는 죄의식을 가진다(50%)' 등으로 나타났다. 고령의 부모를 딱하고 애처롭게 여기고, 그분들이 괴로워하면 스스로 괴로움을 느끼고, 그분들이 어려움을 당하면 그들도 어려움을 당한다는 심정으로 돌보아 드린 것으로 보아, 이런 심정은 효행자가 갖고 있는 측은지심의 발현이라고 분석되었다. 효행자들이 노부모를 모신 다양한 돌봄은 세 가지로 정리되었다.

▌효행자들이 노부모를 모신 돌봄 경험

제1차적	제2차적	제3차적
• 집안일 돕기(방 정리, 세탁 등) • 개인적 돌봄(식사 시중, 목욕, 대소변 돕기 등) • 주택제공(자녀와 동거) • 가정 의료(간호, 의약품 제공)	• 교통제공(외출 시 동반, 등에 업고 다님) • 심리적지지(존경, 부모의 소원 성취 등) • 용돈제공 • 보호 • 사회활동 참여 주선(가족과 함께하기)	• 책 읽어주기 • 대화상대가 되는 것 • 교육의 기회를 마련해 주는 것

출처: 성규탁 (2016). 한국인의 효에 대한 사회조사. p.43 내용을 참고하여 정리한 것임.

일반적으로 자녀와 부모와의 돌봄 관계는 자녀로부터 부모에게로 가는 단일방향적인 관계, 즉 '아래에서 위로' 행해지는 '효', '치사랑' 등의 내용으로 받아들여졌다. 그러나 이 연구에서 노부모를 모시는 효행자들은 돌봄 관계가 부모와의 상호교환적인 호혜적 관계라는 점을 말한다. 즉 부모로부터 받은 은혜를 갚는 것은 자녀의 의무이며, 책임을 다해야 함을 뜻한다. 이는 자(慈)와 효(孝)의 두 가지 덕(德)을 일상생활에서 실천하는 것을 보여준다. 이 연구에서는 '호혜적인 부모 자녀관계'가 되도록 하는 것이 한국인들이 발전적으로 재정립해야 할 과제라고 하였다. 이 주장은 오늘날 매우 현실적이고 타당한 내용이다. 그리고 효행자들이 경험한 부모 돌봄을 '부모에 대한 존경', '부모에 대한 책임', '부모 은혜에 대한 보답'의 세 가지로 재음미해야 한다고 하였다.

▌부모를 모시는 세 가지의 효행

부모에 대한 존경	부모에 대한 책임	부모 은혜에 대한 보답
• 경의를 표하며 예의바르고 공손하게 대함 • 명예를 주고 귀하게 여김 • 정성껏 돌보아 드림	• 끊임없이 적극적으로 부모를 돌보아 드림 • 부모를 잘 모시기 위해서 결혼을 늦추거나 직장을 쉼 • 어려운 생활을 하면서 부모를 성심껏 돌봄	• 부모의 소원을 성취함 • 부모를 물질로써 즐겁게 해드림 • 부모를 비물질적인 방법으로 즐겁게 해드림

출처: 성규탁 (2016). 한국인의 효에 대한 사회조사. p.46-47 내용을 참고하여 정리한 것임.

효 의식과 실천은 보고 배우는 의식적 무의식적 '모방'의 학습이 크게 작용한다. 특히 가정에서 부모가 조부모를 향해서 보여주었던 효를 실천하는 모범적인 모습이 자녀들에게 영향을 미치게 된다. 부모가 보여주는 모델링 내용을 위의 연구에서 제시한 것 중에 일부를 정리해 보면 다음과 같다.

■ 부모가 보여주는 효의 모범

- 매주 안부 인사드리기
- 외조부모와 조부모 모시고 가족여행하기
- 외가 납골당 방문하기
- 외조모 생신 때 식사하기
- 조부모 생각하는 마음과 행동하기
- 외조모와 조모 원하시는 대로 지원하기
- 외조모 자주 찾아뵙고 식사하기
- 조모의 말씀에 순종하기
- 외조부모님의 건강 챙겨드리기
- 거짓 없이 사는 모습 보여드리기
- 항상 예의를 갖추고 어르신을 공경하고 도덕심을 보여주는 것
- 조부모님이 돌아가실 때까지 가족과 친척들이 함께 모여 돕기
- 장례를 모시기
- 도움이 필요한 남을 돕기

이외에 효를 배울 수 있는 모델링은 가족이나 이웃으로부터 보고 듣거나 매스컴에 나타난 모습, 학교에서 받은 인성교육과 도덕교육으로부터 비롯되는 것으로 나타났다. 효의 모범은 일상에서 지킬 수 있는 가장 단순하고 쉬운 것으로 보이지만, 실천은 여러 가지 상황과 맞물려 어렵게 여겨지는 경우가 많다.

부모 인성에 대한 반성, 부모가 보여주는 효의 모범

효는 부모와 자녀만을 위한 제한적 덕목이 아니라 모든 인간관계의 안전과 건강을 위한 선조들의 요구(지봉환, 2016)이기도 하다. 이러한 관점과 유사하게 필자는 부모인성덕목 연구(2018)에서는 다음 내용을 강조하였다. 부모는 자녀에게 부모의 뜻이 전달되도록 하면서도 자녀를 개별적이고 독립적인 존재로 존중해야 한다. 동시에 가족은 혈연을 중심으로 '우리 의식'을 강하게 갖게 하는 연대감을 요구하게 되므로, 부모 인성 덕목은 한 세대에 발현되고 종료되는 것이 아니라 세대를 이어가는 가치와 의미를 담고 있고 가계(家戒)로 실천되도록 해야 한다. 가족윤리로 효를 바탕으로 한 인성이 함양되고 효를 실천할 수 있도록 한다면, 나아가 사회구성원들과 관계를 형성할 때에도 바른 인성으로 발현될 수 있기 때문이다.

3. 라이프스타일과 효

최근 들어 호흡기 질환의 세계적인 대유행으로 인하여 국내외적으로 정치 · 경제 · 사회 · 문화 · 교육 등에 큰 영향을 미치고 있다. 이는 전 세계적인 위기가 되고 있고 이전의 일상과는 다른 새로운 일상으로의 변화를 만들어내고 있다.

국내 감염병 자료에 따르면 그동안 겪어 왔던 대표적인 신종 감염질환으로는 대표적으로 2002년부터 시작된 중증급성호흡기증후군(SARS-CoV), 2009년 유행하기 시작한 신종인플루엔자A, 2013년 중동호흡기증후군(MERS-CoV), 코로나바이러스감염증-19 등이 있다. 2020년은 코로나바이러스로 인하여 국내외의 감염자가 계속 발생하였고, 지역사회 확산과 해외에서 유입한 감염자들이 증가하면서 어떤 시기보다 힘든 상황이 되었다. 이를 극복하기 위해 전 세계적으로 치료제와 백신 개발 노력이 이어지고 있고, 개발과 치료제를 둘러싼 국제간 경쟁과 갈등도 나타나고 있다. 이러한 환경변화와 감염질환이 가져온 위협적인 시기에서 개인이 겪는 일상의 문제는 매우 심각하다. 감염에 따른 생명의 위협과 감염상태에 노출되는 것에 대한 두려움, 정신적 스트레스는 물론이고 상호 간의 대면에 대한 불신 등이 우리의 곁에 있다. 감염질환을 치료하는 의료시스템은 그 어느 시기보다 중요한 위치에 놓이게 되었다. 개인과 가족의 모든 일상생활이 상황에 따라서 통제되고, 경제활동이 제약

되면서 천재지변과 같은 긴급재난으로 받아들여졌다. 국가에서는 전 국민 재난지원금을 지원하는 초유의 지원책이 진행되었다.

비대면의 일상화, 라이프스타일을 변화시키다.

이로 인해 일상에서는 모든 생업에서 비대면이 일상화되고, 라이프스타일[5]이 변화되고 있다. 즉 언택트(Untact)[6]시대가 되었다. 초중고교와 대학의 교육환경도 온라인교육 환경으로 바뀌다시피 되었고, 문화예술계의 공연도 비대면의 온라인 접속으로 진행되었으며, 비대면의 온라인 회의는 일상화되었다. 해외 관광과 여행, 영화, 공연, 전시, 스포츠 등 여가활동은 크게 위축되고, 쇼핑도 온라인과 모바일 쇼핑으로 이루어지는 비대면 배송시스템이 인기를 끌게 되었다. 고유의 명절에 가족이 함께 모여 음식과 정을 나누는 풍속도 지키기 어려운 시기가 되고 있다. 우리 문화에서 미풍양속으로 이어져 왔던 결혼과 장례의 상호부조도 위축되어, 마음으로의 축하와 위로만을 보내는 상황이 되었다. 이러한 상황에서 우리는 그동안 지켜왔던 삶의 질서가 교란되고 있음

5) 라이프스타일(lifestyle)은 개인이나 가족의 가치관 때문에 나타나는 다양한 생활양식, 행동양식, 사고양식 등 생활의 모든 측면의 문화적 심리적 차이를 전체적인 형태로 나타낸 말이다.(두산백과 참조) 시장의 세분화에서 소비자의 심리적 측면을 고려하고, 소비자의 잠재적 요구를 파악하기 위해서 마케팅과 소비자행동 연구분야에서 라이프스타일의 개념이 활용되고 있다.

6) 언택트(Untact)는 「트랜드코리아 2018」(김난도 외, 2017)에서 처음 제시한 용어이며, 문화체육관광부와 국립국어원은 영어식 신조어인 '언택트' 대신 '비대면'이라는 우리말 용어를 사용할 것을 권장한다(문화체육관광부, 2020.4.14) 이는 타인과의 접촉을 꺼리는 개인화 문화와 4차 산업혁명 기반 기술(인공지능, 빅데어터, 사물인터넷 등)의 발전, 스마트폰의 대중화, 시장의 무인화 바람 등이 맞물리면서 생겨난 트렌드이다.

을 경험하면서, 일상생활의 생업뿐만 아니라 모든 삶의 재편과정에 재빠르게 대처하고 있다. 이렇듯 생활환경의 변화는 우리의 라이프스타일을 변화시킨다.

최근 국내에서 주목을 받은 라이프스타일의 키워드로는 2017년에 욜로(You Only Live Once, YOLO, 한 번뿐인 인생), 2018년에 소확행(小確幸, 소소하지만 확실한 행복), 2019년 언택트(Untact)[7]라 할 수 있다. 라이프스타일은 그 시대를 사는 사람들의 생활양식으로 삶에서 추구하는 가치와 생활 태도가 반영되고 의식주를 비롯한 여가, 문화, 의례 등 일상생활에서의 소비패턴을 만들어 낸다. 이러한 라이프스타일은 매우 빠르게 변화하며 일상에서 밀접하게 작동하는 동시대의 '생활문화'를 만들어 낸다. 2020년 5월 코로나19와 디지털 시대 전환의식에 대한 한국리서치 조사에 따르면, 코로나19는 디지털 시대 전환을 앞당길 것이다(83%), 디지털 시대 전환은 우리 사회에 긍정적 영향을 미친다(80%)는 긍정적 의식을 보여 주었다. 즉 업무환경이나 생활방식, 산업환경 등 우리 사회를 전반적으로 변화시킬 것이라는 인식이 확산되어 있다.

7) 이주완, 안혜영, 마지황 (2019). Alone 세대와 Untact 마케팅, 하나금융경영연구소, 3-6.

욜로 (YOLO)

한 번뿐인 인생

- 미래의 투자보다 오늘에 집중하는 2030 신세대의 삶을 의미함
- 경험과 가치를 중시
- 자신이 하고 싶은 일이나 여행, 취미 등에 집중
- 미니멀 라이프 추구

소확행

작지만 확실한 행복

- 불확실한 미래의 불안과 경기불황의 어려움을 뒤로 함
- 바로 누릴 수 있는 작은 행복을 추구함
- 나의 행복에 집중
- 바쁜 오후 한 잔의 커피
- 친구들과 작은 선물교환
- 나만을 위한 작은이벤트
- 한 끼의 멋진 식사 등

언택트 (Untact)

접촉은 안 한다

- 서비스는 원하나, 서비스 제공자와는 접촉을 원하지 않음
- 나만의 시간을 타인에게 방해받지 않으려 함
- 모바일 주문, 결제
- 비대면 택배 수령
- 무인텔, 책봇, 무인계산대
- 언택트 소비층의 증가 추세
- 혼밥, 나홀로의 문화
- 타인과의 대면을 불편해함

코로나19와 분야별 비대면 트랜드

분야		내용
교육		• 각급 학교 온라인 수업 • 에듀테크 기반 원격학습시장 확대
의료		• 한시적 원격의료 허용 • 비대면 의료의 제도화 추진
미디어 콘텐츠	영화 극장	• 오프라인 기반 영화, 극장업계 위기 • 새로운 운영방식 등장
	방송	• 시청자의 시청시간 증가 • 클라우드 예능 등 새로운 제작
	OTT, VOD	• OTT(넷플릭스, 유튜브)와 VOD 이용 증가 • 신규 콘텐츠 공급 감소
	게임	• 모바일, 온라인 게임 이용 증가

예술 및 스포츠	공연예술	• 온라인, 디지털 공연
	스포츠	• 무관중 경기, 비대면 랜선 응원
유통	온라인쇼핑	• 플랫폼 기반 비대면 방식 소비의 일반화 • 온라인마케팅 강화
	비대면 주문 결제	• 키오스크, 스마트오더 서비스 확대
	배달 서비스	• 배달 앱 이용 증가, 비대면 안심 안전 배달 서비스 등장
	무인점포	• 비대면 소비트렌드 • 업계의 비용절감 노력으로 무인점포 확산
제조 및 물류	제조	• 핵심산업의 공급망 자립화 • 디지털, 스마트 제조(스마트팩토리)
	물류	• 드론, 로봇 등 활용한 스마트 배송 등장
근무환경		• 재택근무, 원격근무, 화상회의 • 디지털, 스마트 워크로 전환

출처: 국회도서관 (2020). 언택트 트렌드와 정책 한눈에 보기. FACT BOOK 2020-5 통권 제81호 참고.

부모에 대한 효의 실천도 비대면의 생활환경 속에서 좀 더 실현 가능한 방법을 찾아가야 할 필요성이 높아졌다. 과거에는 부모나 어른을 '찾아가 뵙는다.'라는 표현이 일상적이었고, 그렇게 해야만 예의가 바른 것으로 보았고, 인간적인 노력을 다하는 것으로 보아왔다. 이러한 표현도 시대에 따라 변화해 간다. 직접 대면하지 않으면, 안부를 여쭙기 어려웠던 통신시설이 발달하지 못한 시절에나 적합한 말이다. SNS를 통해서 세계인이 실시간 소통이 가능한 시대를 맞이한 오늘날, 우리가 예로부터 지켜왔던 '효행'의 방식도 변화되어야 하고, 그에 맞춰져야 한다.

비대면 시대에 효 실천 방법을 생각하다.

이러한 일상의 변화는 과학기술이 기반이 되고 있다. 2020년대를 살아가는 오늘날은 4차 산업 혁명이 보편화되어 가면서 불가능했고 불편했던 일상들은 인공지능(AI : Artificial Intelligence), 로봇, 사물인터넷(IoT), 빅데이터, 클라우드 등의 적용을 통해서 초연결 기반의 지능화 혁명이 이루어지고 있다. 단순 직업은 이미 로봇기술이 대체하고 있고, 무인시스템 도입으로 인해 사라지는 직업들이 늘어나고 있으며, 가상현실(VR : Virtual Reality)은 우리 곁에 있고, 이동 수단도 자율주행 자동차의 등장으로 변화해 가고 있다.

인공지능 기기, 효 로봇, 로봇반려견 등은 노인들의 외로움과 생활에서의 어려움을 해소시켜 주는 '효행' 을 실천하는 기기가 되고 있다. 부모 가까이에서 돌보아 드리지 못하는 자녀보다 '로봇이 효자 노릇한다.' 는 말이 익숙한 시기가 되었다.

일상에서 사람들과의 네트워킹은 다양한 채널을 통해서 이루어지게 되었다. 온라인을 통한 효의 실천을 제안한 연구(이성원, 2013)가 발표되었다. 이 연구에서는 온라인 효행의 장단점과 고려할 사항에 대하여 제시하였다. 온라인 매체를 통해서 부모와 자녀, 손자녀 세대와의 소통은 쌍방적 의사소통, 세대 간 의사소통이 가능하게 되었다고 하였다. 즉 '효'의 실천을 이끄는 매체로 온라인이 긍정적으로 사용되어야 함을 보여주었다.

코로나19가 발생하기 이전에 이미 우리 사회는 각종 과학기술의 발달에 힘입어 비대면 의사소통 시스템이 갖춰지기 시작했고, 이를 바탕으로 한 효행의 실천을 제안해 왔다.

■ 온라인 효행의 장단점과 가능성

온라인 효	주요 특성	고려될 사항
장점	• 시공간, 인원의 제한 없이 무한이 확장 될 수 있는 효행의 가능성이 높음 • 즉각적 쌍방향적이므로 의사소통과 대화에 효과적임. • 어린이, 젊은 세대에게 접근이 용이하므로 효행을 실천하도록 동기화할 수 있음	효행 실천을 위한 실용화 인식 개선, 온라인 교육 확대
단점	• 비온라인화된 사람들에게 접근이 어려움 • 편리성으로 효행을 대체하는 것에 대해 불쾌하게 여길 수 있음 • 면대면의 효에 대한 정서를 갖고 있는 사람들에게 예의가 없는 행위로 인식될 수 있음	온라인 문화의 보편화에 대한 문화적 현상의 변화 이해 필요
가능성	• 비대면의 요구가 높아지고 있는 시점에서는 장려하는 것이 현실적임 • 단점을 최소화하기 위해 기성세대들에게 온라인에 익숙하게 유도하는 교육의 효과성	부모세대의 온라인화 교육은 내리사랑의 실천이라는 의식 확대

출처: 이성원 (2013). pp.21-50을 참고하여 정리함.

온라인으로 효를 실천하다.

실제로 부모에 대한 효를 실천하고, 가족 간의 소통과 유대를 강화할 수 있는 다양한 매체들이 적극적으로 활용되고 있다. 원거리에 살거나, 학업과 직장으로 해외에 거주하며 부모와 떨어져서 생활하는 자녀들은

유선전화와 화상전화는 물론이고 페이스북, 트위터, 인스타그램 등 각종 SNS, 문자전송, 카카오톡 등의 온라인 매체를 이용하여 만난다. 시간과 공간을 초월하여 비대면 만남을 실제의 만남처럼 이끌고 있다. 전염성이 강한 감염질환이 많아지고 있는 시점에서는 온라인을 통한 만남과 소통이 관계성 유지에 중요한 매체가 되고 있다.

한편 온라인 문자메시지가 보편화되면서 커뮤니케이션을 위한 '그림말', 즉 이모티콘이 감정표현의 중요한 도구로 활용되고 있다. 이모티콘이 텍스트에 추가되면, 자신의 정서 표현을 손쉽게 할 수 있고, 언어적 설명으로 나타내지 않더라도 '상징'으로서 적절한 감정을 표현할 수 있다(황하성・박성복, 2008; 이종임, 2014; 김유진 외, 2014). 이모티콘은 대인관계에서 분위기나 맥락을 쉽게 파악할 수 있도록 돕고, 상대의 반응에 감정을 담아 적극적으로 대처할 수 있게 만든다. 이모티콘을 사용하면 메시지의 완고성이 낮아져 위협을 완화하는 데에도 유용하다. 그리고 문자를 주고받는 상대와의 친밀감을 증가시킨다. 이러한 이모티콘 사용은 대화 당사자들에게 서로 '함께 있는 듯한' 또는 '정서적으로 연결된 듯한' 느낌을 주고 공감대를 갖게 하며 긍정적인 관계를 맺도록 한다. 기쁨, 놀람, 감사, 슬픔, 두려움, 분노, 즐거움 등의 감정을 상황에 적절하게 적용하도록 그 정도까지 세세하게 나타낼 수 있다. 움직임이 있는 이모티콘은 더욱 역동적으로 감정을 나타내준다. 아침과 밤에 하는 인사는 물론, 승인을 나타내는 OK의 표시, 부정과 거부, 칭찬과 격려 등 커뮤니케이션을 보조해 줄 수 있는 수많은 이모티콘이 계속 생산되어 활용되고 있다. 이모티콘은 일상적인 커뮤니케이션 문화가 되고 있다.

이모티콘을 사용하여 부모와 감정교류를 하다.

필자는 대학생의 이모티콘 사용 연구(주영애 외 2인, 2016)를 진행했다. 연구에서는 대학생들이 부모와 문자메시지를 주고받을 때, 모바일 이모티콘을 사용하는 이들은 관계 관여적 정서 표현이 높을수록 이모티콘의 긍정적 사용행태가 높아지는 것으로 나타났다.

즉, 이모티콘은 정서 표현을 위해 유의미하게 활용될 수 있다는 점을 보여주었다. 가족 간의 의사소통 증진을 위해서는 의사소통 교육에서도 이모티콘의 적극적인 사용 방법을 알려줄 필요가 있다. 무료로 이용할 수 있는 이모티콘에서부터 유료의 이모티콘들이 계속 출시되고 있다. 이는 이모티콘이 감정교류의 긍정적인 효과를 기대할 수 있다는 활용적 측면에서 고무적이다. 특히 개인의 성격이나 관심에 따라서 사용할 수 있는 이모티콘의 형태와 표현 내용이 매우 많다. 개인이 평소에 많이 활용하는 감정표현이 가능한 이모티콘을 확보해 두고, 적절히 활용하는 게 좋다. 온라인을 활용하여 효를 실천하는 방안으로 부모와의 커뮤니케이션이 능동적으로 이루어져야 한다. 그리고 이에 활용되는 이모티콘을 통해서 적절한 감정교류도 있어야 한다. 가족 간에는 특히 정서적 공감과 유대가 중요하므로, 이러한 도구들을 적극적으로 활용하는 것도 필요하다.

부모와 세대 교류, 공감을 위한 노력이 필요하다.

시대변화에 따라 가족 간 커뮤니케이션의 트랜드와 그 방법이 달라진다. 특히 최근에는 개인들에게도 리터러시(literacy)[8]가 중요하다. 노인 세대들도 새로워지는 사이버 환경에 익숙해질 수 있어야 한다. 효란 일방적인 것이 아니라, 부모와 자녀의 상호작용적인 특성을 갖는 것이므로 환경변화에 대처하는 능력이 부모와 자녀의 관계에도 영향을 미칠 것은 자명하기 때문이다.

인공지능과 최첨단의 산업혁명은 우리생활에 항상 긍정적인 효과를 가져오지는 않는다. 사이언스타임지(2020.07.09)에 따르면, 코로나19를 닮은 '사이버 팬데믹 시대가 온다.'는 사이버 보안 이슈가 전 세계로 펴져 나가는 가능성도 제기되고 있다. 예컨대 지능형 악성코드가 코로나19와 같이 진화하고 변화하고 있다. 가상환경에서의 안정성이 위협받고 있다. 우리의 건강한 삶을 위해서 모든 환경으로부터의 안전과 안정을 위한 노력이 어느 때보다 중요한 이슈다.

따라서 환경변화에 따라 물리적인 비대면 상황에 대처하면서 일상에서 효를 실천하려는 개인의 노력이 있어야 한다. 그리고 기술적으로는 사이버에서의 보안 책임도 해결되어야 할 과제이다. 자손들의 순수한 효심과 효행이 자칫 사이버상의 보안 문제로 인하여 왜곡되거나 피해가 발생하지 않도록 해야 하기 때문이다.

---

8) 리터러시(literacy)란 컴퓨터와 관련된 용어로는 식별 능력이나 판독 능력, 컴퓨터 등의 조작 능력을 말한다. 과거에는 특별계층에서만 리터러시 능력을 취득할 수 있었지만, 오늘날은 사회와 다양한 문화권에서 통용되는 커뮤니케이션을 위한 능력으로도 회자된다. 미디어 리터러시란 미디어를 읽고 쓸 수 있는 능력으로 정의할 수 있다. 디지털 기술의 발달에 따라서 삶의 모든 영역에서 미디어에 대한 정보 기술, 지식, 이해를 가능하게 하는 것이다.

chapter 

부모 봉양과 효

chapter 07

부모 봉양과 효

1. 요양보호와 효

한국 사회는 '초고령자의 생존이 보편적 경험이 된 사회'가 되고 있다. 의료기술의 발달과 식생활의 변화, 운동과 건강프로그램의 확대는 초고령사회를 더욱 가속화한다. 100세 시대의 가족은 '개인화' 경향이 짙어진다. 세대 간의 동거가 축소되고, 결혼의 영속성도 약화되면서 오래 살게 된 인생 후반기 노인들은 삶의 설계를 다시 해야 한다. 노인들은 대부분 건강한 몸과 마음을 유지하면서 경제적인 여유를 갖고 가족 친구들과 함께 교류하면서 정서적인 유대를 가지며 더 나아가 사회에 봉사하기를 원한다. 그러나 평균수명의 연장으로 다가온 장수(長壽) 시대의 개막은 행복만을 주지는 않는다.

일반적으로 노인들은 4가지의 고통에 당면한다고 알려져 있다. 경제적 어려움, 신체적 노화와 질병으로 인한 어려움, 고독과 외로움, 역할

상실 등을 말한다. 여기에는 노화로 인한 신체적인 어려움과 사회구조적 문제로 인해 겪게 되는 고통이 포함된다. 누구나 장수를 희망하지만, 장수로 인해 겪는 고통과 어려움을 체감하는 데에는 시간이 걸린다. 노인이 당면하는 고통과 어려움을 개인과 가정에서만 해결하려고 할 때, 가족들은 더 큰 어려움에 직면하게 된다. 연로한 부모 봉양 문제로 갈등을 빚는 가족을 주변에서 흔히 보게 된다. 이러한 문제를 해결하기 위해서는 사회공동체와 국가 제도의 뒷받침이 절실하다.

부모 봉양의 효 실천은 가정과 사회 국가가 함께

연로한 부모들은 자식으로부터 수발[1)]을 받기는 어려운 환경적 제약에 놓여있다. 전통사회에서는 연로한 부모를 가정에서 모시는 것을 당연한 것으로 여겼지만, 오늘날은 그렇지 않다. 자녀들은 부모의 장수를 기원하더라도 연로한 부모를 자기의 집에 모시는 것은 어려워한다. 개인주의, 여성의 사회진출과 맞벌이 가정이 일반화되었고, 생활양식이 바뀌면서 제기된 문제이다. 전통사회로부터 여성이 중심이 되어 가정에서 부모수발을 해 왔고, 그것을 당연하게 생각해 왔다. 그러나 삶의 형태가 바뀌어 가정에서 여성 중심의 노부모 봉양과 수발은 어려워졌

---

1) 과거에는 '부모를 모신다', '부모를 봉양하다'는 표현을 일반적으로 많이 사용해 왔다. 그러나 최근에는 돌봄, 수발, 부양 등의 용어를 혼용해서 사용하고 있다. 자녀들의 돌봄 제도와 같이 '가족돌봄', '부모돌봄', '노인돌봄' 등의 표현이 활용되고 있다. 돌봄을 제도화하는 과정에서 일상적인 용어보다는 보다 사회적으로 통용가능한 용어로 변모하고 있다고 보인다. 본 서에서도 이들 용어를 혼용해서 사용한다.

다. 가족 돌봄을 위해서 보상 없이 가사에 충실했던 여성의 삶에 대해 재평가가 되고 있다. 그리고 전통적인 가족주의 가치관과 효 의식 등이 점차 변화되고, 생활환경도 급변화되면서 부모 부양은 개인과 가족에게 부담으로 작용한다. 현실적으로 현대 가족들은 대부분 맞벌이 가정으로 제각기 바쁜 생활을 하고 있으므로 어린 자녀의 육아나 노부모 돌봄이라는 생활문제를 겪는다. 이 문제는 가정적으로나 사회적으로 풀어내야 하는 과제가 되었다. 대학생을 대상으로 한 노인부양의식연구를 보면, 전통적인 가족주의 가치관을 가질수록 노부모 부양의식이 높고, 노인에 대한 태도가 긍정적인 것으로 나타나 가족주의 가치관이 노인부양의식에 관계되고 있다(김혜경, 2020)는 것을 보여준다. 부모를 모시는 일은 개인적인 여건과 관계없이 마땅히 자녀로서 해야 하는 것이라 보지만, 현실적으로 부모 부양이 부담된다는 것을 발표한 연구들은 많다. 예컨대 부모가 자녀들에게 의존성이 높은 경우, 부양을 담당하는 자녀들 관계가 원만하지 않을 경우, 만성질환을 장기간 앓고 있는 노부모를 모실 경우, 가족들이 겪는 갈등도 매우 크다.

부모 부양으로 인한 가족 갈등 양상 연구에서는 효를 실천하는 미덕으로 삼았던 부모 부양이 사회의 구조적 변화와 경제적 상황으로 맞물리면서 부담으로 변해가고 있으므로 이러한 현실을 고려해야 한다(권소현, 2019)고 하였다. '부양 부담'[2)]이란 부양자가 부모를 모시면서 느

2) 부양 부담이란 부양자가 느끼는 부정적인 의식이라는 일반적인 의미를 포함하여 사회생활 참여의 제약, 정신적 건강의 악화, 신체적 건강의 부담 등과 같은 부양자의 삶 전반에 미치는 다차원적인 영향을 의미한다. 부양 부담은 부양자인 가족원들이 경험하는 신체적 · 사회적 · 경제적 · 심리적 어려움과 정서적 문제까지 포함되기도 한다. 가족들이 계속되는 부양으로 인한 스트레스 반응을

끼는 부담감을 뜻한다. 특히 부양 부담 중에 신체적 부담과 경제적 부담이 가족 갈등에 영향을 미치는 것으로 나타난다. 노부모를 부양하는 중장년층의 경우, 신체적 수발 시간이 길어질수록 삶의 만족도가 낮아졌다(김미소, 2016). 즉 부모를 모시면서 부양자가 경험하게 되는 만성적인 피로나 건강상의 문제, 부양에 소비되는 경제적 비용의 부담감 등이 가족 간의 갈등을 발생시키기 때문이다. 부모 부양이 가족 갈등의 원인이 되는 것은 안타깝지만, 현실의 문제다.

많은 연구에서는 대부분 부모를 부양하는 자녀의 신체적 부담과 경제적 부담의 경감을 위해 공적 부양제도의 확대가 필요하며, 초고령사회에 대비하여 노인들이 함께 생활하고 정서적으로 지지받으며, 공동으로 관리와 보호를 받을 수 있는 공공서비스가 확대되어야 한다는 정책적 시사점을 제시한다. 신체적 수발 시간을 줄이면서 부양자의 스트레스를 경감할 수 있는 프로그램이나, 부양자를 대체할 단기 돌봄 대체 인력지원 등이 필요하다. '효 사상'을 강조하고 '효의 실천'을 중시하는 것은 당연하다고 생각하지만, 가정 내의 책임이나 의무, 도덕성으로만 해결하려는 것은 한계가 있다.

의미하기도 한다.

부양 부담의 종류

종류	내용
시간 의존 부담	부양자가 부양 활동으로 발생하는 시간상의 제약으로 인해 경험하게 되는 부담. 개인적인 시간을 자유롭게 사용하지 못하는 부담이 가중될 수 있음
발달 단계적 부담	심리적 경제적으로 여건이 마련되지 않은 부양자들이 자신과 유사한 연령자들과 비교했을 때 자신만 정상적 궤도에서 벗어나 이탈하고 있다는 상실감, 분노, 긴장감 등을 느끼는 것을 말함
신체적 부담	부양자는 지속적인 부양 활동으로 인하여 만성적인 피로와 건강상의 문제가 생김
사회적 부담	부모 부양으로 인한 직장과 가정에서의 갈등, 가족 관계의 약화, 사회활동의 제한 등을 경험하게 됨
정서적 부담	부양자가 부양하는 부모에게 부정적인 감정을 경험하게 되거나 죄책감을 동시에 느끼게 되는 것을 말함
경제적 부담	부양 기간이 길어질수록 부모 부양에 소비되는 경제적 비용이 부양자들에게 부담이 되고, 경제적인 문제를 수반하게 되는 경우 부담이 가중됨

출처: 권소현 (2019). 부모 부양부담이 가족갈등에 미치는 영향을 참고하여 정리.

2018년 통계청 자료를 보면, 부모의 노후에 대해 가족이 책임져야 한다는 인식은 감소하고, 부모 스스로 생계를 해결해야 한다는 인식은 점차 증가하고 있다. 이는 부모나 자녀 모두 유사하게 인식하고 있다. 2018년 부모 생활비 주 제공자는 누가 되어야 하는가에 대해 '부모 스스로 해결한다.'는 경우가 2016년보다 증가한 55.5%로 나타났다. 노후의 삶에 대해서 부모 스스로 알아서 살아가야 한다고 느끼고, 자녀도 부모 스스로 해결하기를 희망한다. 노인의 삶과 돌봄을 지원하는 제도적 장치가 더욱 필요하다는 점을 보여준다.

▌부모 생활비 주 제공자

구분	계	자녀	자녀				부모 스스로 해결	기타
			장남 (맏며느리)	아들 (며느리)	딸 (사위)	모든자녀		
2016년	100.0	48.4	8.8	8.7	2.3	27.5	52.6	0.1
2018년	100.0	44.4	7.5	7.4	2.3	27.2	55.5	0.1

출처: 통계청 (2018).

사회적 효의 실천, 노인장기요양보험의 시행

사회와 국가에서는 개별 가정에서 사적으로 부모를 부양하는 어려움을 해소할 수 있는 노인장기요양보험제도를 탄생시켰다. 이 제도는 2007년 노인장기요양보험법이 제정되어 시행된 것으로 '사회적 효의 실천'을 표방한다. 노인장기요양보험법은 고령이나 노인성 질병 등의 사유로 일상생활을 혼자서 수행하기 어려운 노인에게 신체활동 또는 가사 활동 지원 등의 장기요양급여를 제공하여 노후의 건강증진 및 생활 안정을 도모한다. 이는 가족의 부담을 덜어줌으로써 국민의 삶의 질을 향상시키기 위한 목적으로 시행되는 사회보험제도다.

▌노인장기요양보험

구분	내용
노인장기요양 보험제도의 목적	• 고령이나 노인성 질병 등의 사유로 일상생활을 혼자서 수행하기 어려운 노인들에게 신체활동, 가사활동 지원 등의 장기요양급여를 제공하여 노후의 건강증진 및 생활안정을 도모함. 가족 부담을 덜

	어줌. 국민의 삶의 질을 향상하도록 함을 목적으로 시행하는 사회 보험제도
노인장기요양 보험제도의 주요 특징	• 보험자 및 관리 운영기관을 '국민건강보험공단'으로 일원화하고 있음 • 65세 미만의 장애인이 제외되어 노인을 중심으로 운영됨 • 건강보험제도와 별도로 운영됨 • 사회보험방식을 기본으로 한 국고지원 부가 방식임 • 보험자 및 관리운영 기관의 일원화 • 65세 이상의 노인 또는 65세 미만의 자로 치매, 뇌혈관성 질환 등 노인성질병을 가진 자 중 6개월 이상 혼자서 일상생활을 수행하기 어렵다고 인정되는 자를 그 수급대상자로 하고 있음. 여기에는 65세의 노인성 질병이 없는 일반적인 장애인은 제외하고 있음
노인장기요양 보험 적용	• 가입자가 납부하는 장기요양보험료 및 국가 지방자치단체 부담금, 장기요양급여 이용자가 부담하는 본인 일부 부담금으로 조달됨

출처: 국민건강보험공단 장기요양보험 제도를 참고하여 정리.

노인들은 신체적 노화나 치매 등으로 일상생활과 거동의 어려움이 있어도 요양원이나 양로시설에 가서 생활하는 것을 부정적으로 생각했다. 과거의 효 개념으로 보면, 부모들은 '자녀로부터 버림받았다'고 생각할 수 있다. 성인 자녀들도 연로하신 부모를 집에서 모시지 않고 시설로 모시는 것은 '불효'라고 생각하고, 죄책감을 느낄 수 있다. 형제들도 부모 모시는 방법에 대해 서로 다른 생각으로 인해 갈등을 겪기도 한다.

노인을 모실 수 있는 많은 시설과 노부모 돌봄의 전문서비스직인 '요양보호사'[3]가 등장하게 되었다. 노인 돌봄을 위한 국가의 복지지원정책이 확산되고 있다. 이러한 제도와 정책의 실현은 부모 돌봄에 대한

인식과 국민들의 '효'와 '불효'에 대한 개념을 변화시키고 있다. 노인장기요양보장제도가 시행되면서 노인들은 일상생활에서 불편함을 줄여줄 수 있는 다양한 의료기기를 대여받을 수 있게 되었고, 요양등급에 따라서 재가복지서비스, 주간보호서비스, 요양시설서비스도 제공받게 되었다.

▌노인장기요양보험제도와 기존 노인복지서비스체계 비교

구분	노인장기요양보험	기존 노인복지서비스체계
관련법	• 노인장기요양보험법	• 노인복지법
서비스 대상	• 보편적 제도 • 장기요양이 필요한 65세 이상 노인 및 치매 등 노인성질병을 가진 65세 미만자	• 특정대상 한정(선택적) • 국민기초생활보장 수급자를 포함한 저소득층 위주
서비스 선택	• 수급자 및 부양가족의 선택에 의한 서비스 제공	• 지방자치단체장의 판단(공급자 위주)
재원	• 장기요양보험료+국가 및 지방자치단체 부담+이용자 본인 부담	• 정부 및 지방자치단체의 부담

출처: 국민건강보험공단 장기요양보험 제도를 참고하여 정리.

「통계청」의 장래인구추계를 보면, 한국의 65세 이상 노인인구는 2020년 현재 15.7%를 차지하고 있다. 그리고 노인인구가 20%가 넘는 초고령사회[4]는 2025년(20.3%)에 시작되며, 2036년에는 노인인구가

---

3) 요양보호사는 노인복지법 제39조의2에 그 직무와 자격에 대해 명기되어 있다. 요양보호사는 노인 등의 신체활동 또는 가사 활동 지원 등의 업무를 전문적으로 수행하는 자이며, 소정의 교육과정을 마치고 시·도지사가 실시하는 요양보호사 자격시험에 합격해야 한다.

4) 고령화사회(aging society)는 65세 인구가 총인구의 7% 이상을 차지하는 사회이며, 고령사회

30%가 넘을 것으로 예측된다. 초고령사회가 된다면, 부모 돌봄은 현재보다도 더욱 시설에 의존하게 될 것이므로 향후 사회적 효의 실천으로 노인장기요양보장제도가 더욱 정비되어야 한다.

부모 돌봄서비스를 제공하는 요양보호사

돌봄서비스를 제공하는 요양보호사의 연령, 결혼상태, 생활수준, 건강 상태에 따라서 효 의식에 차이가 있다는 연구가 발표되었다. 요양보호사의 '연령이 높을수록', '배우자가 있을 때', 생활수준이 '상'이나 '중'일 때, '건강 상태가 좋을 때' 효 의식이 높다. 그리고 요양보호사가 직무환경에서 추가로 주어지는 부가 업무를 많이 하게 되면 효 의식이 낮아졌다. 요양보호사의 직무만족을 높이고, 그들 본연의 업무에 치중할 수 있도록 하고, 효 의식을 높일 수 있는 실질적인 교육이 필요하다(황규회, 2018)는 지적이 있다. 요양보호사의 효 의식이 고취되면, 양질의 요양보호 서비스가 제공될 것으로 기대된다.

최근 부모 부양에 대한 갈등이 법적 다툼으로 이어지는 사례가 많아지고 있다. 돌아가실 때까지 부모를 모시겠다고 다짐하고, 재산과 건물을 증여받은 뒤에는 부양 의무를 저버리는 자녀들이 있다. 이들을 대상으로 부모가 소송을 한다. '효도각서' 대로 이행하지 않고 부모를 저버리는 자녀를 상대로 부모가 적극적으로 법적인 심판을 받게 하는 것이

(aged socity)는 14% 이상, 초고령사회(post-aged socity)는 20% 이상인 사회를 말한다.

다. 얼마나 심각하면 부모 자식이 법적 소송을 벌이겠는가를 탓하는 소리도 있지만, 개인이 경험하는 상황을 살펴볼 필요가 있다. 부모가 자식에게 제기한 부양비 소송은 매년 증가하고 있다. 현행 민법 제556조에 따르면 증여받은 사람이 증여자에게 일정한 망은행위를 한 경우, 증여를 해제할 수 있지만, 증여를 해제하더라도 같은 법 제558조에 따라 이미 이행을 완료한 부분에 대해서는 반환을 요구할 수 없게 되어 있다. 따라서 불효자를 방지하기 위한 법제 논의가 적극적으로 이루어져야 한다는 필요성이 계속 제기되고 있다.

노부모를 모시는 것은 가족과 사회 국가가 모두 중지를 모아서 해결해야 한다. 전통적 효 의식과 효 문화가 점차 퇴색되는 것과 함께 노부모 부양은 계속 제기되는 문제이기 때문이다. 그리고 사회복지제도의 확대가 필요한 이유이기도 하다. 한편으로 가족과 자녀들이 노부모를 돌볼 수 없는 상황에서 요양보호사가 제공하는 노인요양보호 서비스는 가족과 자녀들에게는 심리적인 위안과 안정을 주며, 노부모에게는 양질의 돌봄을 제공한다는 점을 상기해야 한다. 일부 노인요양시설과 요양보호사들이 본분을 잊고 문제를 일으킨 사례도 있지만, 많은 요양보호사는 노인 돌봄을 위한 중요한 역할을 하고 있다. 노인 돌봄서비스를 제공하는 요양보호사의 처우 개선과 요양보호사에 대한 인식 개선도 강구되어야 할 과제이다. 따라서 앞으로 개인과 가정을 중심으로 한 '효 실천'의 한계를 벗어나 사회환경 변화에 맞춰서 사회와 국가 영역으로 확대하고 '사회적 효의 실천'으로 이어가는 데에 힘써야 한다.

2. 부모 생신과 효

사람들은 살아가는 동안 관혼상제라는 통과의례[5]를 경험한다. 시대와 문화에 따라 그 형식이나 절차는 다양하지만, 일생에서 사람들이 겪어야 한다는 점은 동일하다. 이를 세분화하여 출생, 관례, 혼례, 수연례, 상례, 제례 등을 포괄하는 일생 의례로, 상례와 제례를 별도로 추모 의례라고도 한다. 부모의 수연례, 상례, 제례 등은 자녀가 의례의 주관자가 되는 가정의례이다. 「일생의례사전」에 의하면 수연례란 사람이 태어나 60세 이후의 생신과 특별한 날에 장수를 축하하는 의미에서 벌이는 수연과 관련된 의례라고 한다. 부모가 60세를 넘기며 맞이하는 회갑, 칠순, 팔순 등 생신을 포괄하여 수연례로 칭한다. 예로부터 자녀들은 부모의 생신 의례를 해드리는 것을 중요하게 생각해 왔다. 이는 '효의 실천 의례'였다.

생신 의례로 부모님의 장수를 기념하다.

---

5) 통과의례는 반 게넵(A.VanGennep)의 저술 「통과의례」의 명칭에서 따온 것으로, 본인의 출생에서부터 죽음까지 겪는 의례를 말한다. 사례(四禮)는 관례, 혼례, 상례, 제례를 말하며, 통과의례는 출생의례와 더불어 관혼상제를 말한다. 또는 일생의례라는 용어도 사용되는데, 이는 가정의례, 평생의례 등의 용어와 혼용되고 있다. 일생의례는 지역이나 풍습에 따라 차이가 존재하고 있다. 넓은 의미로 부면, 출생의례, 삼칠일, 백일, 돌, 관례, 계례, 혼례, 수연례, 상장례, 제례 등을 포함한다. 조선시대의 3대 수연으로는 회갑(回甲), 회혼(回婚), 회방(回榜)이 있다. 회갑은 태어난 지 60주년이 되는 날이며, 회혼은 혼인한 지 60주년, 회방은 과거급제한 지 60주년이 되는 날로 축하연이 이루어졌다.

수연례인 회갑연은 관혼상제의 통과의례에는 포함되지 않지만, 삶과 죽음의 의례를 연결하고 있는 중요한 의례로 보고 있다. 부모의 생신을 기념하는 의례인 수연례는 부모의 무병장수를 감사하며 축하하는 가정 행사다. 회갑연은 일생 삶의 위기 속에서 극복해 낸 생명에 대한 감사와 경외심으로 발전한 의례이다. 특히 평균수명이 짧았던 과거에는 60세까지 산다는 것은 축복으로 여겼기 때문이다. 부모가 태어난 해와 같은 60갑자(甲子)를 맞이하는 회갑은 회갑을 맞이하는 본인에게나 자녀들이 기쁜 마음으로 지내는 의례였다. 부모의 회갑에 마을 사람은 물론 일가친척들을 초대하고, 큰 연회를 여는 것이 곧 효도로 받아들여졌다.

수연례는 삶의 의례이며, 죽음의 의례이다.

한편 다른 의미로 회갑연은 죽음을 준비하는 단계로 들어가는 의례라는 점에서 특별한 의미(이향만, 2012)가 있었다. 회갑연은 임진왜란 이후 우리나라에서 널리 이루어지기 시작했는데, 일생의 마지막 생일 만찬 의례로 여겨졌다. 이 의례는 자식들이 부모에 대해 감사의 뜻을 표현하는 의례이며, 부모에게는 삶을 회고하고 남은 삶에 새로운 의미를 부여하게 하는 의례이다. 그래서 회갑은 삶의 의례이며 죽음의 의례로 보는 것이다. 이러한 뜻에서 이 의례는 부모에 대한 윤리의식을 함양하는 것이며, 삶을 성찰하는 '삶의 의례'이자, 주어진 생명의 의미를 깨닫게 하는 '죽음의 의례'이다. 보통 사람들은 질병을 앓거나 노화로 인한 자연의 이치에 따른 죽음과 마주하게 되었을 때, 삶의 마감을 초

연하게 수용하며, 영면에 든다. 사후세계에 대한 종교적 철학적으로 다양한 입장을 논하지는 않겠지만, 죽음에 가까이 다가갔을 때 지나온 삶을 회고하며, 죽음을 준비한다는 것은 같다. 이런 의미를 자녀와 부모, 일가친척들이 감사와 축복으로 나눈다는 것은 매우 소중하다. 정조대왕이 어머니 혜경궁 홍씨 회갑연을 정성스럽게 모셨던 것을 돌이켜 볼 필요가 있다.

▮ 수연례

종류	내용
육순연(六旬宴)	60세가 되는 생신에 하는 잔치
회갑연(回甲宴)	61세 생신에 하는 잔치
진갑연(進甲宴)	62세의 생신에 하는 잔치
칠순연(七旬宴)	70세가 되는 생신에 하는 잔치로 고희연(古稀宴)이라고도 함.
희수연(喜壽宴)	77세가 되는 생신에 하는 잔치
팔순연(八旬宴)	80세가 되는 생신에 하는 잔치
미수연(米壽宴)	88세가 되는 생신에 하는 잔치
구순연(九旬宴)	90세가 되는 생신에 하는 잔치
회혼(回婚)	혼인한 지 60주년이 되는 해에 하는 잔치
회방(回榜)	과거 급제한 지 60주년이 되는 해에 하는 잔치

부모의 수연례는 회갑뿐만 아니라, 칠순, 고희, 팔순, 구순 등도 지냈다. 그리고 부모의 혼례 60주년을 의미하는 회혼례(回婚禮), 과거 급제한 지 60주년을 기념하는 회방(回榜)도 축복받는 장수 잔치였다. 60세가 넘어서 사는 삶은 '덤으로 얻은 삶'이라고 생각하였다. 60세 이전에 살아왔던 삶의 평가를 통해서 얻는 것이 장수라고 여겼기 때문에 덤으

로 얻은 새로운 삶의 시작은 축복을 받은 것이라 믿었다. 조선 시대의 3대 수연례로 회혼례, 회방, 회갑을 꼽고 있다.

이러한 수연례는 의식(ceremony)을 통해 새로운 사회적 지위를 획득하는 통과의례(rite) 측면도 있지만, 가족주의를 바탕으로 유교적 사회질서를 실현하기 위해 사람이 실천해야 할 규범(norm)(김만태, 2008)이었다. 즉 한국 사회에서 수연례는 '자식의 효심, 축수의 기원, 체면을 위한 과시, 품앗이 관행' 등이 만들어낸 문화이다. 그러나 시대가 변화하면서 실리적인 사고와 물질 중심의 가치관이 보편화되었고, 품앗이의 관행이 달라졌으며 수연례 형식도 많은 변화가 생겼다. 수연례를 하는 시기나 의례의 초대 범위, 참여자의 부조형태, 의례 장소 등이 크게 달라졌다. 최근에는 생신 잔치를 여는 회갑연보다는 회갑을 맞이한 부모나 부모의 형제, 친구들과 함께 국내외여행을 하거나, 선물을 주고받는 것으로 대체되는 현상이 보편화되고 있다. 평균수명의 연장과 건강한 신체로 회갑을 맞이하는 베이비부머세대들이 증가한 것도 이런 현상과 무관하지 않다. 2020년에는 코로나19 사태 이후 전반적인 관광여행 상품들이 위축되었지만, 수연례를 대신하여 축하 여행을 떠나는 것은 낯설지 않은 풍경이 되었다. 한편 회갑잔치를 하지는 않아도, 70세나 80세 때에는 가족과 친지들이 호텔이나 뷔페음식점 등에 모여 칠순잔치[고희연(古稀宴)], 팔순 잔치를 지내는 경우도 많아졌다.

수연례는 실버 파티로 다시 탄생하다.

한편 파티라는 개념이 우리나라에 등장하면서 노부모의 생신 잔치를 '실버 파티'로 명명하는 형식도 나타났다. 수연례가 시대와 문화에 따라 달라지는 변화 양상이다. 자녀 세대의 효(孝)와 실버 파티에 대한 인식조사 연구(박현명, 2016)를 보면, 자녀들은 부모의 칠순에 실버 파티를 해드리겠다는 의식이 높게 나타났다. 그리고 실버 파티가 필요하다는 인식은 남성일 때, 기혼의 경우, 종교가 불교일 때, 소득이 높을수록 높게 나타났다. 또 다른 연구로 가족 의례가 가족 건강성에 미치는 영향연구(배재현, 2016)에 따르면 가족 생일의례의 주요 활동으로 '케이크 준비가 많았고, 생일 의례에 나타나는 갈등은 '가족이 생일을 잊어버리는 경우'라는 점이 지적되었다. 통계적으로 가족 의례는 가족 건강성에 의미 있는 영향을 미치는 것으로 나타났다.

가족의 생일을 기억하고 파티나 의례의 시간을 갖는 것은 삶을 의미 있고 풍요롭게 한다. 특히 자녀가 부모의 생신을 기억하고, 어떠한 형태든 생일 의례를 해드리는 것은 오늘날에도 중요한 가족 의례가 되고 있다. 장수하시는 부모를 위한 생신 의례는 자녀로서 살아계신 부모를 위한 효를 실천하는 의미에서 뜻깊은 시간이 된다. 이 외에 자녀들이 부모를 축하해 드리는 상황이 있다면, 예컨대 현직에서 은퇴하는 부모를 위해 감사와 축하 자리를 마련하는 것도 부모를 향한 효의 마음을 전달하는 소중한 기회가 된다.

3. 부모 상 · 제례와 효

인간은 누구나 죽음으로 세상을 마감한다. 태어날 때 부모가, 세상을 떠날 때는 자식이 곁에 있을 수 있다면, 인간의 생사(生死)에서 가장 자연스럽고 축복받은 것이다. 그러나 태어나는 순서는 있어도 돌아가는 순서는 없다고 하듯이, 질병이나 사고와 사건들로 인해서 인생의 마지막은 누구도 예측하기가 어렵다. 태어난 순서대로 생을 마감할 수 있다면, 상례를 지내면서 그렇게 황망(慌忙)하지는 않을 것이다.

웰빙(well-being)과 웰다잉(well-dying)

그러나 최근에는 죽음을 준비해야 한다는 개념이 사회 전반적으로 확대되고, 죽음학(thanatology)도 연구되고 있다. 죽음은 생명의 마감으로 슬프고 두려워할 상황으로만 볼 것이 아니라, 생명의 유한성을 인식하고 죽음의 본질과 죽음에 대처하는 방안을 철학적으로 접근한다. 평균수명의 연장과 장수 노인이 급증하고 있는 현실에서는 잘 사는 것만이 중요한 것이 아니라, 어떻게 하면 죽음을 잘 맞이할 수 있을 것인가의 문제가 이슈다. 즉 웰빙(well-being)과 더불어 웰다잉(well-dying)에 대한 고민은 철학자, 의례 연구자나 의료관계자, 사회복지사는 물론이고 일반인에게도 깊어지고 있다.

의학 기술의 발달은 더 치료할 수 없는 임종 과정에 있는 이들에게 치료 효과 없이 임종 과정 기간만 연장하는 문제를 낳았다. 존엄하게 임종을 맞이할 수 있도록 연명의료를 중단할 수 있는 법이 마련되었고, 2018년 2월 4일부터 시행되기 시작했다. 이는 「호스피스·완화의료 및 임종과정에 있는 환자의 연명의료결정에 관한 법률」(약칭: 연명의료결정법)이다. 인간으로서의 존엄과 가치를 보호하는 것을 목적으로 하는 법이다. 연명의료 중단 결정은 환자 본인, 가족, 의사의 확인을 거쳐야 하고, 이에 대한 세부 사항은 법제에 명시되어 있다. 이는 고통스러운 삶의 연장보다는 존엄한 임종을 맞이하도록 하는 '자기결정권'을 인정한다. 부모가 환자로 있을 경우, 자녀는 부모의 연명의료 중단 결정을 하기가 쉽지 않고, 이를 '효'의 개념과 연결해 볼 때, 올바른 선택인가에 대한 고민을 심각하게 한다. 매우 조심스럽게 접근해야 하는 문제이다. 그럼에도 불구하고 결정을 내려야 하는 상황에 맞닿게 될 때, 여러 상황을 고려하고 법제를 통해서 결정을 위한 지침을 얻을 수 있다. 과거 '효' 개념으로 보면, 인정하기 어려운 것이나, 이 역시 시대의 변화에 따라 제도화된 바다.

존엄한 죽음을 맞이하기 위해서 먼저 죽음을 준비하는 '웰다잉 프로그램'들도 진행된다. 종합사회복지관이나 웰다잉문화연구소 등에서 진행되는 프로그램 내용은 죽음의 의미를 탐색하고, 평화로운 죽음을 위한 준비, 작별 편지, 장례식 기획하기, 존엄사 연명 치료에 대한 생각 나누기 등이다. 한편 대학의 평생교육원 프로그램이나 민간자격 과정으로 웰다잉지도사, 웰다잉상담지도사 과정도 운영되고 있다.

자녀들은 부모의 마지막 가시는 길을 대비하기 위해서 '수의(壽衣)를 미리 마련하거나, 묘역을 만들고, 납골당이나 수목장 준비를 해 두기도 한다. 거동이 불편해서 일상생활이 어렵거나 치매에 걸리신 연로한 부모를 요양시설에 모시고, 위중하실 때는 요양병원이나 호스피스 병동으로 모셔서 생을 마감하시도록 한다. 부모의 마지막 가시는 길을 조용히 준비하는 이러한 모든 행위도 효도로 받아들여진다.

부모님이 돌아가시는 것은 하늘이 무너지는 것이다.

우리에게 생명을 주신 부모가 돌아가시는 것을 예로부터 천붕(天崩)이라 했다. 이는 천붕지함(天崩地陷)의 약자이다. 부모를 잃는 것은 하늘이 무너지는 것과 같다는 의미이다. 부모 자녀의 관계가 천륜의 관계라고 했듯이 부모는 자식에게 있어서 하늘같은 존재이며, 생명과도 같은 존재이기 때문이다. 부모가 생을 마감하는 것은 이 세상에서 겪는 가장 큰 일이며, 가장 큰 슬픔이다. 부모가 돌아가시면 부모와 생애를 공유하면서 효도할 수 있는 시간이 없어지는 것이며, 서로 살피고 공감하는 삶의 관계를 마감하고, 돌이킬 수 없는 이별을 맞는다. 많은 사람이 부모 사후(死後)에 뒤늦게 부모 존재의 고귀함을 깨닫고, 불효했던 과거 시간을 후회하고 반성한다. 후회하고 천만번 반성해서라도 부모와 함께 지낼 수 있는 시간이 되돌아온다면 다시 효도하겠지만 그것은 있을 수 없는 일이다. 부모가 돌아가셔서 안 계신 사람들은 누구나 부모가 돌아가신 뒤에 후회하지 말고, 부모 생전에 극진히 모시라고 말을

한다. 이는 경험하고 깨닫지 못하면 알 수 없는 것이 '효'이며, 부모의 상(喪)을 치른 사람이 할 수 있는 삶의 조언이다.

부모를 모시는 상례와 제례는 정성이 기본이다,

세상이 변화했다 하더라도 부모의 상·제례를 정성을 다해서 모셔야 한다는 것은 변함이 없다. 상례를 모시는 자손은 부모 인생의 마지막 통과의례를 모시는 것이며, 효를 실천하며, 인간의 도리를 다하는 것이다. 오늘날 상례는 다양한 종교에 따라 그 의식과 절차가 상이하게 진행된다. 상례는 사후세계에 대한 믿음이나 가족과 친족의 범위, 신앙, 사회조직, 의식주와 관습, 규범, 관련 법제 등 다양한 문화적 요소가 포함되어 이루어진다. 우리나라 상례의 변화 과정은 전근대사회 구조에서 벗어나 일제강점기, 남북분단시기, 한국전쟁 이후 경제 성장 시기를 거치면서 많은 변화를 겪어 왔다. 일제강점기인 1934년 「의례준칙」, 박정희 정권의 「가정의례준칙」, 이후 「건전가정의례준칙」이 제정되어, 상례에도 영향을 미쳤다. 장례 기간도 각 시기와 제도에 따라 다르게 적용되었다. 일제강점기에는 우리 문화를 말살하려는 정책의 영향으로 예로부터 이어져 왔던 고유의 상례복과 수의, 절차 등에 일본식이 혼용되기 시작했다.

우리의 상례 문화를 다시 보다.

상례 문화의 몇 가지를 되짚어볼 필요가 있다. 왜냐하면 상례를 잘 모시는 것이 '효'의 하나로 강조되었던 우리의 문화가 시대와 상황이 변화하면서 돌아가신 부모를 잘 모신다는 의미도 변질이 될까 우려되기 때문이다. 이러한 뜻이 왜곡된 것이 수의와 상복이다.

수의는 삼베로 만들어야만 하는가? 현재 우리나라에서 주로 사용하고 있는 삼베(麻布)를 소재로 한 수의는 '전통'이라는 명분하에 자리잡고 있다. 이는 일제강점기를 거치면서 삼베 수의에 대한 속설이 믿음으로 뿌리내리게 된 것에 연유한다. 돌아가신 부모를 위해 좋은 수의를 마련해 드리려는 자녀들의 효심을 자극한 결과였다. 전통적으로 돌아가신 분의 수의는 견직물로 만들어졌고, 삼베는 상주와 가족, 친척들이 입었던 상복의 소재였다. 근세까지 이어지던 전통이 사라졌다. 즉 상복의 소재가 수의의 소재가 된 것이다. 이는 '우리 시대 장례 문화를 진단한다.'는 주제로 열린 국회토론회(2019.11.12.)에서 최연우 교수도 주장한 바 있다. 즉 고인(故人)의 옷은 고운 수의(壽衣)이며, 남겨진 이의 옷은 삼베 상복(喪服)이라는 것을 여러 근거[6]를 통해 밝혔다. 총독부가 제정한 「의례준칙」에는 '수의와 시신을 싸는 이불은 베[布]와 무명[木]

6) 최연우 교수의 주장에 따르면 일제강점기에 삼베 수의가 등장했고, 이는 김숙당이 쓴 1925년 「조선재봉전서」에서 수의 소재를 세포(細布), 즉 호운 삼베로 제시하면서 "중류사회에서 보통으로 하는 것을 표준으로 삼는다."라고 한 바에 주목하였다. 일제가 1924년에 실시한 민속조사에서도 주(紬), 단(緞), 사(紗)로 만든 수의를 입힌다고 한 바와 차이를 보인다. 이외의 기록에서도 견직물로 수의를 마련해야 효를 다하는 것으로 생각했다는 것을 알 수 있다. 명주, 비단, 견직물 등이 기본이 되었음을 알 수 있으나, 총독부로부터 급여를 받았던 교원이었던 김숙당은 일제가 정치군사적으로 재배하고 '교화'라는 명분을 내세워 정신적으로 지배했던 바에 따라 신민정책 시행에서 자유롭지 못해 삼베 수의를 제시할 수 있는 배경을 갖고 있었고, 총독부가 이를 활용한 것으로 보았다.

등 깨끗한 것을 숭상할 것이요, 능(綾), 백(帛), 금(錦), 사(紗) 등 고가의 물건을 필요치 않을 것이며, 충이, 멱목, 악수 등은 생략해도 무방하다.' 고 하였다. 「조선재봉전서」에서 삼베 수의가 제안되었지만, 품목에 따라서 능이나 사도 쓸 것을 제안한 것에 비해서, 「의례준칙」에서는 품목과 관계없이 전면적으로 견직물을 배제하고 삼베나 무명을 쓰도록 하였다. 이를 강제하기 위해 총독부가 수년 동안 실행에 앞장섰고, 전국에서 진행된 준칙 강행은 자연히 삼베 수의가 안정적으로 정착되는 배경이 되었을 것으로 보았다. 더욱이 태평양전쟁을 일으킨 전시체제에서 식민지인 조선의 자원과 노동력을 수탈해 가는 상황에서 준칙으로 규정된 대로 고급 직물 사용을 억제하고, 삼베 수의를 사용하여 잉여 자원을 수탁하고자 하는 의도가 있었을 것으로 이해(최연우, 2019)하는 것이 타당하다고 보인다.

우리나라 복식에 대한 열등의식을 조장하고, 규정과 제도로 강제한 것은 광복 후 수의 소재에 대한 속설[7]이 만연하게 만들었다. 1969년 「가정의례준칙」에 관한 해설에서도 수의는 식물성 섬유로 지은 것이 좋고, 동물성 섬유나 합성섬유는 벌레가 생기고 잘 삭지 않고 시신을 더럽히게 된다는 등으로 권고하였다. 이러한 속설과 제도에 따르라는 권고와 강제로 삼베 수의가 공고화 타당화, 신념화된 것으로 보인다. 이는 효의 실행방식에도 변화를 주었다는 것을 보여주는 바다. 전통 상

7) 명주나 무명, 모시 수의에 대한 부정적인 속설로 명주는 구더기나 나므로 피해야 한다든지, 무명은 시신이 썩을 때 까맣게 되어 예부터 쓰지 않았다. 모시는 자손들의 머리에 새치가 생기기 때문에 절대 쓰지 않는다 등의 민속조사의 내용을 보면, 전통 수의 소재에 대한 부정적 속설이 만연해 있었다는 것을 알 수 있다.

례에서 수십 벌의 염습의로 시신을 입히고 감싸는 것은 흉(凶)한 것을 보지 않기 위함이고, 흉한 것을 보면 자신의 부모라 할지라도 효(孝)의 마음이 사라지기 때문에 수의의 사용은 효와 가족에 대한 사랑을 실천하기 위한 것(최연우, 2019)이라는 지적은 수의에 대한 우리의 생각을 재고해야 함을 잘 알려준다.

위와 같은 주장은 분명한 근거가 있으며, 매우 타당하다. 자손들은 돌아가신 부모를 위해 시속에 따라서 삼베 수의를 해드려야 효를 다하는 것이라는 믿음이 생기게 되었다고 볼 수 있다. '삼베 수의가 전통'이라는 오해와 함께 삼베 수의의 시행이라는 풍속을 낳게 되었다는 점은 새롭게 논의되어야 한다는 것에도 공감한다. 부모에 대한 효로 상례를 정성껏 모신다는 점은 달라지지 않았다 하더라도 일제강점기로 인하여 우리의 상례 문화가 왜곡되고, 전통문화가 상실되면서 동시에 일본화된 상황을 제대로 인식해야 한다.

▌장례에 대한 제도와 준칙

구분	주자가례	의례준칙 (1934)	의례규범 (1955) 표준의례 (1961)	가정의례준칙 (1969)	가정의례준칙 개정안 (1973) 건전가정의례준칙 (1999)
장일	초종~급묘 (3개월, 94일)	5일 내	3일장 원칙	5일 이내	사망한 날로부터 3일이 되는 날

▌상장례 내용의 시대적 변화와 추이

내용	전통사회	현대사회	추이
시신처리	가정에서 자녀나 친척들이 염습	장례식장에서 장례지도사	내용을 잘 모르므로 전문가에게 의뢰
추모형식	유교식	전통적인 유교식이나 종교식(불교, 기독교, 천주교)	종교 특성 반영
상부상조	친족, 이웃, 지역공동체. 정신적, 육체적, 물질적 부조(장례 참여와 도움, 위로, 부의금, 향, 초 등 물품)	가족, 친척, 직장, 학연, 이웃, 같은 종교인. 물질적 부조나 육체적인 일은 도우미 협조(부의금, 장례 참여와 위로)	장례업체 서비스 이용, 장례 이후 조문객에 대해 감사인사를 온·오프라인으로 전달(부의금, 장례 참여와 위로)
장례방법	개인묘지, 가족묘지에 매장	개인묘지 매장, 가족묘, 화장, 납골묘, 수목장 등	화장, 수목장, 자연장, 추모공원
장례절차	유교식	유교식, 종교식 등	표준장례 절차, 종교식
장례기간	삼우제 이후 1년 소상, 3년 대상, 담제 길제	장례는 3일장, 경우에 따라 5일장 7일장. 불교의 49제, 100일 탈상	가정의 상황과 종교에 따라 장례기간과 탈상을 정함
장례장소	집에서 치름 시신을 안방에 모심	집에서 치루거나 병원이나 장례식장 등 이용	장례식장 이용, 종교인들은 종교기관
수의	능(綾), 백(帛), 금(錦), 사(紗)	삼베 수의	전통에 대한 재조명으로 견직물과 삼베 수의 혼용
상복	오복제도에 따른 상복	검은색 양복, 치마저고리	검은색 양복, 치마저고리
조문객 접대	친족, 이웃의 도움 가정에 만든 음식대접	장례식장, 병원에서 준비된 음식으로 조문객 식사 대접	상황에 따라 가족과 친척중심의 장례로 간소화

출처: 주영애 (2018a). p.352 참고하여 재정리함.

상장례는 시대에 따라 그 형식과 절차, 내용 등이 점차 변화하고 있다. 돌아가신 시신을 처리하는 방식에서부터 추모형식, 장례 방법, 부조 방법, 장례 절차, 장례 기간, 장례 장소, 상주들이 입는 상복, 조문객을 접대하는 방식 등이 변화하고 있다. 과거에는 돌아가신 부모님의 시신 수습에서 아버지를 모시는 일은 아들이, 어머니를 모시는 일은 딸이 담당해 왔다. 생전에도 남의 손에 몸을 맡기는 일이 없었으니, 돌아가셨더라도 부모님의 신체를 다른 사람의 손으로 모시는 것은 불효라 여겼기 때문이다. 그러나 요즈음에는 전문 장례지도사에게 시신 처리의 모든 것을 맡긴다. 실제로 돌아가신 부모의 시신을 모신다는 것은 쉽게 할 수 있는 일도 아니고, 이에 대한 배움도 없으므로 자녀가 직접 하는 것은 거의 불가능한 현실이다.

조문(弔問) 방식도 달라지고 있다.

조문(弔問)을 언제 가는 것이 합당한가? 돌아가신 당일에는 찾아뵙지 않고, 다음날 찾아뵙는다. 그래서 조문객은 대부분 고인이 돌아가신 이튿날에 상가를 방문한다. 상가에서는 고인이 돌아가셨다는 상황을 완전히 받아들이고, 입관 후에 상주들이 상복을 입고 나서 조문을 받을 수 있었으나, 요즈음에는 조문받는 시간을 크게 구애받지 않는 경향이다. 그리고 상가에서 밤샘하며 상주를 위로했던 조문 모습도 찾기 어렵다. 전 세계적으로 유행하는 코로나19 감염병은 상가(喪家)에 가서 조문하며 예(禮)를 표했던 우리 문화도 바꾸고 있다. 예로부터 상가(喪家)

를 찾아뵙는 것은 인간의 도리로 여겨왔다. 기쁜 일에는 찾아가지 않아도, 슬픈 일에는 함께해야 한다는 것이 우리나라 사람의 정서이며 의례에 대한 태도였다. 그러나 요즈음 상황에서는 감염병 확산을 막기 위해서 부모 장례에도 조문을 정중히 사양하고, 가족 중심으로 장례를 하는 경우가 많아졌다. 대면을 피하는 비대면 시대에 조문도 온라인으로 이루어지는 현상이 낯설지 않다.

상주가 검은색 상복에 완장과 상장(喪章)을 하는 것은 우리 문화가 아니다.

상복은 어떻게 입는 것인가? 상주와 고인의 유족들이 입는 상복도 전통과 일본식, 현대식이 모두 혼용되고 있다. 2020년 10월 삼성그룹 이건희 회장의 장례식에서 자손들이 입었던 상복에 많은 사람이 관심을 보였다. 아들은 검은색 양복을, 부인과 딸들은 흰색 치마저고리와 두루마기를 입었다. 우리의 전통 상복 색은 흰색이므로 치마저고리를 흰색으로 입는 것은 전통적 상복의 예(禮)를 따른 것이다. 상주는 양복을 입었으므로, 검은색으로 입는 것이 옳다. 현재 우리나라 장례식에서 볼 수 있는 상복의 착용과 색 사용은 일제강점기를 거치면서 일본식 문화와 편리의 요구가 혼재된 것이다. 일반적으로 장례 때에 남성은 검은 양복에 상주임을 표시하는 상장(喪章)을 가슴에 달고, 왼쪽 팔에 완장을 차게 하는 것, 여성이 상례 기간에 편의를 위해서 흰색 대신 검은색 치마저고리를 입는 것 등이다. 전통사회에서는 상주가 굴건제복을 입

었지만, 일제가 간소화를 주장하면서 완장과 상장으로 상주를 표시하게 했다. 일제 잔재가 아직도 상례 문화에 남아 있다는 것은 안타깝다. 우리 스스로 변화를 주도하여 우리의 문화를 되찾아 나가야 한다. 상례는 상례를 진행하는 사람들의 편리를 우선으로 하기보다는 돌아가신 분에 대한 마음과 정성, 의미가 담기는 것이 기본이 되어야 하기 때문이다. 그 의미를 담는 전통문화를 이어가는 것도 우리들의 몫이다.

현재 우리는 어떤 장례 방법을 원하고 있는가.

우리나라는 예로부터 주로 매장문화를 지켜오며 개인 묘지나 가족묘에 돌아가신 부모를 모셨다. 시대 변화에 따라 매장문화가 점차 변화되었고, 요즈음에는 납골묘나 자연장 등도 많이 진행되고 있다. 통계청 자료(2017)에 따르면, 장례 선호방법으로는 '화장 후 봉안(납골당, 납골묘 등)'이 44.2%로 가장 많고, '화장 후 자연장(수목장, 잔디장 등)' 43.6%, '매장' 10.9%로 나타났다. 매장은 계속 감소 추세이며, 화장 후 봉안의 수요가 증가하고 있다. 시대 변화에 따라 매장문화가 화장문화로 바뀌어 가고 있음을 보여준다.

2013년 설립된 재단법인 한국장례문화진흥원(http://www.kfcpi.or.kr)에서는 장례문화 교육과 홍보가 이루어지고 있다. 건전하고 품위 있는 친자연적 장례문화를 구현하고, 인간과 자연이 공존하는 선진 장례문화 진흥을 위해서 활동을 하고 있다. 고인 중심의 품위 있는 검소한 장

례식(작은 장례)의 정착을 목적으로 하고 있다. 그리고 '장수행복노트'를 도입하고 있는데, 이 노트는 자신이 원하는 장례 방법과 절차를 작성해서 가족 간에도 공유하도록 하며, 본인의 뜻에 따라 사후에 장례 절차가 이루어지도록 하기 위한 것이다.

장수 행복 노트

장수 행복 노트는 내가 원하는 장례방법과 절차를 작성하고 가족과 상의하여 보관함으로써, 나의 뜻에 따른 장례절차가 이루어지도록하기 위함입니다.

성 명		성 별		생년월일	
주 소					
전 달 희 망 자		관 계		성 명	

1. 돌아가신 후 어떤 장법을 원하십니까?

① 화장( )

→ 화장하신 후에는 어디에 안치하시겠습니까?

자연장지·수목장림( )	봉안시설( )	산골(뿌리는 것)( )

② 매장( )

→ 매장하시는 경우 아래 예시 중 어디에 매장하시겠습니까?

공설묘지( )	법인묘지( )	종·문중묘지( )	개인·가족묘지( )

③ 시신을 기증하고자 함( )

2. 수의는 어떤 것으로 하시겠습니까?

① 평소 즐겨 입으시던 옷( ) ② 수의(壽衣)( ) ③ 기타( )

3. 관(棺)은 어떤 것으로 하시겠습니까?

① 합리적 가격의 두껍지 않은 관( ) ② 높은 가격의 두꺼운 관( )

③ 기타( )

4. 장례식은 어떻게 하시겠습니까?

① 가족, 친지 위주로 검소하게 치르겠다.

② 최대한 많은 사람들로 풍성하게 치르겠다.

③ 기타( )

5. 그 외에도 남기고 싶은 말씀이 있으십니까?

보건복지부 한국장례문화진흥원

돌아가신 부모를 기억하며

돌아가신 부모를 기억하는 것은 제례로 이루어진다. 제례는 부모가 살아계셨을 때와 마찬가지로 돌아가신 후에도 생전에 남기신 뜻을 기억하며 효를 실천하는 의례이다. 즉 보본반시(報本反始)라고 하여 근본에 대한 보답을 뜻하는 것이 바로 제례이다. 우리나라에서 유교식의 제례는 16세기경부터 정착되었고, 19세기에 일반화된 것으로 보인다. 제례는 돌아가신 분이 살아계신 존재와 같이 영원한 삶을 산다고 믿는 뜻이 포함되어 있다. 해마다 부모가 돌아가신 날이 돌아오게 되면, 자녀들이 함께 모여서 부모의 제례를 올린다. 제례를 모시면서 자녀들은 혈연적 연대감을 느끼며, 부모로부터 자신들의 생명이 이어진다는 것을 확인한다.

과거에는 집안이나 각 지역, 문중에 따라 제례 방식이 달랐으므로, 가가례(家家禮)를 형성하였다. 부모가 돌아가신 날에는 제사를 지내지만, 이외에도 제례의 종류로는 시조제, 선조제, 기제, 차례 등 다양하다. 일반 가정에서는 설날이나 추석은 설 차례, 추석 차례를 지낸다. 그리고 아직도 종가(宗家)에서 조상의 제례를 옛 모습대로 모시는 전통을 이어가는 경우가 있다.

일반 가정에서는 유교식의 전통적 형식을 따르지만, 가정의 종교에 따라서 불교식이나 천주교식, 기독교식 등 다양한 제례 형식을 따르는

경우도 많다. 종교별로 그 형태는 기제사, 연미사, 추도예배 등으로 불린다. 사찰에 부모의 위패를 모시는 불교 신자들은 가정에서 제례를 모시기도 하지만, 절에서 지내기도 한다. 천주교 신자들은 성당에서 연미사를 하고, 기독교 성도들은 추도예배를 한다. 제례는 이처럼 형식과 절차는 서로 다르더라도 사찰이나 교회, 성당, 가정에서 후손들이 모여서 돌아가신 부모와 조상을 잊지 않고 기억하면서, 남은 가족과 유대를 갖고, 자신의 뿌리를 잊지 않도록 하는 시간을 갖는다. 제례를 지내면서 효를 실천하는 것이다.

부모가 돌아가신 날 모시는 기제사와 설이나 추석에 모시는 차례는 그 형식이 차이가 있다. 일반적인 제례 형식을 따르는 경우를 참고로 제시하면 다음과 같다.

기제사와 차례의 형식

형식	기제사	차례
순서	세 번 술잔을 올리고 축문을 읽는다.	한 번 술잔을 올린다.
시간	돌아가신 날 밤에 지낸다.	명절 아침에 지낸다.
옷	검소한 옷차림을 한다.	명절 한복 등 화려한 옷차림도 가능하다.
음식	밥, 국 등 제사상차림	명절 음식 상차림
기타	촛불을 켠다.	촛불을 켜지 않는다.

한편 조선 시대 생신 다례의 개념과 연원을 파악한 연구(최배영, 2016)에 따르면, 생신 다례는 돌아가신 부모 혹은 조부모의 생신날이

돌아오면 애모(哀慕)의 공경과 정성을 다하는 것이라 하였다. 이는 우리 고유의 문화로 역사적으로 15세기 중반에 왕실에서 생겨나 자리를 잡게 되었고, 16세기가 되면서 생신 다례는 왕실로부터 민간으로 전파가 되었다고 한다. 생신 다례의 문화는 생신 제사, 생신 차례, 생신 차사 등의 명칭으로 이어지고 있고, 사후에까지 지속되는 효(孝)와 정(情)에 뿌리를 둔 것이다. 돌아가신 조부모와 부모를 추모하고 정성을 기울이는 '효'의 마음은 오늘날까지 이어지는 것을 알 수 있다.

본문에서 살펴보았던 어제와 오늘의 '효'가 향후 어떻게 존속될 것인가는 우리가 만들어가는 생활 문화가 될 것이다. 앞으로 한국의 효 문화는 분명 현재와는 다른 방식으로 존재할 것으로 보인다. 그러나 오랜 전통문화에 기반을 둔 보편적인 효 의식은 삶에서 존속되어야 할 가치로 상기되고 교육되며, 계도되어야 한다. 다만 효행의 방식은 일방적이거나 이해 없이 실천되기를 기대하는 것은 합당하지 않은 것으로 보인다.

'효'는 부모와 자녀가 상호호혜적인 관계를 유지하는 가치로 존재해야 한다. 세대의 갈등을 증폭시키는 것이 아니라, 세대가 공감하는 문화로 정착되어야 한다. 이를 위해 교육, 사회, 문화예술, 의료, 복지, 법 등 가족과 개인의 삶에 영향을 주는 제반 분야에서의 관심과 '효 문화' 인식 재고에 힘을 모을 필요가 있다. 그리고 효 의식은 성, 세대, 인종, 종교를 초월한 공존을 위한 보편적 지향성을 가져야 하며, 가족 범주에 머물지 않고 사회적 효의 실천으로 확대될 때 가족, 지역사회, 국가가 공동체를 위한 중요한 가치로 수용하게 되고, 발전되어 나갈 것으로 본다.

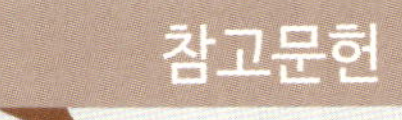

참고문헌

〈논문 및 단행본〉

가신현, 김정주, 박진아 (2018). 현대적 효개념에 기반한 효문화 교육내용 개발 연구. **한국교육학연구**, 24(3), 191-211.

강기선 (2019). 중국 불교사상에 나타난 불교의 효윤리. **효학연구**, 29(29), 1-19.

강성숙 (2012). 효행 설화 연구- 삼국사기, 삼국유사에 나타나는 효행 양상을 중심으로. **동양고전연구**, 48, 7-39.

국회도서관 (2020). 언택트 트렌드와 정책 한눈에 보기. FACT BOOK 2020–5, 통권 제81호.

권소현 (2019). 부모 부양부담이 가족갈등에 미치는 영향. 고려대학교 행정대학원 석사학위논문.

김난도 외 (2017). **트랜드코리아 2018**. 미래의 창.

김대연 (2012). 유교경전과 성경에 나타난 효행교육론. **청소년과 효문화**, 19, 71-89.

김덕균 (2015). 실록에 나타난 단종시대 효행장려정책의 특징과 강원도 영월지역 효충문화 연구, 1-34.

김두현 (2011). 아동의 인성발달을 위한 효행교육의 인식도 연구. **한국사상과 문화**, 60(60), 423-472.

김두현, 김은미 (2013). 주요 문화단체의 효행 대상 수상자 분석을 통한 '侍奉의 孝'에 관한 연구. **한국사상과 문화**, 67, 237-266.

김만태 (2008). 한국인의 삶에서 수연례(壽宴禮)가 갖는 의미 분석. **실천민속학연구**, 12(12), 43-90.

김미소 (2016). 부모를 부양하는 중·고령자의 삶의 만족도에 미치는 영향 요인. 이화여자대학교 대학원 석사학위논문.

김민재 (2019). 근대 수신교과서에 나타난 '효'의 의미와 법적 교육적 시사점 연구. **한국교육문제연구**, 37(3), 1-25.

김수혜 (2013). 인성교육 관련 그림책을 활용한 토의활동이 유아의 자아개념 및 친사회적 행동에 미치는 영향. 전남대학교 대학원 석사학위논문.

김우정, 주영애 (2019). 가정생활교육에 기반한 지속가능한 인성, 인권, 문화 다양성 통합교육. 2019년 가정학분야 춘계통합학술대회.

김유진 외 (2014) 모바일 인스턴트 메신저에서 감정 표현 기능에 관한 비교 연구. **디지털디자인학연구**, 14(3), 73-82.

김재경, 곽종형 (2011). 「효행장려 및 지원에 관한 법률」에 따른 효행 교육 및 효 문화 활성화 방안. **21세기사회복지연구**, 8(1), 103-129.

김정실, 박영신 (2018). 청소년의 학업성취와 효도. 한국심리학회 학술대회 자료집.

김종두, 최성규 (2018). **'효패러다임'으로 본 인성교육의 이해와 실제**. 명문당.

김해영 (2017). 정조의 효치(孝治)와 사회복지 구현. **효학연구**, 26, 57-95.

김혜경 (2020). 가족주의 가치관과 노인에 대한 태도가 노부모 부양의식에 미치는 영향. 성결대학교 대학원 박사학위논문.

나란도랑, 김태균 (2019). 부모-자녀 의사소통, 효의식이 청소년의 자아존중감에 미치는 영향: 한국-몽골 비교연구. **효학연구**, 30, 75-100.

남궁미 (2005). 한국대학생의 효 표상에 대한 연구. 고려대학교 대학원 석사학위논문.

노미숙, 권경숙 (2015). 동화를 통한 인성교육이 유아의 자기조절능력과 친사회적 행동에 미치는 영향. **에니어그램연구**, 12(1), 9-34.

동양고전연구회 (2016). **「중용」 역주**. 민음사.

문재윤 (2014) 조선조 왕실가훈과 국정운영의 상관관계에 관한 소고. **동양정치사상사**, 12(1), 1-31.

문호선 (2019). 고려「효행록」과 세종조「삼강행실효자도」비교 연구. **한국사상과 문화**, 98(98), 33-66.

박명 (2016). 한・중 효행담 비교연구. **한국어교육연구**, 5, 43-62.

박미란 (2018). 대학생의 효 의식에 관한 질적사례연구. **효학연구**, 27, 71-95.

박상희, 주영애 (2001). **전통생활문화의 계승차원에서 본 유아사회교육**. 양서원.

박영신 외 3인 (2015). 부모자녀관계와 자기효능감이 청소년의 학업성취와 효도에 미치는 영향. **교육심리연구**, 29(3), 505-542.

박영신 외 3인 (2014). 청소년의 효도에 대한 지각과 학업성취. **청소년학연구**, 21(10), 415-443.

박영신 외 3인 (2014). 자녀가 지각한 효도의 구성개념과 형성. **교육심리연구**, 28(3), 421-454.

박영신 외 2인 (2009). 고등학생 부모가 지각한 자녀의 효도에 대한 토착심리 분석. **인간발달연구**, 16(2), 109-141.

박일봉 편저 (2011). **명심보감**. 육문사.

박재주 (2010). 공자와 아리스토텔레스의 효 관념 비교. **유학연구**, 22, 131-163.

박철호 (2010). **효학의 이론과 실천**. 한국학술정보.

박현명 (2016). 자녀세대의 효와 실버파티에 대한 인식연구. 성신여자대학교 문화산업대학원 석사학위논문

박희원 (2019). 통합적 관점에서의 하모니 HYO소고. **효학연구**, 30(30), 1-17.

배재현 (2016). 가족의례가 가족건강성에 미치는 영향. **한국콘텐츠학회논문지**, 16(12), 622-635.

서일성 (2006). **실천효도개론**. 글로벌.

성규탁 (2016). **한국인의 효에 대한 사회조사: 질적 및 양적 접근**. 지문당.

성규탁 (2013). **한국인의 서로 돌봄: 사랑과 섬김의 실천**. 이담 Books.

생활문화진흥회 (2018). **새로 쓰는 매너와 이미지 메이킹**. 신정.

송철의 외 3인 (2006). **역주 오륜행실도**. 서울대학교 출판부.

신영이 외 2인 (2009). 초등학생의 부모에 대한 효도 인식. **한국심리학회학술대회 자료집**, 424-225.

신정근 (2016). **효, 순간을 넘어 영원을 사는 길**. 문사철.

신태수 (2016). 옛 효행서사의 공리성과 "유쾌한 속임수" 기법. **국학연구론총**, 17, 9-30.

신태수 (2014). 울진 효행설화의 구성방식과 전승의식. **민족문화논총**, 56(56), 71-103.

심성보 (2000). **도덕교육의 담론**. 학지사.

오세붕 (2015). 영유아 효교육에 대한 교사 인식조사. **사회복지경영연구**, 2(1), 153-173.

오용섭 (2008). 「청장관전서」定橋本의 서지적 연구. **서지학연구**, 39, 87-111.

오현주 (2020). 동성애 동거 가족의 경험을 통해 본 가족구성권의 필요성에 관한 연구. 계명대학교 정책대학원 석사학위논문.

연문희 (2015). 부모의 인성이 자녀의 인성이다. **열린부모교육학회 정기학술대회**, 14, 1-5.

엄경민 (2018). 효행의 법적 보장과 법률에 관한 일고. **청소년과 효문화**, 32, 195-219.

원영상 (2009). 불교의 효사상에 대한 고찰. **한국선학**, 23, 553-590.

유계숙, 강민지, 윤지은 (2018). 청년층의 가족개념과 가치관: 2001년과 2017년 20대 미혼 청년세대 비교를 중심으로. **가족과 문화**, 30(3), 42-69.

유성선, 유정은 (2015). 한국의 효사상과 효문화 : 신사임당 가계의 효행관 고찰. **청소년과 효문화**, 25, 41-71.

유안진 (1986). **한국 전통사회의 유아교육**. 서울대학교 출판부.

윤정노 (2017). 초등학교 고학년의 효에 인식. **한국사상과 문화**, 89, 359-386.

이강엽 (2014). 효행담에 나타난 부모의 역할과 공감. **국제어문**, 63, 137-168.

이강엽 (2015). 효행담의 새로운 이해와 교육. **한국초등국어교육**, 59, 325-352.

이동임, 천정환(2017). 효도로봇 개발 및 시행에 관한 연구. **효학연구**, 25(25), 181-205.

이성원 (2013). 온라인(online)효행의 시행 가능성 및 평가. **효학연구**, 18(18), 21-50.

이성원 (2013). 현대적 효 개념에서 이기적인 효행의 가능성. **효학연구**, 17, 21-48.

이승철 (2019). 효교육을 통한 인성함양에 관한 연구. 성신효도대학원대학교 석사학위논문.

이종길 (2010). 한국고등학생의 효의식과 효행에 관한 실증적 연구. 공주대학교 대학원 박사학위논문.

이종임 (2014). 대학생들의 모바일 인스턴트 메신저 이용과 일상화 경험에 관한 연구. **미디어, 젠더&문화**, 29, 37-70.

이주완, 안혜영, 마지황 (2019). Alone 세대와 Untact 마케팅, 하나금융경영연구소, 3-6.

이향만 (2012). 회갑연과 죽음의 의례. **생명연구**, 23, 69-97.

이현용 (2012). 전통적 효 개념의 특징과 한계 : 현대 효행교육의 방향설정. **효학연구**, 15(15), 31-59.

이희완 (2016). 우리나라 효행장려 및 지원정책의 현황과 개선방안. **한국정책과학회보**, 20(3), 171-188.

정부용, 박영신 (2006). 한국 아동의 효도에 대한 토착심리 분석. **한국심리학회 학술대회자료집**, 336-337.

정아란 (2016). 신입 예비 유아교사의 '효와 인성' 수업 경험을 통한 효도 인식 변화 탐색. **융교육학논집**, 20(2), 75-97.

장재천 (2010). 효사상과 효문화 : 효속담의 교육적 고찰. **한국의 청소년문화**, 15, 한국청소년문화학회.

장재천 (2010). 효사상과 효문화 : 효행담의 교육적 의미 탐색. **청소년과 효문화**, 16, 91-112.

장재천(2018). 조선 중종대 성균관 유생들의 천거 중 효행에 의한 관직 진출 사례. **청소년과 효문화**, 32, 55-69.

정정애 외 3인 (2014). 효의식과 군생활 적응과의 관계연구. **효학연구**, 19, 115-138.

조남욱 (2013). 교과내용학: 세종대왕의 효행 연구. **윤리교육연구**, 30, 157-184.

조은하 (2013). 어머니의 양육태도와 인성교육에 대한 인식과 실천이 유아의 친사회적 행동과 문제행동에 미치는 영향. 경희대학교 교육대학원 석

사학위논문.

조정현 (2013). 학교폭력에 대한 인성 교육적 대처방안 연구- 효교육 실천 프로그램을 중심으로-. **효학연구**, 17, 167-200.

주영애 (1999). 효교육 내용을 중심으로 한 유아예절교육 프로그램 개발의 기초. **한국전통생활문화학회지**, 2(2).

주영애, 김선주, 김우정 (2016). 커뮤니케이션을 위한 모바일 이모티콘의 긍정적 사용행태 연구: 남녀대학생을 중심으로. **한국가정관리학회지**, 34(5), 35-52.

주영애, 원미연 (2016). 조선시대 규범서에 나타난 밥상머리 예절교육 내용에 관한 고찰. FER, 54(4), 415-426.

주영애 (2017). **유아인성예절지도**. 신정.

주영애 (2018a). **한국 가정의 생활문화**. 신정.

주영애 (2018b). 교육콘텐츠 개발을 위한 다산 정약용 가정생활관에 대한 고찰. **한국콘텐츠학회논문지**, 18(6), 529-544.

주영애 (2018c). 「士小節」에 나타난 부모인성덕목에 대한 현대적 해석. **한국콘텐츠학회논문지**, 18(9), 521-534.

주영애 외 2인 (2018). 1인가구를 위한 라이프플랜 프로그램의 제안. **한국가정관리학회 학술발표대회 자료집**, 203.

주영애 외 4인 (2019). 자녀인성함양을 위한 배려, 존중, 정직 인성 덕목에 관한 고찰-퇴계, 율곡, 다산의 가르침을 중심으로-. 2019년 가정학분야 춘계통합학술대회.

지봉환 (2019). 중고등학교 국어 · 윤리도덕과 교과서에 나타난 효 관련 내용 분석. **청소년과 효문화**, 33, 199-226.

지봉환 (2014). 한국인의 효문화 : 중,고등학교 효교육 실태 분석. **청소년과 효문화**, 23, 169-192.

지봉환 (2013). 한국인의 효사상 : 조선왕조실록에 나타난 효도와 경향. **청소년과 효문화**, 21, 39-74.

지봉환 (2012). 대중음악에 나타난 효 의식. **청소년과 효문화**, 20, 221-253.

채경선 (2012). 아동의 효의식과 리더십과의 관계연구. **효학연구**, 16, 51-68.
최배영 (2016). 조선후기 생신다례(生辰茶禮)에 관한 연구. **차문화학**, 33, 1-44.
최지은 (2020). **엄마는/되지 않기로 했습니다**. 한겨레출판사.
최천집 (2019). 경주 효행설화의 유형과 의미. **동아시아대학**, 56(56), 27-66.
하수연 (2018). 효 관련 속담을 통한 효 가족문화 형성 방안. **인문사회21**, 9(3), 829-840.
홍성희 외 4인 (2009). **건강가정을 위한 가정자원관리**. 신정.
황규회 (2018). 요양기관 요양보호사들의 효의식과 직무환경이 직무 만족도와 서비스 질에 미치는 영향. 성산효대학원대학교 박사학위논문.
황하성, 박성복 (2008). 문자메시지의 이모티콘 활용에 관한 연구: 이용 동기와 사회적 현존감의 상관성을 중심으로. **미디어, 젠더&문화**, 9, 133-162.

〈고문헌〉

- 論語
- 禮記
- 孝經
- 詩經
- 書經
- 中庸
- 三綱行實圖
- 聖經
- 童蒙先習
- 童蒙須知
- 三國史記
- 三國遺事
- 內訓
- 大明律直解
- 小學
- 父母恩重經
- 士小節
- 聖學輯要
- 擊蒙要訣
- 明心寶鑑
- 孝行錄
- 栗谷全書
- 與猶堂全書
- 朝鮮王朝實錄

〈관련법〉

- 건강가정기본법
- 건전가정의례의 정착 및 지원에 관한 법률
- 교육기본법
- 노인장기요양보험법
- 인성교육진흥법
- 한부모가족지원법
- 호스피스 · 완화의료 및 임종과정에 있는 환자의 연명의료결정에 관한 법률
- 효행장려 및 지원에 관한 법률

〈기타 자료〉

- 국립국어원 표준국어대사전 http://stdweb2.korean.go.kr
- 국민건강보험공단 https://www.nhis.or.kr
- 국민연금관리공단 www.nps.or.kr
- 노인장기요양보험제도 시행 6주년 기념 '사회적 효 사상 실천'을 위한 경로의 달 행사 제3회 전국요양보호사 대회 및 정책토론회 자료집, 2014.10.27.
- 문화체육관광부 www.mcst.go.kr
- 보건복지부 www.mohw.go.kr
- 사이언스타임즈 https://www.sciencetimes.co.kr
- 사람인 www.saramin.co.kr
- 장례문화의 일제잔재와 바른장례의 미래. '우리시대 장례문화를 진단한다' 국회토론회. 2019.11.12.
- 중부메일 www.jbnews.com 2020.5.31.
- 질병관리본부 http://www.cdc.go.kr
- 통계청 kostat.go.kr
- 한국건강가정진흥원 www.kihf.or.kr

- 한국고전종합DB http://www.itkc.or.kr
- 한국민족문화대백과사전 http://encykorea.aks.ac.kr
- 한국일생의례사전, 국립민속박물관 http://www.nfm.go.kr
- 한국장례문화진흥원 http://www.kfcpi.or.kr
- 한국효문화센터 http://www.hyo-culture.kr
- 한국효복지정책연구원.com/wering

주영애

현재 성신여자대학교 소비자생활문화산업학과 교수이며, 한국생활문화와 인성 예절교육, 매너교육에 관심을 갖고 연구하고 있다. 동 대학교의 생활과학대학장 교양교육대학장을 역임하였고 현재는 뷰티생활산업국제대학장, (사)한국생활문화진흥회 자문교수, (사)아시아유럽미래학회 부회장, (사)가정과삶의질학회 이사, (사)가족자원경영과정책학회 이사 등을 맡고 있다. 저서로는 한국의 태교문화(2019), 한국가정의 생활문화(2018), 유아인성예절지도(2017), 새로 쓰는 매너와 이미지메이킹(2017), 세계의 차문화(2012) 등 다수의 저술과 논문이 있다.

한국의 효 문화

초판발행 2020년 12월 20일 **1판 1쇄 인쇄** | 2020년 12월 30일 **1판 1쇄 발행**

지은이 주영애
펴낸이 최용구 | **펴낸곳** 도서출판 **신정**
주소 (04316) 서울시 용산구 원효로 89길 19 (원효로1가)
전화 02)3211-4782, 0266(영업부), 3211-4783(편집부), 3211-4784(팩스)
이메일 shinjeong72@naver.com | **홈페이지** www.sjbook.co.kr
등록 2001년 5월 11일 제13-702호
기획마케팅 최용구 장만동 최충구 진소희 | **책임편집** 석기은 황가연 | **표지** SDY

ISBN 978-89-5912-747-4 93370
정가 13,000원